RKW
Rhode
Kellermann
Wawrowsky

Architektur + Städtebau

Düsseldorf
Berlin
Frankfurt M.
Leipzig
Oberhausen

Friedel Kellermann BDA, AIV
Hans-Günter Wawrowsky BDA, DASL
Jürgen Weimer
Wojtek Grabianowski
Dieter Schmoll BDA
Johannes Ringel BDA

Norbert Hippler
Andreas Middendorf
Peter Naumann
Matthias Pfeifer
Barbara Possinke
Andreas Reichau
Norbert Schmitz
Manfred Thomann
Kathleen King von Alvensleben
Heike Falkenberg
Arnd Gatermann
Thomas Jansen
Lars Klatte
Georg Meese
Jürgen Mehnert
Michael Meissner
Martina Minten-Schalley
Karl-Heinz Psenicka
Peter Rudawski
Alexander Theiss

Impressum

Herausgeber/*Editor:*
Johannes Busmann, Hans-Günter Wawrowsky

Realisation/*Realisation:*
logos – Kommunikation und Gestaltung, Wuppertal:
Felix Busch, Sandra Balcke (Gestaltung/*Design*)
Katja Rosenkaymer (Redaktion/*Editing)*
Edgar Haupt (Projekttexte/*Texts of Projects*)
Daniel Bechem (Produktion/*Production*)

Übersetzung/*Translation:*
Advertising People Pool, Antje Jens, Frankfurt a. M.
Peter Green, München

Gesamtherstellung/*Printed by:*
Dr. Cantz'sche Druckerei, Ostfildern-Ruit

Erschienen im/*Published by:*
Verlag Gerd Hatje
Senefelderstraße 12
D - 73760 Ostfildern-Ruit
Telefon 0711 / 44 05 - 0
Telefax 0711 / 44 05 - 220
Internet: www.hatje.de

Distribution in the US
DAP, Distributed Art Publishers
155 Avenue of the Americas, Second Floor
New York, N.Y. 10013
T. (001) 212 - 627 19 99
F. (001) 212 - 627 94 84

ISBN 3-7757-0735-2
Printed in Germany

RKW
Rhode
Kellermann
Wawrowsky

Architektur

1950 - 2000

Architecture

Hatje

Inhalt
Contents

Architektur im Ganzen

Architecture in its Entirety

Hans-Günter Wawrowsky

Unser Büro blickt auf viele Jahrzehnte erfolgreicher Tätigkeit zurück. Unser Selbstverständnis wird von der Vorstellung geleitet, den Weg zur Architektur gemeinsam zu beschreiten. Dies gilt in der Arbeit mit unseren Bauherren ebenso wie für die Kommunikation mit den Partnern und beteiligten Planern.

Die Kultur unseres Büros wird von den sechs Inhabern Friedel Kellermann, Hans-Günter Wawrowsky, Jürgen Weimer, Wojtek Grabianowski, Dieter Schmoll und Johannes Ringel geprägt. Sie tragen durch ihre unterschiedlichen Begabungen, Interessen und Aufgabenfelder zur Vielseitigkeit und fachlichen Kompetenz von RKW bei. Ein hohes Verständnis für die gemeinsamen Aufgaben des Büros bildet die Grundlage der engagierten Arbeit.

Die Auseinandersetzung mit der Architektur zeichnet sich innerhalb des Büros durch verschiedene Schwerpunkte aus. Sie findet ihre Verankerung in der aktuellen architektonischen und städtebaulichen Diskussion. Eine sachliche und der Moderne verpflichtete Formensprache bildet den Rahmen der entwerferischen Arbeit. Nachhaltigkeit und Wertbeständigkeit motivieren die Entwicklung innovativer Raumkonzepte, technischer und konstruktiver Neuerungen. Die Zusammenführung und Verdichtung von Erfahrung und Wissen findet ihren Rückhalt in der internen Bürostruktur und Kommunikation. In diesem Sinn verstehen wir Architektur als eine gemeinschaftliche Arbeit mit den Bauherren.

Unser Selbstverständnis orientiert sich an der Überzeugung, daß gemeinsames Arbeiten mehr ist als die Auseinandersetzung mit der Sache, daß gemeinsame Arbeit ein Zugewinn an Erfahrung, Wissen und Freude für alle Beteiligten bedeutet. Wir sehen hier den Erfolg unserer Arbeit – im Blick auf die Architektur im Ganzen.

Ich danke herzlich Johannes Busmann, Gerd Hatje, Dieter Bartetzko, Dankwart Guratzsch, Frank Werner, Michael Mönninger, Oliver Hamm und Manfred Sack für ihre intensive Arbeit und Begleitung am vorliegenden Buch und allen Mitarbeiterinnen und Mitarbeitern, die sich aus unserem Büro engagiert haben.

Our office can look back on many decades of successful architectural activity. We see our approach as the common pursuit of architectural goals. This applies equally to the process of communication between partners and to our work with clients and other planning teams.

The architectural culture of our office has been shaped by the six partners: Friedel Kellermann, Hans-Günter Wawrowsky, Jürgen Weimer, Wojtek Grabianowski, Dieter Schmoll and Johannes Ringel. With their different talents, interests and areas of responsibility, each of them contributes in his own way to the versatility and professional competence of RKW. Their commitment is based on a profound understanding of the common objectives of the practice.

The architectural debate within the office is concerned with current discussions taking place in architecture and urban planning, with emphasis placed on certain key issues. The basis of our design work may be found in a functional formal language that is indebted to the Modern Movement. Technical and constructional innovation and the development of new spatial concepts are motivated by a sense of permanence and lasting values. The acquisition and concentration of experience and knowledge is reinforced by the internal structure of the office and its system of communication. In this respect, we understand architecture as a joint undertaking with the clients.

The practice is based on the conviction that working together implies more than just the mutual exploration of a particular subject. Teamwork, in other words, means an enrichment of experience, knowledge and joy for everyone involved, and in this, we see the success of our work: in our comprehension of architecture in its entirety.

I should like to take this opportunity to extend cordial thanks to Johannes Busmann, Gerd Hatje, Dieter Bartetzko, Dankwart Guratzsch, Frank Werner, Michael Mönninger, Oliver Hamm and Manfred Sack, for the commitment with which they have supported the present volume through the many stages of its development. Thanks, too, to all the colleagues and assistants in our office who have worked with such dedication to realize this book.

Sprechende Architektur

Speaking Architecture

Johannes Busmann

RKW – Rhode, Kellermann, Wawrowsky repräsentieren ein bedeutendes Architekturbüro in Deutschland. Die Entwicklung, die das in vielen Bereichen der Architektur tätige Büro seit der Gründung vor fast 50 Jahren genommen hat, spiegelt in den entscheidenden Stationen auf typische Weise die Veränderungen im Baugeschehen der Nachkriegsrepublik wider.

Zu erwähnen sind hier insbesondere die Warenhausbauten und unterschiedlichen Einzelhandelsbauten, das Großraumbüro, das in den frühen 60er Jahren als neue Büroorganisationsform in Deutschland Einzug hielt. RKW hat diese Entwicklung maßgeblich begleitet und eine Architektursprache kultiviert, die sich im Konsens zur Moderne durch eine sachliche Formensprache auszeichnete. Hier, wie schon in den 50er Jahren bei Helmut Rhode, bildete nicht die Teilnahme an der architektonischen Avantgarde das Ziel der entwurflichen Arbeit. Stattdessen wurden aktuelle Tendenzen rezipiert und in eine eigene „Ästhetik der Vermittlung" übertragen.

Diese vermittelnde Aufgabe der Architektur beschreibt den wesentlichen Aspekt im Selbstverständnis der Bürogemeinschaft RKW, der seit 1981 als weitere Gesellschafter Jürgen Weimer, Wojtek Grabianowski, Dieter Schmoll und Johannes Ringel beigetreten sind. Architektur wird hier nicht nur im Spannungsfeld von Form und Funktion begriffen, sondern als Sprache verstanden, eine Sprache, die zwischen Urheber, Bauherr und Nutzer vermittelt. Die mediale Wirklichkeit tritt neben die eigenständige bildnerische Qualität der Architektur. Architektur hat eine Funktion, eine Form und sie hat ein Thema.

Diese Auffassung vom Bauen hat in den vergangenen Jahren mehr und mehr an Aktualität gewonnen. Sie reflektiert eine Wirklichkeit, in der die bildnerischen Künste wieder „in Dienst" genommen werden. In diesem Sinn hat das Büro „Bauen als Dienstleistung" mit höchstem Standard versehen und zu einer versierten Vielfalt entwickelt.

RKW ist heute in verschiedenen Bereichen des Bauens erfolgreich tätig. Prämierte Wettbewerbsbeteiligungen mit zum

RKW – Rhode, Kellermann, Wawrowsky – one of the major architectural practices in Germany today, is active in many fields of construction. The development the office has undergone in the course of its almost 50-year history reflects, in its decisive phases, the changes that have taken place in the building sector in post-war Germany as a whole.

Special mention should be made of the department stores and the many different retail trading structures the practice has designed, as well as its open-plan office schemes. RKW played a leading role in developing this new form of office organization, which spread throughout Germany in the early 1960s. In the process, they cultivated an architectural language that reflected the aims of the Modern Movement through its functional formal vocabulary. In this respect, however, as in the 1950s under Helmut Rhode, the design work of the office did not seek to emulate the architectural avant-garde. Instead, current trends were adopted and translated into RKW's own "aesthetic of mediation".

The mediating function of architecture is a distinguishing feature of the RKW team's understanding of its role. Since 1981, Jürgen Weimer, Wojtek Grabianowski, Dieter Schmoll, and Johannes Ringel have also become partners in the practice. Architecture is seen to lie not purely in the field of tension that exists between form and function; it is also understood as a language that mediates between planner, client and user. The mediating reality of architecture stands alongside its independent visual quality. In other words, architecture has a function and a form, but also a theme.

This approach to building has assumed an ever greater relevance in recent years. It reflects a situation in which the visual arts are again being taken "into service" on behalf of construction. In this respect, the office has applied the highest standards to the concept of "building as a service" and has developed it into a skilled art that allows a great degree of diversity.

Today, RKW is active and successful in many different fields of construction. Prizewinning schemes – some of them in competitions with an international participation – and outstanding

Teil internationaler Konkurrenz zeugen ebenso vom Selbst-verständnis wie herausragende technische oder typologische Innovationen. Die vorliegende Publikation stellt die Band-breite der Tätigkeit anhand verschiedener Baugattungen dar und verweist dort unter anderem auf aktuelle Aufgaben, so unter anderem die Bürobauten für die Deutsche Bahn AG, Einkaufszentren der jüngsten Generation bis hin zum themenorientierten Einzelhandel und den Urban Entertain-ment Centern. Ein besonderes Augenmerk ist auf das „Bauen im Bestand" gelegt worden, das in vielfältigen Facetten und anhand von renommierten Bauten dargestellt wird.

Verschiedene Autoren haben die Projekte und das Büro aus unterschiedlichen Blickwinkeln betrachtet und in größere Zusammenhänge gestellt. Für diese qualifizierte Abrundung des Buches danken die Herausgeber herzlich Herrn Dr. Dieter Bartetzko, Herrn Dr. Dankwart Guratzsch, Herrn Prof. Frank Werner, Herrn Dr. Michael Mönninger, Herrn Oliver Hamm sowie Herrn Dr. Manfred Sack. Die erste umfassende Mono-graphie hat so eine große Bereicherung erfahren.

Mit Geduld, Engagement und Beharrlichkeit haben viele Mit-arbeiterinnen und Mitarbeiter des Büros die Arbeiten am Buch vorangetrieben. Ohne ihre Hilfe wäre dieses ehrgeizige Werk nicht zustandegekommen. Auch ihnen sei, ohne sie al-le namentlich erwähnen zu können, an dieser Stelle ein herz-licher Dank ausgesprochen.

technical and typological innovations demonstrate the office's understanding of its role. The present publication shows the full range of activities of this architectural practice with examples of various building types, including current projects such as the office development for the Deutsche Bahn AG, the latest generation of shopping centres, buildings for specific retail trading purposes, and the Urban Entertainment Centres. Special attention is devoted to the subject of "building within existing structures", which is illustrated under a number of different aspects and with a selection of highly acclaimed schemes.

Various authors have examined the projects and the practice itself from different points of view and set them in a broader context. The editors wish to extend their special thanks to Dr. Dieter Bartetzko, Dr. Dankwart Guratzsch, Professor Frank Werner, Dr. Michael Mönninger, Oliver Hamm and Dr. Manfred Sack, and for their eminently qualified contributions, which have greatly enhanced this first comprehensive monograph of the work of RKW.

The book is also indebted to the patience, commitment and perseverance of many assistants in the RKW office, without whose help this ambitious work would not have been realized. We should like to take this opportunity to thank them, without being able to mention them all by name.

Bauen im Bestand
Building on the Past

Die Chirurgie der Wende
Deutschlands Verpflichtung zum „Bauen im Bestand"

The Surgery of Reunification
Germany's Responsibility to "Building on the Past"

Dieter Bartetzko

Horten Hauptverwaltung *(headquarters)*,
Düsseldorf

1978 zeigte die Bayerische Architektenkammer eine Ausstellung mit dem Titel „Neues Bauen in alter Umgebung". Im Katalog wurde ein 1912 verfaßtes Bonmot von Karl Kraus zitiert: „Ich muß den Ästheten eine Enttäuschung bereiten: Alt Wien war einmal neu." Aber das begeisterte Publikum sah Anderes als die Veranstalter. Ihnen ging es, ganz im Sinne von Karl Kraus, um neuschöpferische Leistungen. Die Besucher akklamierten den Respekt der Neubauten vor der historischen Bausubstanz.

Das Mißverständnis war ein zwangsläufiges. Es entsprang den völlig unterschiedlichen Sichtweisen auf die „alte Umgebung", die beide Seiten in Jahrzehnten entwickelt hatten: Nachdem 1933 die „Charta von Athen" das Dogma der Moderne verkündete und 1945 in Deutschland die Verdrängungsformel von der „Stunde Null" die Tyrannei des Neubaus etablierte, betrachteten Architekten den Umgang mit historischen Bauten nur als reizvolle Finger- und Lockerungsübung. Nicht so die Gegenseite: Zwar hatte die Bevölkerung in den ersten Jahrzehnten des Wiederaufbaus wahrlich andere Bedürfnisse und anderes im Sinn als behutsame und langwierige Wiederherstellung alter Bauten und Baustrukturen. Man war dankbar für das sprichwörtliche neue Dach über dem Kopf und stolz auf herausragende moderne Bauten wie das Düsseldorfer Thyssen-Hochhaus, Eiermanns neue Gedächtniskirche oder die neuen Großraumbüros, wie die von Helmut Rhode entworfene Hortener Hauptverwaltung. Doch als etwa Mitte der sechziger Jahre die vorrangigen architektonischen Probleme gelöst waren, begann sich der Wunsch nach Bewahren auszubreiten. Er wuchs analog der steigenden Abrißlust von Planungsämtern, Baudezernenten und Architekten.

Die Initiatoren der oben erwähnten Ausstellung reagierten also spät und verhalten auf ein kollektives Bedürfnis. Sie registrierten nur die Spitze des Eisbergs. Denn vier Jahre zuvor hatte das europäische „Jahr des Denkmalschutzes" in Deutschland geradezu sensationell gewirkt. Mit ihm war für die sogenannte schweigende Mehrheit die Gelegenheit gekommen, ihr Entsetzen über den vorangegangenen Raubbau am historischen Baubestand unserer Städte und Dörfer laut werden zu lassen. Fortan trug Alexander Mitscherlichs „Anstiftung zum Unfrieden", die diskret wirkende Unterzeile sei-

In 1978 the Bavarian Chamber of Architects hosted an exhibit entitled "New construction in old Environs"); its accompanying catalog quoted a 1912 bon mot by Karl Kraus: "I must disappoint the aesthetes: Old Vienna was once new." Yet the exhibit's enthusiastic audience took a position different from that of the sponsors. Their interest – in line with Karl Kraus – lies in new, original achievement. Visitors applauded modern architecture's respect for historical structures.

Yet the misunderstanding was unavoidable, rooted as it was in the utterly adverse views of the "old environs" each side had developed in the course of decades. Once the "Charta of Athens" had rung in the dogma of Modernism in 1933 and the repressive motto of the 1945 "Zero Hour" had firmly established the tyranny of new construction in Germany, architects regarded the treatment of historic buildings as an amusing exercise for idle moments. The opposition was, however, not amused: during the first few decades of reconstruction the population had other needs and distinctly different things on their minds than carefully and painstakingly restoring old buildings and structures. People were grateful for the proverbial roof over their heads and proud of towering new monoliths such as Düsseldorf's Thyssen skyscraper, Eiermann's new Memorial Church and the new openplan offices like those Helmut Rhode designed for Horten's main administrative headquarters. Yet by the mid-sixties, when the prevailing architectonic problems had been solved, a desire for preservation began to emerge and establish itself. This desire grew proportionately to the mounting enthusiasm with which planning committees, civil engineering authorities and architects approached demolition projects.

The initiators of the exhibit mentioned above reacted belatedly and cautiously to a collective need, registering only the tip of the iceberg. Four years previously the European "Year of Architectural Conservation" had elicited a sensational response in Germany. It had presented an opportunity to the so-called silent majority to finally voice and vent its anger at the predatory exploitation of surviving historic structures in our cities and towns. Alexander Mitscherlich's "Incitement to Unrest," the subtle subtitle of what has become a legendary reckoning with the "Inhospitality of Our Cities," reaped a rich harvest. One minute it was the outsiders – students, communes and antiestablishment dropouts – who had resisted the routine large-

ner inzwischen legendären Abrechnung mit der „Unwirtlichkeit unserer Städte", reiche Frucht. Eben waren es noch die Außenseiter gewesen – Studenten, Kommunen und, wie es damals hieß, Gammler –, die mit Hausbesetzungen und Häuserkämpfen sich den Routine gewordenen Flächensanierungen entgegengestellt hatten. Nun forderte die Mehrheit schonenden Umgang mit dem baulichen Erbe.

Die organisierte Denkmalpflege hatte 1974 das ein wenig sentimentale Motto „Stück für Stück stirbt Dein Zuhause" ausgegeben. Welche Verbitterung die Majorität in sich trug, war ein Jahr zuvor schlagartig deutlich geworden: In der Nacht zum 23. August 1973 brannte der Rohbau des sogenannten Selmi-Hochhauses in Frankfurt am Main. Diese Riesenfackel erleuchtete das Westend, jenes noble gründerzeitliche Villen- und Mietshausviertel, das eine blinde Baupolitik zum Abriß freigegeben hatte und das als Schauplatz von Häuserkämpfen, die zeitweise Formen eines Guerilla-Krieges annahmen, in die Geschichte der Bundesrepublik eingegangen ist. In dieser Nacht waren es nicht vermummte Anhänger der APO, die zu Tausenden die Brandstelle umstanden. Stattdessen waren Bürger aller Schichten herbeigeeilt, staunten und jubelten, wenn aus dem menschenleeren Gebäude lohende Schalungsbretter stürzten. Der Brand wurde im wahren Sinne des Wortes ein Volksfest.

1978 also reagierte die institutionalisierte Architektenschaft spät auf den gewandelten Zeitgeist. Er überrollte sie. Denn mit dem ungeheuren Nachholbedarf, der sich aufgestaut hatte, kippte das radikale spätmoderne Bauen in sein Gegenteil. Ein Name war rasch gefunden – Postmoderne lautete der Sammelbegriff für ein Bauen, das sich hemmungslos beim eben noch verdammten Motivschatz der Baugeschichte bediente. Säulen, Erker, Giebel, Gauben, Kuppeln und Türme fusionierten im bundesrepublikanischen Neubau der achtziger Jahre so flächendeckend, daß man rückblickend von einem deutschen Neohistorismus sprechen kann. Sein Zwillingsbruder hieß Rekonstruktionswesen. In einem Jahrzehnt versuchte man zurückzuholen, was der Krieg und dreißig Jahre zerstörerischer Wiederaufbau beseitigt hatten: Frankfurt rekonstruierte die Fachwerkhäuser seines Römerberges aus dem Nichts, Hildesheim die seines Marktplatzes, am Mainzer Domplatz erlaubten die Finanzen nur Rekonstruktions-

scale demolition projects by occupying houses and violently defending their alleged squatters' rights. Then suddenly the majority was demanding greater consideration in matters of the country's architectural inheritance.

In 1974, organized historical conservation operated under the somewhat sentimental motto, "Piece by Piece, Your Home is Dying." The fact that bitter resentment was shared by the majority of the population had become startlingly clear the year before: the night of August 2, 1974, saw the frame of the so-called Selmi Skyscraper in Frankfurt am Main burned to the ground. The fire's shooting flames lit up Westend, that stately quarter of late nineteenth century villas and apartment houses which a shortsighted building policy had consigned to demolition – and which has gone down in West-German history as the site of street fighting reminiscent of guerrilla warfare. The thousands of witnesses to the nocturnal conflagration were not masked followers of the APO; they were none other than citizens from all walks and classes of society who had gathered to gape and cheer when glowing planks broke out of the inferno and catapulted from the empty building. The "bonfire" was a veritable public celebration.

It was therefore not until 1978 that institutionalized architecture reacted to the new zeitgeist. And was overwhelmed by it. Powered by an incredible need born of pent-up frustration, radical late-modern building was virtually inverted. A name was soon found: "postmodern" was the new collective label for a style of building that indiscriminately drew on the historical motifs it had only shortly before abandoned and denounced. Columns, oriels, gables, dormer windows, cupolas and towers fused in the West-German architecture of the eighties to such a broad extent that, in retrospect, one might speak of a German neohistoricism. Its twin was labeled reconstructionism. In a single decade the attempt was made to retrieve what had been flattened by the war and three decades of destructive reconstruction: Frankfurt rebuilt the half-timbered houses of its Römerberg from scratch; Hildesheim re-erected those on its marketplace; at Domplatz, the cathedral square in Mainz, a strained budget allowed only for the restoration of facades fronting fifties construction. Braunschweig revived its Waage, Hanover its Leibniz House, Lübeck its treasure trove of church spires.

Kaiser-Wilhelm-Gedächtniskirche *(Memorial Church)*, Berlin

schablonen vor Bauten der fünfziger Jahre. Braunschweig rekonstruierte seine Waage, Hannover sein Leibniz-Haus, Lübeck sein Dom-Paradies aus dem Nichts.

Gerade als die postmoderne Euphorie des bundesrepublikanischen Bauens erste Anzeichen von Erschöpfung zeigte, kam die Wiedervereinigung. Mit ihr ist Gesamtdeutschland unverhofft ein reiches architektonisches Erbe in den Schoß gefallen. Die maroden, aber meist weitgehend unzerstörten Städte Ostdeutschlands sind seither Chance und Versuchung zugleich. Denn an ihrer Wiederherstellung entscheidet sich, ob Deutschland aus den architektonischen Fehlern der Vergangenheit gelernt hat.

Nach sechs Jahren scheint es, als würden sich, unter anderen Vorzeichen, die Fehler der weit zurückliegenden und die der jüngsten Vergangenheit wiederholen. Denn wie zu Hochzeiten der postmodernen Rekonstruktionslust schwärmte und schwärmt man nun in Berlin von der Rekonstruktion des gesprengten Stadtschlosses und hat die Weichen zum maßstabsgetreuen Nachbau von Schinkels Bauakademie gestellt. In Potsdam wird die Rekonstruktion des dortigen Stadtschlosses so ernsthaft erwogen wie die der Garnisonskirche. Und in Dresden ist auf den Grundmauern der Frauenkirche die Replik des eingestürzten Originals schon in stattliche Höhen gediehen.

Dem wiederaufgeflammten postmodernen Rekonstruktionsfieber steht ein städtebaulicher Alltag zur Seite, der wiederholt, was der westliche Teil des gespaltenen Landes in den sechziger und siebziger Jahren falsch gemacht hat: Schon kursieren wieder die Losungen vom Alten, das dem Neuen nicht im Wege stehen dürfe, schon heißt es wieder wie einst, daß Neuem auch im Altbestand eine Chance gegeben werden müsse, und wieder einmal annoncieren stolze Bauschilder „Abriß für den Wiederaufbau".

Das Paradoxe der Situation ist, daß nicht, wie im kriegszerstörten Westdeutschland, der Mangel an historischen Bauten den Freibrief für radikales tabula-rasa-Schaffen darstellt, sondern der Reichtum an erhaltener Bausubstanz: Wo jeder dringend gebrauchte, aber abrißwillige Investor auf intakte Bauten und Straßen in der Nachbarschaft verweisen kann, sind Behörden und Bewohner williger, einen Verlust hinzunehmen. Die Situation ist verzweifelt: In Zentren, Kleinstädten und Dörfern, deren Tausende historischer Wahrzeichen, Bauten und Plätze nach vierzig Jahren DDR-Mißwirtschaft mit dem Mehltau des Verfalls überzogen sind, klingt die Warnung, Abriß von Fall zu Fall könne sich, wie ehemals im Westen, irgendwann zu Totalverlusten summieren, wie das weltfremde Gerede reicher wohlbehauster Verwandter, die ihren benachteiligten Angehörigen zum Wohnen in Hütten raten. Das Gefühl, bevormundet zu werden, provoziert manchmal auch gegenteilige Reaktionen – die blindwütige Forderung, kein Jota alter Bausubstanz zu verrücken. Dies war der Fall, als Anfang der 90er Jahre westdeutsche Investoren in Leipzig das berühmte Messehaus „Specks Hof" umbauen wollten. Das kollektive Mißtrauen bekamen auch die beteiligten Architekten zu spüren, die Architektengruppe RKW + Partner.

Just as the postmodern euphoria of West-German building began to reveal telltale signs of exhaustion, reunification arrived. This brought the unexpected windfall of a rich architectural legacy to the whole of Germany. And since then, the decaying yet largely intact cities of eastern Germany have presented both a challenge and a temptation. Their restoration will determine whether Germany has indeed learned a lesson from the architectonic mistakes of its past.

After six years it would seem that, albeit in different guises, the mistakes of the distant and most recent past are in fact being repeated. Just as at the zenith of the postmodern reconstruction craze, Berlin is rapturous about rebuilding the razed Stadtschloß (city palace); the stage has also been set for a true-to-scale reconstruction of Schinkel's Academy of Architecture. In Potsdam serious thought is being given to re-erecting both its city palace and the "Garnisonskirche" (military chapel). And in Dresden the old foundations of the "Frauenkirche" (Church of Our Lady) have already given rise to a stately replica of the collapsed original.

This re-ignited postmodernist reconstruction fever is paired with routine urban development policies that are repeating what the western half of the divided country did wrong in the sixties and seventies. Already the same platitudes are making the rounds: the old must not stand in the way of the new, the old and new slogan proclaims; the new must be given a chance along with the old. Once again building signs proudly advertise: "Demolition for the sake of reconstruction."

The paradoxical aspect of this situation is not, as in war-ravaged Germany, a shortage of historic buildings constituting an unlimited license to create yet another tabula rasa. Rather, it is the sheer wealth of surviving structures: where every urgently needed yet demolition-happy investor can point to intact buildings and streets in a certain neighbourhood, authorities and inhabitants are now happier to accept a loss. The situation is desperate: in city centers, small towns and villages there are thousands of historic landmarks, buildings and squares covered with a thick layer of neglect following forty years of GDR mismanagement. In this context, the warning that case after case of demolition could ultimately add up, as formerly in the West, to a total loss, is starting to sound like the quixotic musings of well-housed relations urging their disadvantaged kin to reside in huts. Yet treating people like children sometimes produces not what is desired, but the opposite effect, eliciting a stubborn reaction: not an inch of historic building is to be touched. This was the case when, in the early nineties, West-German investors in Leipzig planned to modify the famous fair facility "Specks Hof." Collective distrust was brought to bear on the architects who undertook the remodeling – the group RKW + Partners – whose treatment of historic building structures is documented in this catalog.

The architects' firm had proven its mastery in integrating new and old in the early eighties in Saarlouis. Their "Galerie Kleiner Markt" fully met the requirements of carefully adapting a late classical barracks to a modern shopping arcade. Praise for this project contrasted with harsh criticism for another entrusted to

Ihr Gesellenstück integralen Bauens zwischen Alt und Neu hatte die Architektengemeinschaft zu Beginn der achtziger Jahre mit der „Galerie Kleiner Markt" in Saarlouis vorgelegt, als es galt, einen spätklassizistischen Kasernenbau schonend den neuen Bedingungen einer Einkaufsgalerie anzupassen. Dem Lob für dieses Projekt stand herbe Kritik gegenüber. Denn gleichzeitig sah sich RKW mit einem anderen Projekt im Kreuzfeuer der ideologischen Auseinandersetzungen zwischen Modernen und Postmodernen. Man nahm ihr Düsseldorfer Carsch-Haus aufs Korn. Daß dieser Kaufhausbau der Jahrhundertwende abgerissen und an anderer Stelle Stück für Stück wieder aufgebaut wurde, galt als Verrat am Berufsethos, als Todsünde wider die sakrosankte Architektenpflicht zum Neuen.

Disney-World und Potemkin waren in Düsseldorf die meistgebrauchten Stichworte. Die gänzlich andere Situation im wiedervereinigten Deutschland hat sie verblassen lassen. Was heute zählt, ist der sensible Umgang mit historischer Bausubstanz. RKW kann nun auf die damals gemachten Erfahrungen zurückgreifen. Leipzig, die Großstadt, in der Bauen als Symbiose aus historischem und ergänztem Bestand auf die härteste Probe gestellt wird, ist zu einem Hauptarbeitsfeld der Architektengemeinschaft geworden: Auf keines der hier vorgestellten Projekte trifft die diffizile Feinarbeit, die das Motto vom „Bauen im Bestand" impliziert, so zu wie auf den „Barthels Hof" in Leipzig.

Die verschachtelte Anlage im Herzen der Stadt ist mit ihren Durchgängen, Gewölben und schluchtartig engen Höfen ein Baudenkmal ersten Rangs – der älteste der ehemals berühmten Messehöfe der barocken Handelsstadt. Ihr Reiz und dokumentarischer Wert liegt im Gewirr schmal-hoher, schräg zueinander stehender Fassaden, die an gewundenen Durchfahrten und Höfen einen Baublock durchziehen. Die fast labyrinthische Anlage bedingte komplizierte Baumaßnahmen. Sie liefen als Kombination von Wiederherstellung, Entkernung und Rekonstruktion ab.

Denkmalpflegerisch heikel bot sich der „Barthels Hof" mit der Renaissancefassade des ehemaligen Hauses „Zur goldenen Schlange" und den repräsentativen Fassaden, die sich der Hainstraße zuwenden. Die Goldene Schlange, Leipzigs bedeutendste Fassade der Renaissance, ist im neunzehnten Jahrhundert in den Innenhof transloziert worden. Im Zweiten Weltkrieg wurde ihr aufragender Volutengiebel vernichtet. RKW hat ihn samt seinem Konsoltürmchen rekonstruiert und die Fassade mit Giebel, Erker, Wappen und Sinnsprüchen nach alten Vorbildern von 1523 neu gefaßt. Im Kontrast zu den umgebenden nüchternen Fronten ergibt sich ein diskreter Verfremdungseffekt – die Goldene Schlange wirkt wie ein historisch getreuer, solider Bühnenprospekt. Damit ist Leipzig nicht nur eine seiner bedeutendsten Fassaden wiedergegeben, sondern auch deren Wandel vom Wohnbau zum Denkmal, vom Gebrauchsgegenstand zur Ikone der Geschichte inszeniert. Die rekonstruierte neobarocke Fassade an der Hainstraße verdankt ihr Entstehen dem drängenden Wunsch Leipzigs nach wenigstens einem vollständig intakten historischen Straßenzug.

RKW; the firm was caught in the crossfire of ideological confrontations between advocates of the modern and postmodern – and gunned down because of Düsseldorf's "Carsch-Haus." The fact that this turn-of-the-century department store had been demolished and then rebuilt at another site was denounced as a betrayal of professional ethics, a mortal sin violating the sacrosanct architectural commandment to unfailingly champion the new versus the old.

Disney World and Potemkin were the two most frequent epithets applied to the Düsseldorf project. The utterly different situation in reunited Germany made these pale into insignificance. What counts today is sensitivity to historic structure. RKW can now draw upon these past experiences. Leipzig, the city which presented the toughest challenge when it came to achieving a symbiosis between historical and supplemental structures, has become one of the architectural firm's main focuses. None of the projects presented here more accurately mirrors the painstaking attention to detail embodied in the motto "Building on the Past" as does "Barthels Hof" in Leipzig.

Its passageways, vaults and gorge-like enclosed courtyards make this convoluted property in the heart of the city an architectural treasure of the highest rank, for it is the oldest surviving specimen of the Baroque trading city's famous fair buildings. The appeal and documentary value of the Hof lies in the myriad tall and narrow, leaning facades along a maze of passages and courtyards filling a single architectural block. The labyrinthine character of the whole required a complex engineering program comprising a combination of reproduction, gutting and restoration.

In terms of historical conservation, "Barthels Hof" was no easy task, given its Renaissance facade from the old "Zur goldenen Schlange" (The Golden Snake) building and the impressive front on Hainstraße. The former, Leipzig's most important Renaissance facade, was transferred to the inner courtyard in the nineteenth century; its volute gable was destroyed during World War II. RKW has restored the entire structure – including the console tower – and redone the facade based on historic models of 1523, complete with gabel, oriels, insignias and epigrams. This restoration evokes to a subtle sense of detachment, particularly in contrast to the austere facades of the surrounding architecture: the Golden Snake appears to be an historically correct, solid stage backdrop. This project not only restores to Leipzig one of its most significant facades; it also dramatizes the transition from residence to monument; from utilitarian structure to historical icon. The restored Neo-Baroque facade in Hainstraße owes its existence to Leipzig's yearning to claim at least one completely intact historic row of houses.

"Specks Hof" and "Zeppelinhaus" called for a different approach. Both are monumental fair structures from the turn of the century which, even from a Pan-European perspective, are some of the finest produced by their era. Whereas "Barthels Hof" required new content for a restored historical shell, in contrast these two structures constantly demanded feasible compromises in an attempt to harmonize past and present. In "Specks Hof" the courtyards are the best example of a successful synthesis

Barthels Hof, Leipzig

Specks Hof, Leipzig

Der „Specks Hof" und das „Zeppelinhaus", beides monumentale Messehäuser der Jahrhundertwende, die auch im europäischen Vergleich zum Besten der Epoche zählen, forderten eine andere Herangehensweise. Galt es bei dem „Barthels Hof", eine wiederhergestellte historische Hülle neu zu füllen, mußte bei diesen beiden Bauten überall nach tragfähigen Kompromissen zwischen Neu und Alt gesucht werden. Im „Specks Hof" sind es vor allem die Innenhöfe, die als Synthese aus Überkommenem und Neugeschaffenem überzeugen. Ihre berühmte skulpturale und malerische Ausgestaltung wurde ergänzend wiederhergestellt und dort, wo Zerstörung das Alte völlig beseitigt hatte, mit zeitgenössischer Kunst weitergeführt.

Am „Zeppelinhaus" fällt der vorsichtige Umgang mit historischen Details auf, die gewöhnlich Renovierungen zum Opfer fallen; Messingleuchten, Bleiglasscheiben, Paneele sind sorgfältig wiederhergestellt und, wo nötig, neuen Teilen eingepaßt.

1994 erhielt RKW den ersten Preis beim Wettbewerb für die Zentrale des Mitteldeutschen Rundfunks, die im denkmalgeschützten, 1886 von Hugo Licht entworfenen Schlachthofgelände untergebracht werden soll. RKW überzeugte mit einem integrativen Entwurf, der den Altbaubestand weitgehend sicherte und Neubauten geschmeidig, aber nicht unterwürfig einfügte. So hoch das Lob, so tief der Fall: Leipzig entschloß sich aus Kostengründen, eine billigere, aber auch abrißfreudigere Lösung durchzuführen.

Berlin, ermutigt vom Hauptstadt-Bonus, strebt vorläufig noch ein Netzwerk aus Neubauten und dem fragmentarischen historischen Bestand an. Hier konnte RKW bei der Sanierung des 1906 als Büro- und Gewerbehaus errichteten Ensembles in der zentral gelegenen Magazinstraße die äußere Hülle des Bauwerks vollständig erhalten und wiederherstellen. Der im Inneren umbaute Trakt wird für hier geplante Neubauten den historischen Maßstab setzen.

Beim Mannheimer Hauptbahnhof wird RKW, gemäß den Auflagen der Bahn AG, die historische Großform mit einem neuen Innenleben aus Dienstleistungszentren und Einkaufsflächen füllen. Der seit 1945 verstümmelte Außenbau von 1876 wird eine dem ursprünglichen Zustand nachempfundene gläserne Kuppel erhalten, die Seitentrakte sollen auf ihre einstige Höhe aufgestockt werden. So wird sich fortsetzen, was RKW in Leipzig und Berlin erprobt hat: die wiederherstellende Umnutzung und Umgestaltung historischer Bauten.

Denn das ist das sinnvoll Paradoxe an ihrem „Bauen im Bestand" – daß RKW beim Wiederherstellen den Altbauten ein markantes, sichtlich neues Gesicht gibt, obwohl die alten Züge bewahrt bleiben. Der Vergleich mag gewagt klingen, aber er drängt sich auf: Das Architektenteam betreibt plastische wiederherstellende Chirurgie. Wie jede Schönheitsoperation vermag auch die architektonische nicht, das Zerstörte zu wiederholen. Aber es gelingt ihr, dessen Grundzüge zu rekonstruieren und zu revitalisieren. Nur so, im gleichsam millimetergenauen sensiblen Eingriff, der Schadhaftes wieder

Hauptbahnhof (*Central Station*), **Mannheim**

between existing and added structures. Their famous sculpted and painted designs were restored and enhanced; where decay and destruction had completely erased the old, new contemporary art provided a complement to the original style.

In the "Zeppelinhaus" one is struck by the care taken to preserve the kind of historic detail that is usually bulldozed during renovation: brass light fixtures, leaded glass and paneling have all been painstakingly reproduced. New pieces were supplemented where necessary.

In 1994 RKW was awarded first prize in a competition to design new headquarters for "Mitteldeutscher Rundfunk" (Central German Broadcasting Company). The new building complex was to be situated on Leipzig's "Schlachthof" (slaughterhouse) grounds which were designed by Hugo Licht in 1886 and subsequently declared a historic monument. RKW's integrative design prevailed because it ensured the preservation of given structures while elegantly incorporating new buildings in an understated yet not subservient way. But the highest tree has the greatest fall: budgetary considerations ultimately moved Leipzig's City Council to choose a cheaper – and more demolition-oriented – alternative.

Encouraged by its newfound status as capital, Berlin is currently attempting to establish a network embracing new building and the surviving fragments of historical architecture. When the office and trade ensemble on centrally-located Magazinstraße was slated for renovation, RKW was able to preserve intact and completely restore its 1906 shell. The restructured tract within will set historic standards for proposed new building in the area. In accordance with the conditions imposed by the Bahn AG, the German railway corporation, RKW will infuse the historic framework of Mannheim Central Station with new vitality, installing service centers, and shopping areas. The station's external structure, dating from 1876 and badly disfigured since 1945, will be crowned by a glass dome inspired by the original; the side tracts will be built up to their former height again. These steps will sustain the successful strategy pursued by RKW in Leipzig and Berlin: the restorational reorientation and transformation of historic architecture.

After all, that is the pregnant paradox inherent in the policy of "Building on the Past" adopted by RKW: a commitment to restoring old structures and giving them a distinct and visible new face, while preserving the original features and identity. While the following analogy may sound bold, it is quite apt: the team of architects performs a type of restructural plastic surgery. And as in any facelifting operation, architectural surgeons will be as incapable as their medical colleagues of restoring what has been destroyed. But they can and do succeed in reconstructing and rejuvenating salient features. This excruciatingly intricate method of restoring functionality and recognizability to what has been damaged makes "Building on the Past" an ideal way to preserve and maintain the architectural legacy with which reunification has blessed us.

The fact that, in RKW, an architectural firm of such magnitude and organizational complexity has specialized in work of such filigree quality is a cause for optimism. Yet the fact that the

funktionstüchtig und wiedererkennbar macht, wird „Bauen im Bestand" das architektonische Erbe bewahren und weiterentwickeln, das uns die Wiedervereinigung gebracht hat.

Daß ein so großes und kompliziert organisiertes Architekturbüro wie RKW sich auf solche Feinarbeit spezialisiert hat, macht zuversichtlich; daß selbst ihm die finanziellen Krisen der Bundesrepublik Aufträge entziehen, stimmt bedenklich. Noch ist nicht entschieden, wie Deutschlands Städte ins kommende Jahrtausend gehen werden, als wieder unwirtliche oder endlich wiederaufgebaute. Aber „Bauen im Bestand" ist die einzige Chance, dem traumatischen Zustand zu entkommen, in den wir uns durch den besinnungslosen Auf- und Umbau unserer Städte nach 1945 manövriert haben. Nur wer seine Vergangenheit kennt, kann seine Gegenwart sinnvoll leben und seine Zukunft vernünftig planen – dieser Satz gilt für die Psychologie des Individuums so sehr wie für die unserer Gesellschaft und für ihre Städte, deren Architektur spiegelt, was in ihr und dem Einzelnen vorgeht.

country's financial crises are withdrawing contracts from this firm is a cause for alarm. As Germany's cities prepare to cross the threshold to the next millennium, the decision has not yet been made: will they once again become inhospitable – or be finally truly restored? But "Building on the Past" is the only chance of escaping the traumatic situation into which we have maneuvered ourselves through the shortsighted construction and reconstruction of our cities after 1945. Only those who understand their past can live their present in a meaningful way and plan for a feasible future. This applies to the psychology of the individual just as it does to our society – and to its cities whose architecture is but a mirror of what transpires within that society and within each of us.

Entwurf für die Zentrale des Mitteldeutschen Rundfunks, Leipzig
Design of headquarters for Central German Broadcasting Company, Leipzig

Specks Hof

Leipzig

Special MIPIM Jury Award 1996
Erster Preis: Refurbished Office Building 1996

Special MIPIM Jury Award 1996
First Prize: Refurbished Office Building 1996

Der Specks Hof zählt zu den wichtigen historischen Messe-höfen der Leipziger Innenstadt. Er wurde in den Jahren zwischen 1908 und 1928 in verschiedenen Bauabschnitten von dem Kaufmann Paul Schmutzler im Karree zwischen Nikolai-straße, Grimmaische Straße, Reichsstraße und Schumacher-gäßchen errichtet. Die in Teilen erhaltene, kunstvolle Ausstattung der Passagen, Lichthöfe und Treppenhäuser bestimmt den Charakter des Hauses und war Grundlage für seinen Umbau 1995. Die Planung der Sanierungsmaßnahmen orientierte sich eng an der historischen Bedeutung des Messehofes. Es galt, die ursprüngliche architektonische Gestalt und Aussage des Gebäudes wiederherzustellen und diese mit den neuen Nutzungen Läden, Büros und Wohnungen in Einklang zu bringen. Die stark baufällige Fassade mit ihren feinen Pilaster-ordnungen und reichhaltigen Ornamenten wurde rekonstruiert, das Dach in den originalen Formen wiederhergestellt.

Specks Hof is one of downtown Leipzig's outstanding trade exchanges. Set in the square between Nikolaistraße, Grimmaische Straße, Reichsstraße and Schumachergäßchen, it was built in various construction phases between the years 1908 and 1928 by the merchant Paul Schmutzler. The partly preserved artistic design of passageways, covered courtyards and stairways stamps the character of the building and was blueprint for its reconstruction. Planning of the sweeping refurbishment measures was oriented to the historical significance of the trade exchange. Objective was to reinstate the building's original condition and to accomodate new shops, offices and appartements. The highly derelict facade with its fine pilaster structures and rich ornamentation was reinstated, the roof reconstructed in its original form.

Restaurierte Fassade mit den nach altem Vorbild produzierten fein profilierten, dreiteiligen Fenstern (oben)
Eingang an der Reichsstraße (unten)

The restored facade showing the finely profiled, trisectional windows made to old plans (top)
Entrance from the Reichsstraße (below)

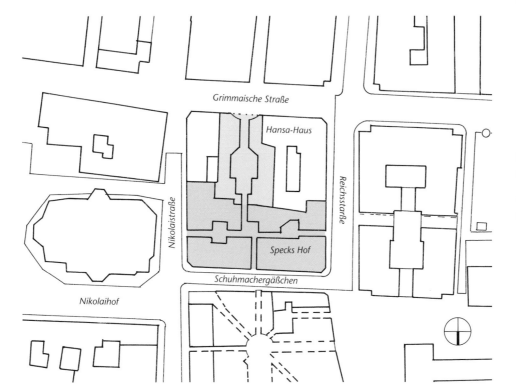

Lageplan des Specks Hofes (dunkel) mit dem angrenzenden Hansa-Haus (hell)

Ground plan of Specks Hof (shaded) with the neighbouring Hansa Haus (light)

Straßenansicht an der Ecke Reichsstraße/
Schuhmachergäßchen

*Street view at the corner Reichsstraße/
Schuhmachergäßchen*

19

Wiederhergestellte Glasvitrinen und kupfer-
getriebene Kappen in der Passage zum
Schuhmachergäßchen

*Restored glass display cases and copper-domed
passage leading to Schuhmachergäßchen*

Passage zur Reichsstraße zwischen den Lichthöfen A und B

Passage to Reichsstraße between atria A and B

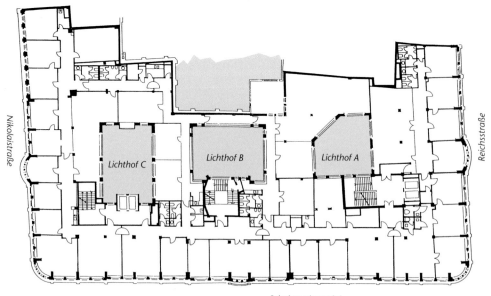

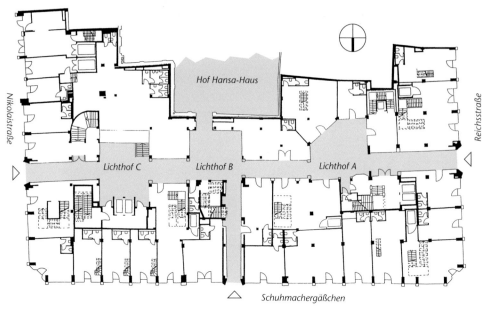

Sorgfältig restaurierte Treppenhäuser beim Lichthof B (links) und Lichthof A (rechts) mit den typischen bleiverglasten Fenstern, Glaskacheln und Jugendstilgeländern

Painstakingly restored stairways at covered atrium B (left) and atrium A (right) showing leaded windows, glazed tiles and art nouveau balustrades

Grundrißstrukturen des Specks Hofes nach dem Umbau im Erdgeschoß (unten) und im ersten Obergeschoß (oben)

Plan of Specks Hof after reconstruction of ground floor (below) and first floor (above)

Die künstlerische Ausgestaltung der Lichthöfe unter Berücksichtigung der denkmalpflege-rischen Erfordernisse durch Bruno Griesel (A), Moritz Götze (B, linke Seite) und Johannes Grützke (C)

The artistically decorated atria, taking into account preservation orders, by Bruno Griesel (A), Moritz Götzke (B, left) and Johannes Grützke (C)

Während der Lichthof A (oben links) weit-gehend erhalten werden konnte, erhielt der Lichthof C (oben rechts) einen leicht ver-änderten Grundriß und neue Fassaden

Whereas atrium A (above left) could be largely preserved, atrium C (above right) was given a marginally changed groundplan and new facades

Lichthof B mit Blick zur Reichsstraße

Atrium B looking through to Reichsstraße

Dachform, Fassadengliederung und drei-
teilige Fenster zitieren die Gestalt der historischen Jugendstilfassade

*Roof form, facade subdivision and trisectional
windows highlight the identity of the historical
art nouveau facade*

Hansa-Haus
Leipzig

Im Kontext mit dem Umbau des Specks Hofes entstand das neue Hansa-Haus. Das historische Gebäude aus dem Jahr 1905 verband über einen eigenen Lichthof das Passagensystem des Specks Hofes mit der Grimmaischen Straße. Einvernehmlich mit dem Denkmalschutz wurde der alte Lichthof beim Abriß abgetragen und detailgetreu in den Neubau integriert. Anstelle der einfachen Lochfassade aus den 50er Jahren erhielt das Hansa-Haus eine neue Fassade, die der Gliederung des ursprünglichen Jugendstilgebäudes folgt.

The new Hansa-Haus was created in context with the reconstruction of Specks Hof. Dating from the year 1905, the historical building connects via its own courtyard the passage system of the Specks Hof with the Grimmaische Straße. Under the terms of the preservation order, the old covered courtyard was disassembled during demolition and with detailed accuracy was integrated into the new building. Instead of the punctuated facade dating from the fifties, the Hansa-Haus was given a new facade modelled after the structure of the original art nouveau building.

Blick in das Glasdach mit seiner feingliedrigen Stahlkonstruktion

View up to the glass roof with its finely sectioned steel construction

Grundriß Erdgeschoß

Ground floor plan

Innenhof mit Blick zur Grimmaischen Straße vor dem Abriß (links) und nach der detailgetreuen Rekonstruktion (oben)

Inner atrium looking through to Grimmaische Straße prior to demolition (left) and following meticulous reconstruction (above)

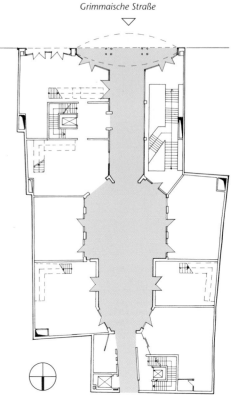

Grimmaische Straße

Durchgang zum Specks Hof

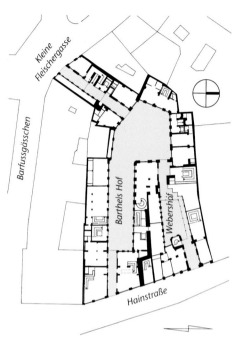

Lageplan des Barthels Hofes und des Webers-hofes, verbunden über die Innenhöfe

Site plan of Barthels Hof and Webershof

Wahrzeichen des Barthels Hofes ist der im Innenhof in den Originalformen von 1523 rekonstruierte Renaissancegiebel und Erker

Hallmark of Barthels Hof is the Renaissance gable and oriel in the courtyard, reconstructed in the historic colours of 1523

Barthels Hof

Leipzig

Wettbewerb Erster Preis
Competition First Prize

Im Mittelpunkt der aufwendigen Sanierung des Barthels Hofes stand die Umnutzung und bauliche Wiederherstellung des Geschäftshauses vor dem Hintergrund seiner herausragenden Bedeutung für die Leipziger Innenstadt. Die ältesten Gebäudeteile der verschiedene Baustile repräsentierenden Anlage stammen noch aus dem 16. Jahrhundert. In Abstimmung mit dem Denkmalschutz wurden die Innenbereiche und Fassaden saniert, ergänzt und teilweise rekonstruiert. Die Fassade zur Hainstraße wurde im Stil des neobarocken Gebäudes von 1871 rückgebaut und der im Krieg zerstörte Giebel im Innenhof über dem Erker anhand alter Vorlagen rekonstruiert. Im Innenbereich bezog sich die Sanierung im wesentlichen auf die Treppenhäuser des 18. und 19. Jahrhunderts. Wie beim Specks Hof orientierte sich die Planung für die neuen Nutzungen an der historischen Struktur des Gebäudes.

The far-reaching refurbishment of Barthels Hof centred on the new utilization and constructional reinstatement of the commercial premises against the setting of its outstanding significance for downtown Leipzig. The contract to restore the historic ensemble, the oldest parts of which date from the 16. century, resulted from a competition award. In collaboration with the conservation authority the interior areas and facades were restored and in part completely reconstructed. The facade looking onto the Hainstraße was reinstated to the former glory of the neo-baroque building of 1871 and the gable above the oriel in the inner courtyard, destroyed in the war, was reconstructed consistent with old documents. Interior refurbishment focused predominantly on the 18. and 19. century stairways. As with Specks Hof, planning for the new utilization was oriented to the historical structure of the building.

Luftbild des Barthels Hofes während der Bauzeit

Aerial view of Barthels Hof during construction time

Fassadenfolge in der Hainstraße

Imposing facades along the Hainstraße

Barthels Hof
(Markt 8 / Hainstraße 1)

Webershof
(Hainstraße 3)

Kleines Joachimsthal
(Hainstraße 5 und 7)

Barthels Hof am Anfang des 20. Jahrhunderts
mit neobarocker Fassade aus dem Jahr 1871

*Barthels Hof at the beginning of this century
with neo-baroque facade from 1871*

Wiederherstellung nach dem Zweiten Weltkrieg ohne das formenreiche Dach

*Reconstruction after the war without the accen-
tuated roof*

Fassade und Dachgauben des Barthels Hofes in der Hainstraße, restauriert nach dem Vorbild von 1871

Facade and dormer windows of Barthels Hof on the Hainstraße, restored according to 1871 plans

Fassade zur Hainstraße aus dem Jahr 1523
mit Giebel und Erker (Foto vor 1871)

*Facade on the Hainstraße dating from 1523 with
gable and oriel (photo prior to 1871)*

1871 wurden Giebel und Erker in den Hof
verlegt und leicht verändert

*The gable and oriel were relocated to the
courtyard in 1871 and slightly modified*

Nach der Zerstörung im Zweiten Weltkrieg
blieb nur der Erker erhalten

*The ravages of World War II left only the oriel
remaining*

Restaurierter Erker und rekonstruierter Giebel
nach Original von 1523 im Innenhof über
dem Durchgang zur Hainstraße (rechte Seite)

*Restored oriel and reconstructed gable in the
courtyard crowning the passageway to Hainstraße (right)*

Blick von der Hainstraße in den Barthels Hof vor (oben) und nach der Restaurierung

View from Hainstraße to Barthels Hof before (above) and after restoration

Innenhoffassaden mit typischen Dachgauben beim Durchgang zur Kleinen Fleischergasse (oben)

Courtyard facades with typical dormer windows passage adjacent to Kleine Fleischergasse (above)

31

Webershof

Leipzig

Treppenhaus und Innenräume wurden der vorhandenen Substanz entsprechend wiederhergestellt

The staircase and internal spaces were restored within the existing structure

Der Webershof bildet mit dem benachbarten Barthels Hof ein funktionales und architektonisches Ensemble. Beide Gebäude sind über einen gemeinsamen Hof im Inneren des Gebäudekomplexes miteinander verbunden. Die Ursprünge des Wohn- und Geschäftshauses reichen bis in das Jahr 1660 zurück. Das Vorderhaus wurde jedoch 1872 verändert. Die nicht mehr zu haltende Bausubstanz des Webershofes oberhalb des 2. Obergeschosses bot die Möglichkeit, im Einvernehmen mit dem Denkmalschutz das ursprüngliche Erscheinungsbild des Gebäudes von 1660 wiederherzustellen. Nach der Rekonstruktion gehören der Giebel und die Fassade mit dem Erker zu den wenigen Zeugen der Spätrenaissance-Architektur in Leipzig. Im Inneren verleihen restaurierte Deckentafeln aus der Entstehungszeit den Räumen historische Authentizität. Die im Krieg zerstörten Hofgebäude wurden auf dem ursprünglichen Grundriß neu aufgebaut und ergeben einen Dialog zwischen alter und moderner Formensprache.

Together with the adjacent Barthels Hof, Webershof forms a functional and historic-architectural ensemble in Hainstraße. Both malls are connected via a joint courtyard as well as internally. Webershof dates back to the year 1660, the front building was changed in 1872. The deteriorated building substance revealed during this reconstruction offered the opportunity to restore the original appearance of the building. Today, gable and facade with the oriel are one of the few witnesses of the late Renaissance architecture in Leipzig. Restored ceiling panels from the original times decorate the interior of these historical rooms. The courtyard buildings destroyed during the war, were reconstructed and enter into dialogue between old and modern vocabulary of form.

Historische Deckentafeln aus der Entstehungszeit zieren wieder den Webershof

Webershof is again enhanced by historical ceiling panels from the original period

Ansicht Hainstraße

Elevation from Hainstraße

33

Neue Fassade Hainstraße 5-7

New facade Hainstraße 5-7

Hainstraße 5-7
Leipzig

Die Bebauung an der Hainstraße 5-7 im historischen Zentrum Leipzigs stellt einen Beitrag zur Fortschreibung der alten Stadt mit Mitteln der Gegenwart dar. In unmittelbarer Nähe zum Markt wurde die Handelstradition der Messestadt durch den Entwurf für ein Spezialkaufhaus neu aufgenommen. Das Kaufhaus präsentiert sich zur Straße mit zwei Fronten aus unterschiedlichen Zeiten. An der Hainstraße 5 wurde die Fassade des vorgefundenen Jugendstilhauses vollständig abgetragen und wieder aufgebaut und konnte somit erhalten werden. Die daran anschließende Glasfassade der Hainstraße 7 nimmt die Körnigkeit der umliegenden historischen Gebäude auf und fügt sich als moderne Konstruktion in das Bild der Straße. Sie gibt darüber hinaus den Blick frei auf den dahinter liegenden Luftraum, eine zeitgemäße Interpretation des Hofthemas. Büros und Wohnungen sind in den oberen Etagen und im Dachgeschoß untergebracht. Mit dieser Nutzungsmischung wird sowohl der traditionellen Stadt als auch einem lebendigen urbanen Raum nach heutigen Erkenntnissen entsprochen.

Construction on Hainstraße 5 - 7 in Leipzig's historical centre represents a contribution to the continuation of yesterday's city with today's means. In close proximity to the market place, the commercial tradition of the trade fairs town was again picked-up with the design of a special department store. Towards the street the department store presents itself with two facades from different periods. The existing facade of the art deco building on Hainstraße 5 was completely removed and re-erected and could, thereby, be maintained. The connected glass facade of Hainstraße 7 follows the granularity of adjacent historical buildings and blends into the street as a modern structure. In addition, it opens the view to the atrium located behind, a modern interpretation of the courtyard theme. Offices and apartments are accommodated on upper floors and attic. This utilisation mix takes into consideration today's perception of the traditional city as well as the lively, urban environment.

Grundriß Erdgeschoß

Ground floor plan

Zentrale vertikale Erschließung unter transparenter Dachkonstruktion

Central, vertical access below the transparent roof structure

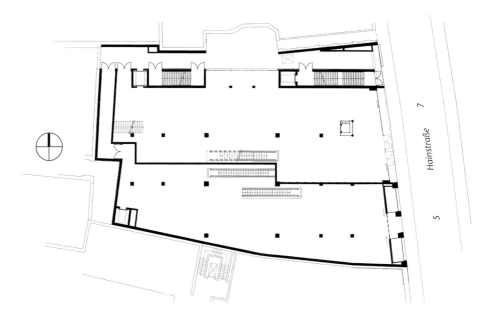

Fassade zur Nikolaistraße

Overall facade towards Nikolaistraße

Zeppelinhaus
Leipzig

Auf den Grundstücken der Nikolaistraße 27 und 29 wurde 1911 von dem Leipziger Stadtarchitekten Gustav Pflaume das Zeppelinhaus mit der für die Stadt typischen Fassadengliederung errichtet. Die im Haupthaus formenreiche, im hinteren Teil zweckmäßige und schlichte Gestaltung zeugt von den ehemaligen Nutzungen. Zur Herstellung und Verarbeitung edler Pelze befanden sich zur Straße Pelzläden, auf der Rückseite Kürschnereien, Werkstätten und Lagerräume. 1996 wurde das Zeppelinhaus zu einem modernen Geschäftshaus mit Einzelhandel, Büros und Wohnungen umgebaut. Der ehemals offene Innenhof erhielt ein Glasdach. Die Brandwände auf der Rückseite wurden geöffnet und neugestaltet.

City architect Gustav Pflaume constructed the Zeppelinhaus on the property Nikolaistraße 27 and 29 as a typical Wilhelminian period building in the year 1911. The pompous front and the modest rear building section indicate the former use: Fur shops, furriers, workshops and storage rooms for manufacturing and processing of finest furs. In the year 1995/1996, the Zeppelinhaus was redesigned to a modern commercial building with retailers, offices and apartments. The formerly open inner court received a glass roof. The original courtyard fire walls have been opened and redesigned.

Fassadenausschnitt vor der Renovierung mit der typischen Dreiteilung der Fenster

Overall facade before renovation with the typical trisectioning of the windows

Fassadenansicht und Schnitt mit Lichthof und neuem Glasdach

Construction drawing and section with glass-covered courtyard and new glass roof

Passage mit kassettiertem Tonnengewölbe und gekachelten Wänden vor (oben) und nach der Restaurierung

Passage with coffered dome ceiling and tiled walls before (above) and after restoration

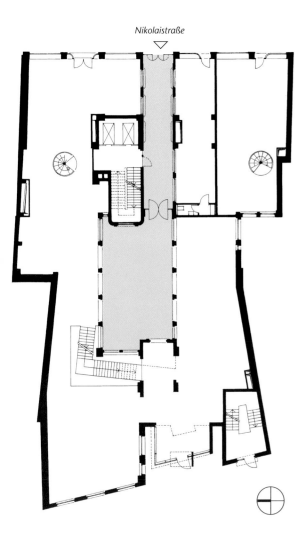

Grundriß Erdgeschoß mit den neuen offenen
Verkaufsräumen

*Ground floor plan with new open-plan retail
outlets*

Rückwärtige Fassade des Zeppelinhauses mit
seiner modernen Fassadengestaltung

*Modernist treatment of the rear facade of the
Zeppelinhaus*

Magazinstraße
Berlin

Die ehemalige Staatsdruckerei der DDR gehört zu den wenigen erhaltenen Bauten der Stralauer Vorstadt. 1906 als Büro- und Gewerbehaus gebaut, erfolgte Mitte der 90er Jahre ein Umbau für die Nutzung verschiedener moderner Büroeinheiten. Bei der behutsamen Sanierung des Gebäudekomplexes wurden die vorhandenen Ornamente der Fassaden zur Straße und im Innenhof mit ihren zahlreichen Wappen und Mosaiken restauriert. Die Neuorganisation der Grundrißdisposition erfolgte auf der Grundlage der bestehenden Strukturen. Neue Bauteile wie die Dachgauben, Fensterelemente und das zweigeschossige Foyer des Haupteingangs zur Magazinstraße wurden im Einvernehmen mit der Denkmalpflege in ihrer Gestaltung deutlich von der historischen Substanz abgesetzt .

The former state printing works of the German Democratic Republic is one of the few older surviving buildings in the inner suburb of Stralau. Erected in 1906 as an office and commercial building, it was converted in the mid-1990s to accommodate various modern office units. As part of the careful rehabilitation of this complex, the existing ornamentation to the street facades and the courtyard faces – with numerous crests and mosaics – was restored. The reorganization of the layout was based on existing structures. In consultation with the conservation authorities, the design of new constructional elements, such as roof dormers, windows and the two-storey foyer in the main entrance from Magazinstrasse, was contrasted with the historical substance.

Eingang zum neuen Foyer 2 im Innenhof

Entrance to the new foyer 2 in the inner courtyard

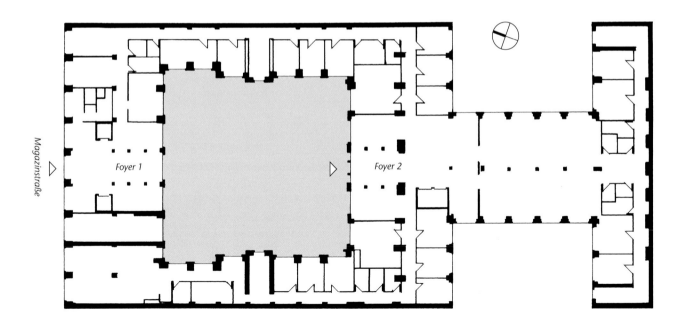

Restaurierte Fassade zur Magazinstraße mit der für die Gewerbebauten der Jahrhundertwende typischen großen Pilasterordnung

Restored facade on Magazinstraß with pilasters typical for commercial buildings at the turn of the century

Grundriß Erdgeschoß

Ground floor plan

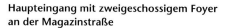

Haupteingang mit zweigeschossigem Foyer an der Magazinstraße

Main entrance with two-storey foyer on the Magazinstraße

Ausschnitte der Hoffassade vor (links unten) und nach der Restaurierung (rechts unten)

Sections of the courtyard facade before (below left) and after restoration (below right)

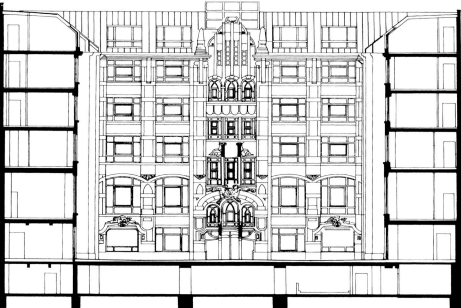

Entwurfszeichnungen der Hoffassade (links) und der Straßenfassade (rechts)

Draft drawings of the courtyard facade (left) and street facade (right)

Fassade des Innenhofes vor (links) und nach
der Sanierung (unten)

*Facade of courtyard side before (left) and
after the restoration (below)*

Modell mit Haus Landau, anschließendem
Haus Liebermann und Brandenburger Tor

*Model showing Haus Landau and the adjacent
Liebermann building and Brandenburger Tor*

Pariser Platz – Haus Landau

Berlin

Wettbewerb Lobende Erwähnung
Honourable Mention in Competition

Der Entwurf zur Neugestaltung des Hauses Landau am Pariser Platz 6a entstand im Rahmen eines international eingeladenen Wettbewerbes. Das Eckgrundstück liegt zwischen Pariser Platz und Ebertstraße, in der nördlichen Verlängerungsachse des Brandenburger Tors. Das vorgeschlagene Hofgebäude des Wettbewerbsentwurfs orientiert sich an der historischen Baumasse. Durch Überhöhung der besonderen Winkellage wird der Platzraum neu gefaßt. Die Fassaden im Entwurf werden, in Anlehnung an die Vorgaben für den Pariser Platz, durch gleichmäßige Rhythmen und eine klassische Dreiteilung mit Sockelzone, Mittelgeschossen und Staffelgeschoß geprägt.

The design for reorganisation of Haus Landau at Pariser Platz 6a was the theme of a limited international competition. The corner site is located between Pariser Platz and Ebertstraße, on the northern extension of the Brandenburger Tor axis. The proposed courtyard building focuses on the historical structures. By increasing the special angularity, the plaza space is newly defined. The design identifies the facades, similar to the requirements for the Pariser Platz, by regular rhythms and a classical trisectioning with base zone, intermediate floors and setback floor.

Wiederherstellung der historischen Baumassen und Parzellenstrukturen im Wettbewerbsentwurf

Restauration of the historical urban context on the basis of the competition design for Pariser Platz

Lageplan mit Grundriß Erdgeschoß

Site plan with ground floor plan

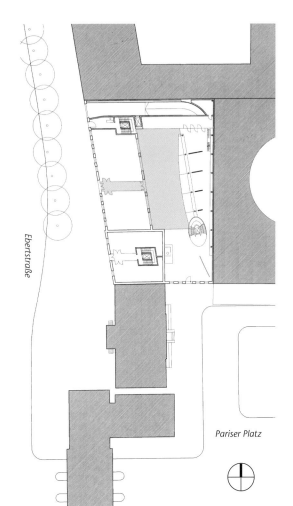

Ebertstraße

Pariser Platz

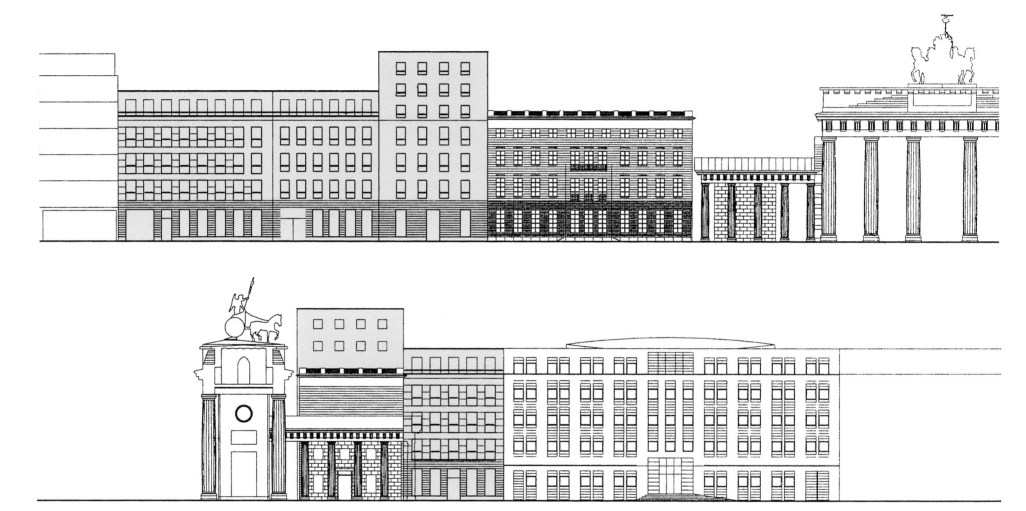

Fassadengliederung am Pariser Platz in der
Maßstäblichkeit der Nachbarbebauung
(links Schnitt durch das Brandenburger Tor)

*Facade division at Pariser Platz in the scale of
adjacent buildings (section of Brandenburger Tor
far left)*

Kauf- und Warenhäuser
Trading Centres and Department Stores

Palastbauten und Warenlager:
Das Kaufhaus zwischen Renaissance und Untergang

Palaces and Warehouses:
The Department Store between Renaissance and Decline

Dankwart Guratzsch

Horten, Hamm

Wie lange hat das Kaufhaus in seiner herkömmlichen Gestalt noch Überlebenschancen? Das ist die Frage, die Kaufhausarchitekten angesichts immer spärlicher eingehender Aufträge nachhaltig beschäftigt. Um so erstaunlicher, daß die Zahl alternativer Konzepte nach wie vor gering ist. Daß solche Konzepte möglich sind, kann nach den Berliner Galeries Lafayette von Jean Nouvel und der Frankfurter Zeil-Galerie von Rüdiger Kramm als erwiesen gelten (wenngleich der geschäftliche Erfolg dieser Objekte aus Gründen, die überwiegend nicht im Kaufhausbau zu suchen sind, vorerst noch zu wünschen übrig läßt).

Konzeptionell steckt der Kaufhausbau in einer Stagnation, die maßgeblich dem Festhalten der Unternehmensführungen an veralteten Verkaufsstrategien zugeschrieben werden muß. Doch die Zeit für eine Umbesinnung drängt. Der Anteil der Kaufhauskonzerne Hertie, Horten, Karstadt und Kaufhof am Einzelhandelsgesamtumsatz ist nach einer Studie des Münchner Ifo-Instituts zwischen 1980 und 1994 von 55 auf 38 Prozent gesunken. Die Konzerne haben darauf bisher fast ausschließlich mit wirtschaftlichen Strukturmaßnahmen und Fusionen, noch kaum mit Versuchen einer neuen Warenpräsentation oder Gebäudeplanung reagiert – auch das „Galeria-Konzept" von Horten bringt hier noch keine Wende.

Die Architekten RKW gehören keinesfalls zu den Umstürzlern im Kaufhausbau, sondern eher zu den behutsam, wenn auch konsequent an den konventionellen Vorgaben feilenden Architektengemeinschaften. Das ist um so erstaunlicher, als gerade dieses Architektenbüro über das Handwerkszeug und die Erfahrung für eine völlige Neudefinition des großstädtischen Kaufhauses wie kaum eine andere Architektensozietät verfügt. Die Anwendung dieses Know-how auf den Kaufhausbau würde allerdings voraussetzen, daß die Unternehmen zu einer grundsätzlichen Abkehr von gewohnten Denkweisen und Strukturen bereit sind. Das ist bei den deutschen Handelskonzernen noch kaum erkennbar.

An den ausgeführten Kaufhausprojekten der Architekten RKW wird das Bestreben deutlich, eine eigene architektonische Handschrift auszubilden. Die klare, stringent gehandhabte Materialsprache, logistisch perfektionierte Funktionsabläufe, technische Präzision, handwerkliche Solidität und ästhetische Gediegenheit sind für alle Projekte charakteristisch. Das Design verrät Anklänge an Art deco, die Stilhaltung ist unaufdringlich elegant, die Raumgliederung übersichtlich, oft gefällig. Auf „Highlights", Überra-

How long can the department store in its traditional form hope to survive? It is a question with which architects who specialize in this type of building are increasingly confronted, in view of the declining volume of commissions. It is all the more surprising, therefore, that alternative concepts are so rare. The fact that different concepts are possible, however, is convincingly demonstrated by schemes such as the Galeries Lafayette in Berlin by Jean Nouvel and the Zeil Gallery in Frankfurt by Rüdiger Kramm, even if the commercial success of these objects falls below expectations. The reasons for this, however, lie largely outside the realm of department store construction.

Conceptionally, the development of department stores is in a state of stagnation. This may be attributed largely to the adherence of management to outdated sales strategies. A change of attitude is now urgently needed. The share of overall retail turnover accounted for by the major department store concerns, Hertie, Horten, Karstadt and Kaufhof, fell from 55 to 38 per cent between 1980 and 1994, according to a survey carried out by the Ifo-Institut in Munich. Hitherto, these concerns have reacted to the situation almost exclusively with structural-economic measures and mergers, and rarely with an attempt to present their wares in a new way or with a different building design. Not even Horten's "Galeria" concept has managed to reverse the trend.

The architects Rhode, Kellermann, Wawrowsky and Partners (RKW) are by no means revolutionaries in department store design. On the contrary, they seek to rework traditional forms in a restrained yet logical manner. This may seem surprising when one considers that the RKW practice has the ability and experience to create a completely new definition of the metropolitan department store – more so than almost any other team of architects. The application of their know-how to department store design, however, presupposes that the companies themselves would be prepared to abandon traditional structures and ways of thinking; and there are virtually no signs of such a development among German trading companies at present.

The department store projects that RKW have realized to date reveal an attempt to create a personal architectural style. A clear, stringent use of materials, logistic perfection of the functional processes, technical precision, craftsmanship and aesthetic soundness are characteristic features of all their work.

schungseffekte oder schrill aufgesetzte Akzente wird verzichtet.

In der langjährigen Praxis des Kaufhausbaus der Architekten RKW hat sich eine spezifische Typologie herausgebildet: An den Kaufhausfassaden dieses Büros setzt sich immer stärker die Natursteinverkleidung durch, aufgebrochen und gegliedert durch Sockelbetonung, gläserne Vordächer, Fensterbänder, gläserne Erker und Sonnenschutzelemente. Der Kunde betritt das Haus auf Natursteinplatten (meist Granit) und verläßt diesen Bodenbelag erst dort, wo er von den Hauptwegen in die Kaufzonen mit ihrem flauschig-filzigen, einfarbigen Teppichboden abzweigt. In der zentralen Achse steigen die Rolltreppen auf, die seitlich verspiegelt sind und in einem sich jetzt etwas weiter öffnenden Lichthof nach oben streben. Das pyramidale Glasdach über dieser Auffahrt gibt – soweit es nicht durch eine Leuchtdecke ersetzt ist – den Blick auf Bäume eines Dachgartens frei. Tageslicht dringt auch durch (meist unregelmäßig angeordnete) Seitenfenster und spiegelt sich in den Leitmaterialien Messing (Geländerholme, Orientierungstafeln), Glas und Spiegelglas (Stützenverblendungen). Für die unerläßliche Kunstbeleuchtung werden Wand- und Deckenleuchten mit warmen Gelbtönen bevorzugt.

Was ist an solchen Kaufhäusern, die ja häufig „Mode" verkaufen, „modern"? Das Neueste daran ist die Öffnung der Seitenwände und des Daches für Tageslicht und damit eine verhaltene „Transparenz". Sie stellt so etwas wie die kleine „Revolution" im Kaufhausbau dar – und ist doch de facto schon wieder von der Entwicklung überholt. Um dies richtig einzuschätzen, muß man sich die Geschichte des Warenhauses in einem etwas größeren Rahmen vergegenwärtigen, als ihn die Nachkriegszeit vorgibt.

Leo Colze beschreibt in seinem schmalen Band von 1908 „Berliner Warenhäuser", der zu einer Art Standardbeschreibung der Hochblüte der Warenhauskultur geworden ist, die „imposanten Palastbauten" der „vier Herrscher" und „ungekrönten Könige" des Warenhandels Wertheim, Tietz, Jandorf und Kaufhaus des Westens als einen „Typ, der vorbildlich geworden ist nicht nur für deutsche Verhältnisse, sondern insgesamt für die Handelskreise der alten und neuen Welt". Aber diese Kaufhäuser waren selbstverständlich nicht entfernt identisch mit den heutigen. So legt Colze viel Wert auf die Beobachtung, daß die Architekten bestrebt gewesen seien, sich bei der Konzeption der Gebäude „dem Wohnhauscharakter der Umgebung anzupassen". Die Seitenflügel des „KdW" zum Beispiel zeigten bewußt „ausgesprochene

Their designs contain echoes of Art Deco. The stylistic approach is unobtrusively elegant, and the spatial articulation is comprehensible and often congenial. There is an avoidance of highlights, of surprise effects and strident features.

Over many years of department store construction, RKW has developed a specific typology. The facades of the stores designed by these architects are increasingly distinguished by the use of stone cladding, articulated by accentuated plinth zones, glazed canopies and oriels, strip windows and sunscreen elements. The entrances to the buildings are paved with stone slabs (usually granite), and shoppers move off this finishing only where they leave the main circulation routes and enter the actual shopping zones with their soft, uniformly coloured carpeting. The escalators are situated on the central axis. Recent examples of these have mirrored sides and ascend through atriums that are now ampler than they were in the past. Where the light well is not covered by an illuminated soffit, it may be closed at the top by a pyramidal glass roof, which affords a view of the trees and bushes of a roof garden. Daylight also enters the building through windows at the sides – usually in an irregular arrangement – and is reflected in materials that are recurringly used in the work of this office: brass balustrading and direction panels, and glass and mirror cladding to the columns. Wall and ceiling lamps provide the necessary artificial lighting, which is usually in a warm yellow tone.

What is modern about department stores of this kind, which frequently sell "fashion"? The latest innovation is the opening of the side walls and the roof to admit daylight; in other words, the creation of a certain degree of "transparency". This development represents something of a revolution, however modest, in the design of department stores; and yet de facto it has already been overtaken by events. To understand this, it is necessary to look at the history of the department store in a broader context than that of just the post-war era.

In his slender volume "Berliner Warenhäuser", published in 1908 – which contains a now classical depiction of the flowering of department store culture – Leo Colze describes the "imposing palace structures" of the "four leading concerns" and "uncrowned kings" of the trade, Wertheim, Tietz, Jandorf and the Kaufhaus des Westens (KdW), as a "type that has achieved model status, not only in Germany, but for all trading circles in

Kaufhaus *(Department Store)* **Leonhard Tietz, Düsseldorf**

Etagenarchitektur". Im Innern dagegen entfaltete sich eine kaum glaubliche Pracht. Colze verweist auf Marmorportale, schmiedeeiserne Gitter, Deckengemälde, Glasmosaiken, Metallüster und Stuckdecken. Den Höhepunkt des KdW bildete die durch zwei Geschosse reichende holzgetäfelte Halle in den Maßen von 22 mal 23,5 Metern. Der Autor schwelgt in der Schilderung der gelben Tönung des aus Australien eingeführten Holzes, die mit den reichgeschnitzten schwarzgebeizten Pfeilern und Wandvertäfelungen kontrastierte und von hohen schmalen Fenstern aus Kathedralglas ein „gebrochenes Licht" empfing.

Offenbar wurde eine solche Ausstattung keineswegs als verschwenderisch empfunden, denn den Architekten Emil Schaudt und Franz Habich war zur Auflage gemacht worden: „Einfach vornehme, fachmännisch gediegene Ausführung in einheitlich künstlerischer Durchgestaltung in nur echtem Material (Holz, Metall und Stein) unter Vermeidung jeglichen Prunkes." Es ist ein Anforderungskatalog, wie er unverändert auch heute gelten könnte.

Allein die Art und Weise wie er erfüllt wurde, unterscheidet sich fundamental von den Konzepten, denen die Kaufhausarchitekten von heute folgen. Das hat sehr viel mit dem tiefen Niedergang der Kaufhauskultur in der Zwischen- und Nachkriegszeit zu tun. In diesen Jahrzehnten wandelte sich das Warenhaus zum Warenlager. Die Fenster wurden verrammelt, der Gegensatz zur angrenzenden Wohnbebauung bewußt akzentuiert (Eiermann-Fassade). An die Stelle der palastartigen Inszenierung des Auftritts der Warenwelt trat der Wühltisch, die einladende Geste der Animation wurde durch den Appell an die Instinkte des Scharrens ersetzt.

Folgerichtig war die Strategie des Verkaufs darauf gerichtet, die Gänge zu verengen und dem Kunden immer neue Warenhaufen in den Weg zu schieben. Unübersichtlichkeit und Unordnung waren keine Organisationspannen, sondern gewollt, weil sich mit ihnen die magische Vorstellung verband, daß die zu Bergen getürmte, übereinandergeworfene oder auf Palletten geschichtete Ware den Kaufzwang auslöst: Dem Käufer – so wurde unterstellt – müsse eine so dargebotene Ware als konkurrenzlos billig wie ein unsortiertes Industrieprodukt oder Schlußverkaufsramsch erscheinen.

Das Kauf-„Erlebnis" verlor seinen Stellenwert. Über den Kunden schlossen sich die Lichthöfe mit tiefabgehängten Decken. Das Haus verfinsterte sich zur Höhle, in deren Mittelpunkt eng eingezwängte Rolltreppen wie Förderbänder auf- und niederfuhren – einzige sichtbare Verbindung zwischen den tageslichtlosen Ebenen, die allesamt den Lagerhauscharakter nicht verleugnen durften. Erst vor diesem Hintergrund wird die spezifische Leistung der Architekten RKW erkennbar. Die Düsseldorfer Architekten brachen den Bunker auf, verwandelten das Lager wieder in ein Haus. Die Fassaden beginnen inzwischen wieder mit den Wohnbauten zu kommunizieren. Die Luken an den Rolltreppen weiten sich zu tageslichtdurchfluteten Schächten. Fenster öffnen sich, „echte Materialien" verdrängen den Kunststoff, die künstliche Unordnung wird gebändigt und in die mit Fußbodenleisten aus Messing abgeteilten Kaufzonen zurückgedrängt, Eleganz wagt sich hervor, die Wühltische wandeln sich zu Füllhörnern.

Zweimal haben die Architekten versucht, aus dem Kanon des Nachkriegskaufhausbaus auf spektakuläre Weise auszubrechen.

Residenz-Kaufhaus (*department store*)
Prager Straße, Dresden

the old and new worlds". These stores were in no way identical with those of today, of course. Colze emphasizes that the architects tried to match their design concepts to the "residential character of the surroundings". The wings of the KdW, for example, were deliberately subjected to a clear storey-like articulation. Internally, on the other hand, one was confronted with an incredible array of splendour. Colze refers to marble portals, wrought-iron gratings, ceiling paintings, glass mosaics, metal chandeliers and stucco soffits. The climax of the KdW was the 22 x 23.5 m wood-panelled hall extending over two storeys. The author revels in his description of the yellow tone of the timber imported from Australia. The coloration was contrasted with the richly carved, black-stained columns and wall panelling and received "broken light" from the tall, narrow windows filled with cathedral glass.

Evidently, interior design of this kind was not regarded as extravagant, since the architects, Emil Schaudt and Franz Habich, had been instructed to provide "simple, refined, professionally qualitative workmanship in a unified artistic design worked out to the last detail and using only authentic materials (wood, metal and stone), at the same time avoiding all ostentation". It represents a list of requirements that might be equally valid today.

The manner in which these requirements were fulfilled, however, differs fundamentally from the concepts pursued by department store architects today. Largely responsible for this is the serious decline in department store culture in the period between the two world wars and in the post-war years, an era in which this type of building was transformed into something resembling a warehouse. The windows were walled up; the contrast with the residential character of the surroundings was accentuated (the Eiermann facade); and the rummage counter came to replace the palatial presentation of the world of consumer goods. The inviting, animating gesture of the architecture was superseded by an appeal to the instinct of grubbing for wares.

In conformity with this, the sales strategy was aimed at making the aisles narrower and pushing ever more heaps of goods in the path of shoppers. Disorder and lack of clarity were not organizational errors. They formed part of a deliberate policy, since they were identified with the magical notion that if mountains of articles were heaped up for sale, piled on top of each other or left stacked on pallets, shoppers would be induced to buy. Consumers, it was argued, had to be presented with commodities that seemed unbeatably cheap, in the form of unsorted industrial products or trashy articles brought in for sales.

The "experience" of making a purchase lost its special quality. The light wells over the shoppers' heads were closed with low, suspended ceilings. The department store was darkened into a kind of cave, at the centre of which, tightly squeezed in, escalators rolled up and down like conveyor belts – the only visible link between the various floors, which were now without any natural lighting. All these features were designed to bring out the warehouse character of the building. Only with a knowledge of this background is it possible to recognize the outstanding

Das erstemal in Düsseldorf, als sie das denkmalgeschützte Carsch-Haus – einen würdevollen Vertreter der großen Kaufhauszeit – translozierten. Daß aus dieser aufsehenerregenden (und kostspieligen) Maßnahme, mit der der alte Kaufhaustyp dem Anschein nach rehabilitiert wurde, architektonisch nicht mehr herauszuholen war, muß allerdings überraschen. Die blasse, moderne Innengestaltung des äußerlich so akribisch restaurierten repräsentativen Hauses bleibt so sehr einem unverbindlichen Schematismus verhaftet, daß sie der Kunde, der gleich hinter dem majestätischen Eingang auf quergestellte Rolltreppen prallt, nur als Ernüchterung erleben kann.

Das zweitemal versuchten die Architekten in Dresden, mit dem Entwurf für ein neues Hertie-Kaufhaus an der Prager Straße die Konventionen der Kaufhauskiste zu durchbrechen. Mitten in der 15 Quadratkilometer weiten, von Altbauten fast völlig leergebombten Fläche wollten sie das einst an gleicher Stelle angesiedelte traditionsreiche „Reka" („Residenz-Kaufhaus") in originalen Formen wiedererstehen lassen. Hier war es die Planungsbehörde, die den bei der Dresdner Bevölkerung hoch geschätzten Rückgriff auf die „große Zeit" der Stadt blockierte. Aber auch gegen eine avantgardistische Glasfassade – im Kaufhaus-Œuvre eine absolute Novität – legten sich die Ämter quer. Den dritten, schon in Ausführung begriffenen Entwurf kippte die neue Muttergesellschaft, der Karstadtkonzern. Am Ende des qualvollen Prozesses entstand ein zwar respektables, durchaus Großzügigkeit atmendes Haus, das mit der terrassenförmig abgetreppten, von hängenden Gärten überwachsenen und mit einem „Hahnenkamm" von Oberlichtern bekrönten Rückfront einen Sonderplatz im Werk der Architekten einnimmt. Die eigentliche Frage lautet doch: Sind Experimente, wie sie hier versucht wurden, überhaupt noch die Lösungsansätze für morgen? Die Krise des Warenhauses kam mit der Krise der Stadt. Sie hat nicht nur das Kaufhaus seiner einstigen zentralen Stellung beraubt, sondern auch dem Ramschladen seine überwältigende Anziehungskraft genommen. Hier ist die Grüne Wiese unschlagbar. Doch sie begnügt sich erstaunlicherweise längst nicht mehr mit der sinistren Logik des Waren- und Ramschlagers, sondern greift in kühnem Handstreich auch nach den alten Insignien der Kaufhauskultur.

In den neuen Gewächshäusern des Warenhandels regiert längst nicht mehr die Philosophie des Wühltischs, sondern die Vision der Erlebniswelt. Die vorstädtischen Zentren trachten danach, die Altstädte mit ihren Kaufhäusern und den in die Defensive gedrängten Tante-Emma-Läden an Glanz und Ausstrahlung zu übertrumpfen. Sie setzen auf die (noch junge) Parole, nach der „das Leben schlechthin" zum „Erlebnisprojekt" geworden sei (Gerhard Schulze). Und es gibt keinerlei Anzeichen dafür, daß dies nur ein flüchtiger Flirt wäre.

Die Konfrontation der beiden Auffassungen ist im Werk der Architekten RKW in aller Schärfe dokumentiert. Das Büro, das sich unbestreitbare Verdienste um die Perfektionierung des überholten Nachkriegswarenhauses erworben hat, ist zugleich zum prominentesten Gestalter der neuen Kaufwelten in den Einkaufs- und Erlebniszentren der Vorstädte geworden.

Überraschenderweise kehrt in diesem Typus nicht nur konzeptionell, sondern auch gestalterisch die Ursprungsidee des Kaufhauses

achievements of the RKW team. The Düsseldorf architects have broken open the bunker again and turned the warehouse into a welcoming store. The facades begin to communicate with the surrounding residential buildings once more. The tight openings for the escalators have been expanded into broad atriums flooded with daylight. Windows are again being opened in the walls, and "genuine" materials are replacing plastic. The artificial state of disorder is being brought under control and contained within distinct shopping zones, divided off from the main access routes with brass floor strips. Elegance ventures to show its face again, and the rummage tables have been transformed into cornucopias.

On two occasions, the architects have made a spectacular attempt to break out of the formal canon of post-war department store construction. The first occasion was in Düsseldorf, when they relocated the Carsch building, a dignified example of the great period of department store design and a building of historical importance that is protected by conservation order. What is surprising is that this sensational (and expensive) project, through which the old type of department store would seem to have been rehabilitated, did not yield more in terms of the architecture. The pale, modern interior design of this outwardly so meticulously reconstructed prestige building scarcely rises above the level of a non-committal, schematic piece of work. Confronted with a laterally aligned block of escalators immediately after passing through the majestic entrance, shoppers can only experience this store as a let-down.

The architects' second attempt to overthrow the conventions of the department store box was in Dresden with their design for a new Hertie building in Prager Straße. In the midst of a 15 km² area that had been almost razed to the ground by wartime bombing, they wanted to recreate the historical Reka building (Residenz-Kaufhaus) in its original form and on its old site. In this case it was the planning authorities who blocked the scheme, despite its popularity with the people of Dresden for reinvoking the "grand age" of that city. The local authority also prevented an avant-garde solution with a glass facade – something that would have been a complete innovation in department store architecture. The third design, which was already under construction, was stopped by the new parent company, the Karstadt concern. Eventually, after a tortuous process, a respectable building was created that breathed a certain amplitude. With a series of terraced, overgrown hanging gardens and a rear face crowned by a "cockscomb" of roof lights, the building assumes a special place in the work of the architects, but it was not the great breakthrough one might have hoped for. The central question is whether the kind of experiments that have been attempted here represent a viable approach for the future. The crisis in which the department store finds itself today came about with the crisis of the city itself. This has not only robbed the store of its former central importance; it has also stripped the outlets for cheap goods of many of their attractions. In this respect, the virgin site outside the city is unbeatable. Curiously enough, however, developments of this kind are no longer content to exploit the sinister logic of the warehouse and

Karstadt *(department store)* Prager Straße, Dresden

zurück. Schon Schinkel hatte mit seinem Entwurf für ein Kaufhaus Unter den Linden (1827) bekanntlich so etwas wie einen „Basar" geplant: 200 (selbständige) Geschäfte und ebensoviele Wohnungen wurden in ein gemeinsames Verkaufsgebäude gepackt. Der Rasterbau aus Stützen, Balken und riesigen Glasflächen umgriff einen „Ehrenhof", der sich zur Straße Unter den Linden öffnete (und offensichtlich Platz für offene Verkaufsstände bereithielt).

Dieser Markthallencharakter lebte – was heute fast vergessen ist – auch in den großen Kaufhäusern der Jahrhundertwende weiter. Dem alten Kaufhaus des Westens etwa waren Verwaltung, Büros, Kontore, ein Frisiersalon, ein Teeraum, eine Bibliothek, ein Lese- und sogar ein „Damenzimmer" integriert. Zwei Innenhöfe luden mit Gartenanlagen, Bänken und Marmorbrunnen zum Verweilen ein, „aus deren in Bronze gebildeten Auslässen das plätschernde Wasser, von Schale zu Schale rieselnd, sich in weite Becken ergoß" (Colze).

In heutiger Sprache sind dies „Erlebnisparks", denen eine oft überschießende Phantasie zum Amüsement des Publikums den Rahmen einer „Erlebnisarchitektur" lieh. In den künstlichen Welten der Shopping-Malls und der Musical-Theater, der Spaßbäder und Erlebnisrestaurants von heute scheint sie nach einem gewaltigen Zeitsprung wiederaufzuleben.

Abfällig hat man von einer „Erinnerung mit Comic-Qualität" und „schönem Schein" gesprochen: „Ein heilloser Ramsch von Säulen, Spiegeln, Wasserspielen und Plastebäumen kommt stillos zusammen. Die Urbanität der alten Stadt fällt dieser Modernisierung Stück für Stück zum Opfer", zitieren Christine Weiske und Ute Hoffmann die eilig vorgeprescht Kulturkritik am Phänomen der neuen Erlebniswelten – und halten ihr Max Webers „Typologie der Städte" entgegen, die den Markt als einflußreichsten Faktor der Stadtwerdung und -entwicklung (neben Verwaltung und Repräsentation) identifiziert.

Dieser Einspruch ist ernstzunehmen. Schon Leo Colze, der „weder eine nationalökonomische Abhandlung, noch eine wirtschaftspolitische Polemik" über die Kaufhäuser verfassen wollte, war überzeugt, „daß die Großwarenhäuser Berlins ein gut Teil mitbestimmend auf die Entwicklung der Spreemetropole zur Weltstadt gewirkt haben". Übertragen auf die Einkaufs- und Erlebniszentren von heute könnte das heißen, daß sich in ihnen nicht so sehr „schöner Schein" oder ein städtischer Zerfallsprozeß, sondern eine neue Inkarnation von „Stadt", „Zentralität" und „Kaufwelt" manifestiert. Und ist die Ähnlichkeit nicht auffällig? Kehrt denn nicht wirklich in den Glaskuppeln und Galerien der Passagen und Einkaufsparks der alte, seit Jahrzehnten verbaute, mit Wühltischen vollgestopfte Lichthof der Kaufpaläste der Jahrhundertwende mit seinen Interieurs, seinen Treppenkaskaden, Brücken, Emporen und Balkonen wieder?

Die Vitalität und Anziehungskraft dieser Einkaufszentren scheint diejenigen Lügen zu strafen, die in solcherlei „Inszenierungen" nur „Raumverschwendung" sehen. Das Kauf-Erlebnis, also die Inspiration und Animation des Kunden durch effektvolle Inszenierung, ist keine Entdeckung der digitalen Gesellschaft, sondern das Geheimnis einer schon in der Zeit der Hochblüte der Warenhäuser auf das höchste verfeinerten Verkaufskultur, die in den neuen glasüberdachten Passagen und Kaufdomen neue Ausstrahlung entfaltet.

Rathaus-Galerie *(Town Hall Gallery)*, **Dormagen**

junk store. In a bid to achieve a bold coup, they are reaching out to grasp the old insignia of department store culture.

In the new glasshouses in which retail trade is conducted, the philosophy of the rummage counter has long been a thing of the past. In its place, one finds the vision of a world of amusement and new experiences. Suburban complexes are trying to steal the show from the old city centres with their department stores and small corner shops, which are anyway on the defensive. Out-of-town developments of this kind place their faith in the (still relatively new) slogan that "life is a project full of exciting new experiences" (Gerhard Schulze); and there are no signs that this is just a fleeting phenomenon.

The confrontation between these two attitudes is clearly documented in the work of RKW. The architects, who have without doubt rendered great services in perfecting the outdated post-war department store, have also become the most prominent designers of the new consumer worlds to be found in the shopping and leisure centres outside towns.

Surprisingly enough, the original idea of the department store is returning in this new type, not merely in conceptional form, but in the design as well. In his scheme for a department store in Unter den Linden in Berlin (1827), Karl Friedrich Schinkel planned something resembling a bazaar, in which 200 independent businesses and the same number of dwelling units were to be packed into a joint shopping-residential building. The grid structure of columns, beams and large areas of glazing was laid out about a cour d'honneur, which opened on to Unter den Linden and was evidently meant to provide space for open stalls for the sale of goods.

The market hall character of this project lives on in the large department stores built around the turn of the century – a fact that is almost forgotten today. The old Kaufhaus des Westens contained space for administration, offices, comptoirs, a hairdressing salon, a tea room, a library, a reading room and even a "room for ladies". Two courtyards with gardens, benches and marble fountains invited visitors to stop and relax. In Colze's words, the water flowing from the bronze outlets of the fountains "splashed down from tier to tier, finally running into broad pools" at the bottom.

In the language of today, these examples are nothing less than "amusement parks", places where one can enjoy a variety of events and experiences. In many cases, they are based on a programme of "special-events" architecture, created by an exuberant imagination for the delight of the public. In the artificial worlds of the modern shopping malls and musical theatres, fun baths and theme restaurants, this form of architecture would seem to be enjoying something of a renaissance after an interval of many years.

One spoke disparagingly of "memory with a comic-strip quality", of a world of "make-believe": "an awful jumble of columns, mirrors, fountains and artificial trees is stylelessly heaped together. Piece by piece, the urbanity of the old city falls victim to this process of modernization." Here, Christine Weiske and Ute Hoffmann cite the cultural criticism of these phenomena that was quick to emerge; and they counter it with Max Weber's

Das Werkverzeichnis der Architekten RKW zeigt, daß sich der neue Ansatz ganz und gar nicht auf die „Grüne Wiese" beschränkt. Im Gegenteil: Die meisten derartigen „Zentren" haben die Düsseldorfer Architekten in Innenstädten errichtet (Rathaus-Galerien Dormagen und Wuppertal, Forum City Mülheim, Nordwest-Zentrum Frankfurt), nur eines in ausgesprochener Randlage (Thüringen Park Erfurt). Das größte und spektakulärste Projekt, das „CentrO." Oberhausen, nennt sich programmatisch „Neue Mitte", aber bleibt bis zum Einbau in ein neuzuschaffendes echtes städtisches Zentrum ein Zwitter. An Größe, Prachtentfaltung, durchgestylter Ausstattung, vor allem aber urbaner Dichte ist es ohne Vergleich.

Kein einziges Kaufhaus hat bisher diese neue Verkaufsphilosophie adaptiert. Sie würde die Abkehr vom Konzept des Warenlagers und der Wühltische bedeuten. Die Rolltreppen müßten neuen Lichthöfen Platz machen und in Randzonen verwiesen werden. Die Fassaden müßten sich wieder in die Stadt öffnen, so wie ja auch umgekehrt die Stadt ihre Kaufhäuser wieder annehmen und zurückgewinnen müßte als Institutionen städtischer Kultur. Nur als Zentren gesteigerten Lebens und Erlebens, nur als Kulminationspunkte städtischen Lebensstils und eruptiver Neuheit haben die Kaufhäuser eine Chance gegenüber dem platten Land. Doch es ist durchaus fraglich, ob sie die Kraft zu einer solchen Neudefinition noch aufzubringen vermögen.

Das architektonische Instrumentarium dafür liegt bereit.

"Typologie der Städte", which identifies the market place as the most influential factor in the evolution of cities (alongside administration and representational aspects).

These objections are to be taken seriously. Even Leo Colze, who wished to write "neither a national-economic treatise nor a politico-economic polemic" on department stores, was convinced "that the great stores of Berlin played a major role in the development of this metropolis on the River Spree into the world city it was to become". Applied to the shopping and amusement centres of today, this could mean that they are not so much examples of a world of "make-believe" or urban decline, but incarnations of the "city", "centrality" and "the consumer world". Is the similarity not striking? Do the glass domes and galleries of the arcades and shopping malls and parks not signal the return of the old light wells of the department store palaces of the turn of the century with their rich interiors, their cascades of stairs, bridges, galleries and balconies, which for years were blocked up and crammed full of cheap goods and rummage counters?

The vitality and attraction of these shopping centres seem to give the lie to those who see "stagings" of this kind simply as "a waste of space". The experience of shopping, the inspiration and animation of the customer through the creation of an effective setting is not the invention of the digital society. It was the secret of a highly refined sales culture that already existed in the heyday of the department store and that has acquired a new aura in the glass-covered arcades and shopping domes of today.

The list of RKW's works shows that this new approach is by no means limited to developments on virgin sites out of town. On the contrary, most centres of this kind realized by the Düsseldorf architects have been erected in city centres: the Town Hall Galleries in Dormagen and Wuppertal; the Forum City Mülheim in Mühlheim/Ruhr; and the Northwest-Centre in Frankfurt. Only one has been built in a really peripheral location: the Thuringia Park, Erfurt. The largest and most spectacular object of this kind, the CentrO. in Oberhausen, has the programmatic name "New Centre"; but until such time as it is integrated into a genuine urban centre – still to be created – it will remain something of an oddity. Nevertheless, in terms of its size, magnificence, stylish interior and above all the urban density it engenders, it is an incomparable achievement.

No other department store has so far adopted this new sales philosophy. It would mean abandoning the concept of the warehouse and the rummage counter. The escalators would have to make place for new light-filled atriums and be relocated to peripheral zones. The facades would have to be opened up to the city; and conversely, the city would have to accept its department stores and reclaim them as institutions of urban culture. Only as centres of more intense expressions of life and experience, only as the epitome of urban lifestyle and as eruptive new attractions do department stores have a chance of survival against developments on flat virgin sites out of town. But it is questionable whether they have the strength and vitality to attain a new definition of this kind.

The architectural instruments required to achieve this do exist, however.

CentrO., Oberhausen

Carsch-Haus Horten

Düsseldorf

Goldplakette des Bundesbauministers: „Bundeswettbewerb Industrie und Handwerk im Städtebau", 1984
Goldmedal Awarded by the Federal Building Minister "Federal Competition Industry and Workmanship in City Planning", 1984

In Zusammenarbeit mit Hentrich, Petschnigg & Partner, Düsseldorf
In collaboration with Hentrich, Petschnigg & Partner, Düsseldorf

Der Ende der 70er Jahre geplante U-Bahn-Bau gab den Anstoß für eine Neuordnung der Bauten am Ende der Heinrich-Heine-Allee. Das dort liegende historisch bedeutende Carsch-Haus wurde abgetragen und westlich des alten Standortes neu errichtet. Zusammen mit dem zeitgleich erweiterten Wilhelm-Marx-Haus und dem Kaufhof entstand so ein städtebauliches Ensemble um den neu geschaffenen Heinrich-Heine-Platz. Auf sechs oberirdischen Etagen beherbergt das Carsch-Haus Verkaufsetagen, Verwaltung und Technikräume. Im Untergeschoß wurde ein Zugang zur U-Bahn-Station und dem gegenüberliegenden Kaufhof hergestellt.

The underground railway planned at the end of the 70ies also represented the start of a new organisation of buildings at the end of Heinrich-Heine-Allee. The historically significant Carsch-Haus was demolished for new construction close to the original location, thereby forming a town planning example around the newly created Heinrich-Heine-Platz together with the simultaneously extended Wihelm-Marx-Haus and the Kaufhof. The Carsch-Haus accommodates sales floors, administration and plant rooms on six above grade storeys. Access to the subway station and the Kaufhof located opposite were provided on sub-grade stories.

Historische Ansicht der Heinrich-Heine-Allee mit Carsch-Haus im Hintergrund

Historical view of Heinrich-Heine-Allee with Carsch-Haus in the rear

Ursprüngliche Situation im Luftbild und neuer Standort nach der Translokation im Modell

Original situation in aerial view and new location after relocation as model

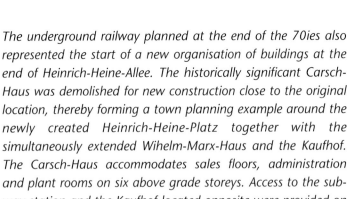

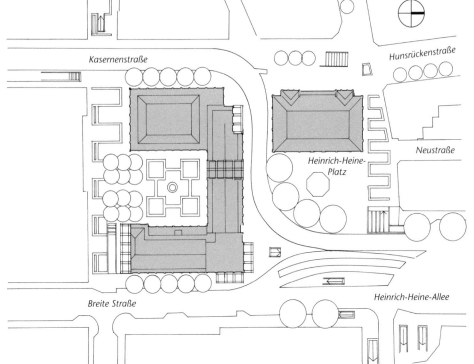

Lageplan mit Carsch-Haus rechts, erweitertem Wilhelm-Marx-Haus links und Heinrich-Heine-Platz

Site Plan with Carsch-Haus at the right, extended Wilhelm-Marx-Haus, left, and Heinrich-Heine-Platz

Carsch-Haus mit Blick zur Altstadt

Carsch-Haus at the entrance to the old city

Sämtliche Teile der Fassade wurden nach der
Translokation detailgetreu wiederhergestellt

*All facade elements were restored after trans-
location*

Umgestaltung der inneren Strukturen
des Warenhauses gemäß der neuen
Nutzungen

*Redesign of internal structures of the de-
partment store to meet new utilisation*

Neue transparente Glasfassade an der Ecke
I. Hagen / Kurienplatz

*New transparent glass facade on corner
I. Hagen / Kurienplatz*

Peek & Cloppenburg

Essen

1988/1989 wurde das traditionelle Textilhaus aus dem Jahre 1925 an der Ecke Kettwiger Straße / I. Hagen in ein modernes Warenhaus umgebaut. Die denkmalgeschützte Fassade aus grobgehauenem Naturstein blieb erhalten. Im Innern wurde der Baukörper vollständig entkernt und geschoßweise neu errichtet. Wichtigste Neuerung war die vollständige Öffnung des Baukörpers durch eine gebäudehohe Glasfront am I. Hagen zum Kennedy Platz. Die Glasfassade und das pyramidenförmige Glasdach über der zentralen Rolltreppenanlage ermöglichen ein hohes Maß an Tageslichtzufuhr in den Verkaufsetagen des Kaufhauses.

The traditional textile department store founded in 1925, located on the corner of Kettwiger Straße / I. Hagen, was turned into a modern department store in 1988/1989. The listed natural stone facade was maintained, the structure completely cored and reconstructed floor-by-floor. The most important novelty was the complete opening of the structure by means of a building-high glass front on I. Hagen towards Kennedy Platz. A glass facade and the pyramidal glass roof over the central escalator system allows a high degree of daylight for the sales floors of the department store.

Luftbild des vollständig entkernten Gebäudes

Aerial view of the completely cored building

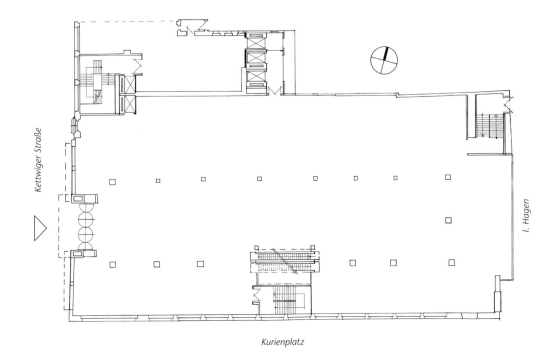

Kettwiger Straße

I. Hagen

Kurienplatz

Grundriß Erdgeschoß

Ground floor plan

Denkmalgeschützte Fassade an der Ecke Kettwiger Straße/Kurienplatz nach der Renovierung

Facade under monumental preservation on the corner Kettwiger Straße/Kurienplatz after renovation

Peek & Cloppenburg
Dortmund

Mit dem Entwurf für die Sanierung der Filiale in Dortmund wurde die Grundlage für ein einheitliches Gestaltungskonzept aller Peek & Cloppenburg Warenhäuser gelegt. Der Unternehmensphilosophie gemäß sollte eine solide und zeitlos elegante Lösung entwickelt werden, die von Ort zu Ort Differenzierungen und Interpretationen zuläßt. Grundprinzip für die Baukörpergestaltung sind die klassische Dreiteilung in Sockel, Mittelteil und Dach, die kubische Strenge und der rhythmische Wechsel von geschlossenen Flächen und vertikalen Fensterbändern, die über die gesamte Gebäudehöhe geführt werden. Zweigeschossige Schaufenster gewähren weite Einblicke. Die Ausstattung der Verkaufsräume wird durch hochwertige Materialien wie Naturstein, Messing, Marmor und Glas bestimmt.

The design for rehabilitation of the branch in Dortmund formed the basis of a uniform concept for all Peek & Cloppenburg stores. Following the company philosophy, a sound and timelessly elegant solution had to be developed, that allows differentiation and interpretation to meet local requirements. The design principle of the structure comprises the classical trisectioning into base, central section and roof, the cubic straightness of lines and the rhythmic alternation of closed areas with vertical window bands conducted over the entire building height. Shop windows over two storeys allow extensive views. High quality materials such as natural stone, brass, marble and glass determine the interior design of the sales rooms.

Blick von der Ecke Kampstraße/Brückstraße

View from corner of Kampstraße/Brückstraße

Grundriß Erdgeschoß

Ground floor plan

Die Fassade an der Brückstraße aus den 50er Jahren (unten) und nach dem Umbau (linke Seite)

The facade on Brückstraße from the 50ies (below) and after the alteration (left side)

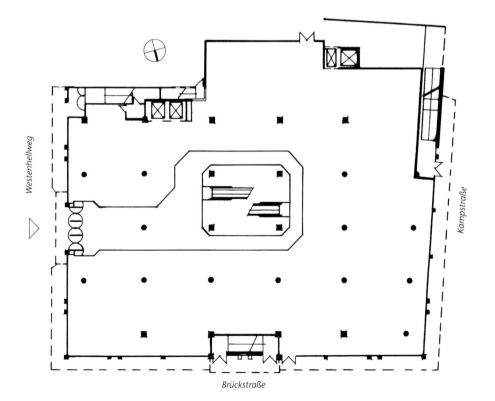

63

Peek & Cloppenburg
Frankfurt a. M.

Der Umbau der Peek & Cloppenburg Filiale an der Frankfurter Zeil dokumentiert beispielhaft die Veränderungen, die sich im Textilhausbau in den 80er Jahren ergeben haben. Das alte Gebäude wurde bis auf das Stahlbeton-Skelett entkernt und vollständig neu errichtet. Die Neuorganisation ermöglichte eine großzügige Warenpräsentation und die Erweiterung der Verkaufsflächen bis zum rückwärtigen Parkhaus Konstabler Wache. Mit Genehmigung der Stadt konnte die stillgelegte Reineckestraße überbaut und eine hausinterne „Boutiquen-Straße" eingerichtet werden. Die helle Natursteinfassade wurde durch vertikale Lichtschlitze gegliedert, um ein hohes Maß an natürlicher Belichtung zu gewährleisten.

The reconstructed Peek & Cloppenburg branch on the Zeil in Frankfurt is a perfect example for the changes in modern textile store design in the 80ies. The old building was cored down to the reinforced concrete skeleton and reconstructed completely. The reorganisation allowed a generous presentation of goods and an extension of sales areas to the rear parking garage on Konstabler Wache. With the approval of the city, it was possible to build over the abandoned Reineckestraße and establish an internal "Boutique-Route". The light naturalstone facade was accentuated with vertical light bands to achieve a high degree of natural lighting.

Fassadenausschnitt über einem der beiden Haupteingänge

Facade section over one of the two main entrances

Grundriß Erdgeschoß

Ground floor plan

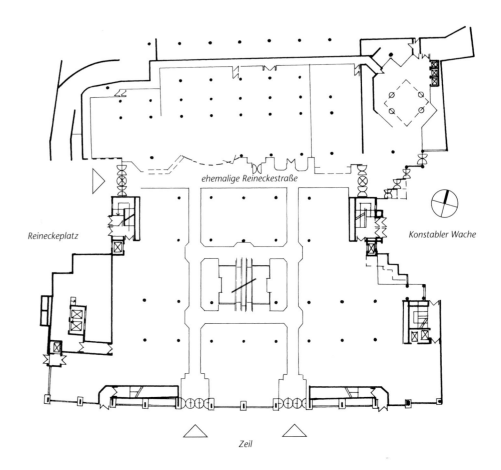

Hauptfassade zur Zeil

Main facade on the Zeil

Vertikale Lichtschlitze und einfache Fenster im Obergeschoß gliedern die langgestreckte Sandsteinfassade

Vertical light bands and glass bay windows accentuate the sandstone facade on the Zeil

Rückfront zur Konstabler Wache

Rear front on Konstabler Wache

Oberlichter gewährleisten einen hohen Anteil
an Tageslicht in den großzügig gestalteten
Verkaufsräumen

*Skylights guarantee a high degree of daylight for
generously designed sales rooms*

Appelrath-Cüpper

Aachen, Essen, Kiel und Wiesbaden

Zahlreiche Filialen der Textilhauskette Appelrath-Cüpper befinden sich in historischen Bauten an innerstädtischen Standorten. Wiedererkennung und Unverwechselbarkeit im Sinne eines einheitlichen Erscheinungsbildes waren daher wesentliche Vorgaben für die Entwicklung eines architektonischen Gesamtkonzeptes. Neben der straßenräumlichen Gestaltung durch markante Markisen und Schaufensterbereiche spielte insbesondere die formale Umsetzung großzügiger Eingangsbereiche und heller Verkaufsräume eine wichtige Rolle. Ein umfassendes Lichtkonzept, teilweise durch Kunstlicht akzentuiert, erleichtert die Orientierung innerhalb des Hauses und ermöglicht eine ansprechende Warenpräsentation.

Many of the branches belonging to the textile chain Appelrath-Cüpper are accommodated in historic buildings in the heart of cities. Recognition and unmistakability in the sense of a uniform appearance were determining requirements for the development of an overall architectonic concept. In addition to the exterior appearance with characteristic awnings and display windows, the formal realisation of generous entrance areas and bright sales rooms played an important role. An overall light concept, partially accentuated with artificial lighting, assists in easy orientation within the building and contributes to an appealing display of goods.

Helle Farben und großzügige Verkaufsflächen bestimmen die Innenraumgestaltung der Filialen Wiesbaden (rechts) und Aachen (unten)

Light colours and generous sales areas determine the interior design of the branches in Wiesbaden (right) and Aachen (below)

Innerstädtische Standorte des Textilhauses in markanten historischen Gebäuden in Essen (oben links) und Wiesbaden (unten rechts)

Inner city locations of the textile store in characteristic buildings in Essen (left above) and Wiesbaden (right below)

Baedeker Buchhandlung

Essen

Die Umgestaltung und Erweiterung der Buchhandlung Baedecker im Zentrum von Essen verbindet die Erhaltung historischer Bausubstanz mit Vorstellungen eines modernen und offenen Innenraumkonzeptes. Hinter der historischen Fassade zur Kettwiger Straße öffnen sich großzügige Verkaufsetagen, in deren Mittelpunkt der offene Erschließungskern mit Aufzug und weit geschwungener Treppe steht. Der zentrale Luftraum, die partielle Öffnung der Geschoßdecken und die gebäudehohe Stahlglaskonstruktion der Rückfassade ermöglichen vielfältigen Tageslichteinfall und eine helle Atmosphäre in den Verkaufsetagen.

Redesign and extension of the bookshop Baedeker in the centre of Essen combines maintenance of historical building substance with the image of a modern and open interior design concept. Generous sales floors with a central open circulation core with elevator and elegantly curved staircase are arranged behind the historical facade on Kettwigerstraße. The central air space, partial opening of the floor slabs and a building-high steel-glass structure on the rear facade allow multiple daylight admission together with the creation of a light atmosphere on the sales floors.

Grundriß Erdgeschoß

Ground floor plan

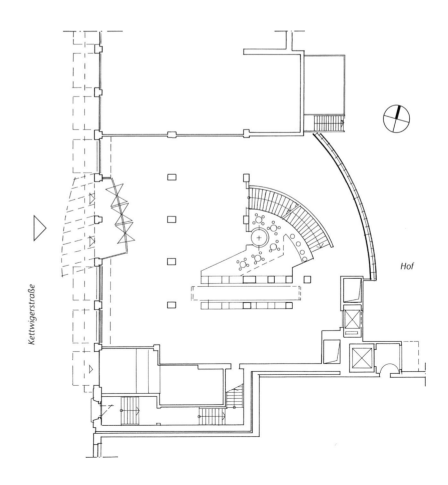

Kettwigerstraße

Hof

Aufzug im neugestalteten Treppenhaus

Elevator in redesigned staircase

Die großzügig geschwungene Treppe bildet das zentrale Motiv im offenen Raumgefüge der Verkaufsetagen

The generously curved stairway forms the central motive in the open space arrangement of the sales floors

Holz, Stahl und Glas prägen als wiederkehrende Materialien den angenehmen Charakter der Verkaufsetagen

Wood, steel and glass, as recurring materials, create a comfortable atmosphere on the sales floors

Rückwärtige Fassade zum Hof

Rear facade towards the courtyard

Hauptfassade zur Schildergasse geprägt vom
Wechsel großzügiger Schaufensterfronten
und hellem Sandstein

*Main facade on Schildergasse dominated by
the alternation of generous display window
fronts and light sandstone*

Marks & Spencer
Köln

In der Schildergasse, einer der renommierten Einkaufszonen der Kölner Innenstadt, hat der englische Warenhauskonzern Marks & Spencer seine erste Niederlassung in der Bundesrepublik eingerichtet. Sie ist der Ausgangspunkt für eine Expansion in Deutschland. Ein vier Jahre altes Geschäftshaus Ecke Schildergasse/An St. Agatha wurde unter Berücksichtigung des in England über Generationen gewachsenen Erscheinungsbildes und des hauseigenen Sortimentes in ein auf den englischen Konzern abgestimmtes Warenhaus umgestaltet. Das Tageslichtkonzept, die Materialität und die Farbgebung verleihen den Verkaufsräumen eine individuelle und unverkennbar britische Atmosphäre.

The English department store concern Marks & Spencer has established its first branch in the Federal Republic in the Schildergasse, one of the principal shopping areas of the city of Köln. Further expansion in Germany will start from here. A four year old commercial building located on the corner of Schildergasse/An St. Agatha was redesigned as department store, following the traditional appearance and the internal goods assortment developed in England over generations. A daylight concept, materials and colour schemes lend the sales rooms an individual and typically British atmosphere.

Innenausbau im hochwertigen Stil des englischen Traditionskaufhauses (oben)

Interior finishes reflect the high-class style of the traditional English department store

Offenheit und Helligkeit prägen die großzügigen Verkaufsetagen

Transparence and brightness dominate the generous sales floors

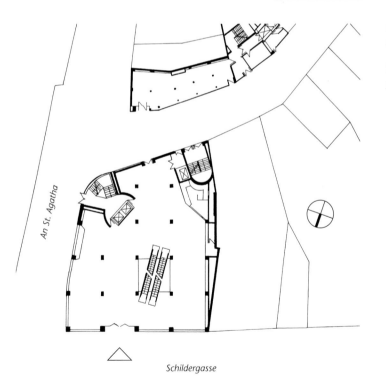

An St. Agatha

Schildergasse

Grundriß Erdgeschoß mit Haupteingang an der Schildergasse

Ground floor plan with main entrance on Schildergasse

Blick von der Ecke Georgstraße/
Kleine Packhofstraße

*View of corner Georgstraße/Kleine
Packhofstraße*

Woolworth

Hannover

In der Fußgängerzone von Hannover wurde 1995 ein Woolworth-Kaufhaus errichtet, das zwischen Georgstraße, der Kleinen Packhofstraße und der Heiligerstraße einen innerstädtischen Häuserblock schließt. Das Erscheinungsbild des fünfgeschossigen Gebäudes wird geprägt durch eine strenge, rechtwinklige Rahmenkonstruktion aus Naturstein. Deren großflächiges Raster, das vertikal und horizontal den Baukörper gliedert, und der kleinteilige Rhythmus der Fensterprofile verleihen dem Baukörper eine auf die Straßenräume und Nachbarbebauungen abgestimmte Proportionalität. Hohe Transparenz erhält das Gebäude durch die großen Fensterflächen. Sie sind Grundlage für das umfangreiche Tageslichtkonzept im Kaufhausinnern.

A Woolworth department store was established in the pedestrian area of Hannover in 1995 which closes an inner city gap between Georgstraße, Kleine Packhofstraße and Heiligerstraße. The appearance of the 5-storey building is dominated by a strict, rectangular frame structure of natural stone. Its large-scale grid that vertically and horizontally accentuates the building structure and the small-scale rhythm of the window sections lends the building structure a proportion adapted to road spaces and adjacent buildings. The building receives high transparency from large window areas which form the basis for the extensive daylight concept inside the department store.

Ansichten der Hauptfassade an der Georgstraße (oben und links)

Elevations of main facade on Georgstraße (above and left)

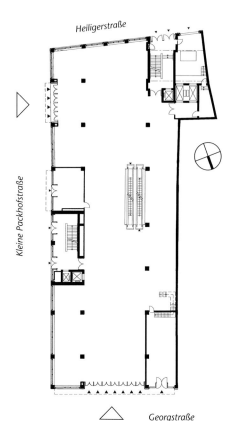

Heiligerstraße

Kleine Packhofstraße

Georgstraße

Grundriß Erdgeschoß

Ground floor plan

Rückfront mit begrünten und begehbaren
Terrassen

*Rear front with landscaped and walkable
terraces*

Karstadt
Dresden

In der Innenstadt Dresdens wurde 1995 an der traditionsreichen Prager Straße ein Karstadt-Warenhaus errichtet. Schon seit der Jahrhundertwende avancierte die Prager Straße zwischen Bahnhof und Altstadt zum zentralen Einkaufsboulevard. Nach dem Krieg wurden die großenteils zerstörten Bauten abgerissen und stattdessen ein aufgelockerter Städtebau durch groß angelegte Zeilenbauten realisiert. Ziel der aktuellen Stadtplanung ist die Verdichtung des Stadtraumes auf der Grundlage der historischen Stadtstrukturen. Die neue Karstadt-Filiale entstand auf dem Grundstück des ehemaligen Residenz-Kaufhauses und zeichnet als erstes die neue Straßenflucht vor. Zahlreiche Fassadenstudien gingen dem nun bestehenden Neubau voraus. Im Einvernehmen mit den Gestaltungsvorgaben der Stadt erhielt das Warenhaus straßenseitig eine klassische Dreigliederung, dominiert von großen, vertikalen Glas- und Natursteinflächen aus hellem Elbsandstein. An der Rückseite staffeln sich begehbare Terrassen zum späteren Quartiershof hinunter.

In 1995, a new Karstadt department store was built on the traditional Prager Straße, in the city of Dresden. Since the turn of the century, the Prager Straße, between the railway station and the old town, developed into a central shopping boulevard. After the war, the basically destroyed buildings were demolished and articulated city planning was realised by means of extensive cellular road spaces. The goal of today's city planning is a densification of the city space based upon the historic city structures. The new Karstadt branch was constructed on the site of the former Residenz department store and is the first building that determines the new road line. The existing new building is the result of many previous facade studies. In coordination with municipal design requirements, the department store was given a classical three-sectioning on the road side dominated by large, vertical glass and natural stone of surfaces light Elbesandstone. Walkable terraces are arranged on the rear side, leading down to the future Quartiershof.

Glasvorbau an der Rückfassade im 4. und 5. Obergeschoß mit Blick über die Terrasse zum Innenhof

Projecting glass front on the 4. and 5. storey looking over the terrace to the courtyard

Haupteingang an der Ecke Prager Straße/Waisenhausstraße

Main entrance on the corner of Prager Straße/Waisenhausstraße

linke Seite:
Modell des ersten, nicht realisierten Entwurfs
mit transparenter Fassade

left page:
Model of first design with transparent facade
(not carried out)

Residenzkaufhaus vor der Zerstörung

Residenz department store prior to
destruction

Residenzkaufhaus um 1950

Residenz department store around 1950

Auf dem historischen Stadtgrundriß werden
die städtebauliche Disposition vor der Wiedervereinigung (hellgrau) und die Leitlinien
der aktuellen Stadtentwicklung (grau) deutlich

The urban layout prior to reunification
(pale grey) and the current development goals
(grey) are shown over the historical plan of the
district

Modell des ersten Entwurfs

Model of first scheme

Schaufenster-Arkaden entlang der Prager
Straße

*Arcades with shop windows (left) along Prager
Straße*

Blick entlang der Prager Straße

View along Prager Straße

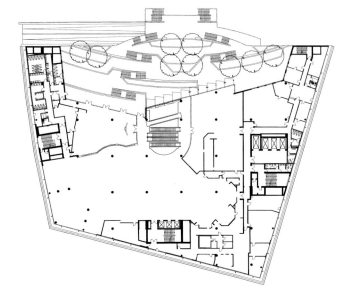

Grundriß 5. Obergeschoß mit Restaurant und
Zugang zur Terrassenanlage

*Fifth floor plan, with restaurant and access to
terrace*

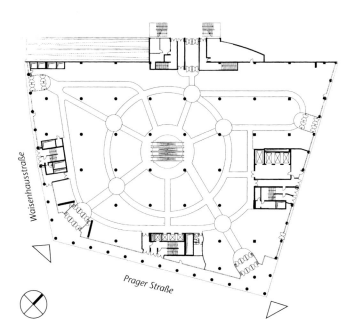

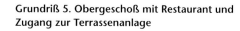

Grundriß Erdgeschoß mit Zufahrt Tiefgarage

*Ground floor plan with access to underground
parking*

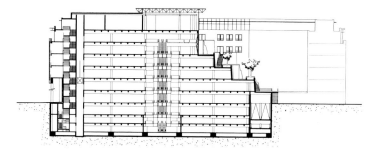

Schnitt durch das Gebäude, links Prager
Straße, rechts Terrassen zum Innenhof

*Building section: Prager Straße on the left,
terraces in the atrium on the right*

Brücke über das 4. Obergeschoß hinter der
zweigeschossigen Glasfassade
(linke Seite und rechts)

*Bridge over 4th floor, behind two-storey glass
facade (left side and right)*

Blick in eine Verkaufsetage

View into sales floor

Zentrale Rolltreppenanlage (links)

Central escalator system (left)

Karstadt

Leipzig

Wettbewerb Erster Preis

Competition First Prize

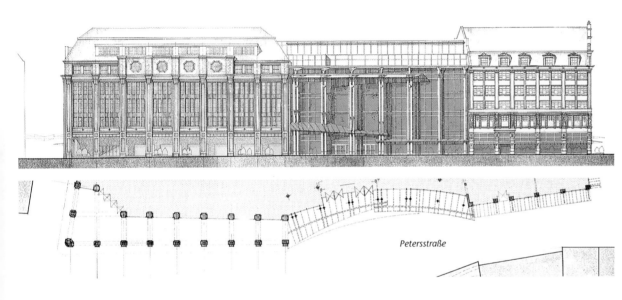

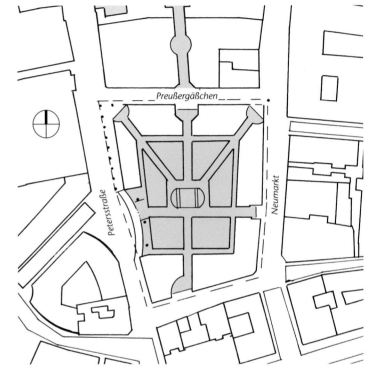

Baulückenschließung an der Petersstraße: durch die konkav gekrümmte Fassade entsteht vor dem Haupteingang ein neuer Vorplatz; Stützenraster und Flächenbildung der neuen Glasfassade in Anlehnung an die historischen Kaufhäuser

Closing of building gap on Petersstraße: Plaza in front of main entrance resulting from concave curved facade; column grid and new glass facade similar to the historical departement store

Neuer Entwurf des „Althoff-Warenhaus" nach der nicht verwirklichten Planung von 1912 an der Ecke Preußergäßchen/Neumarkt (Zustand oben rechts)

New design of the "Althoff-Warenhaus" according to the unrealised design of 1912 on the corner Preußergäßchen/Neumarkt (state right above)

Lageplan des Straßengevierts in der Leipziger Innenstadt mit Passagensystem (rechts)

Site plan of the block in the heart of Leipzig, with arcade system (right)

Im Leipziger Stadtzentrum, inmitten denkmalgeschützter Bausubstanz, beabsichtigt die Karstadt AG ein historisches Warenhaus zu revitalisieren. Das Grundstück an der Petersstraße umfaßt ein ganzes Straßengeviert, bebaut mit Bürgerhäusern aus der Jahrhundertwende, dem Centrum-Warenhaus sowie dem Messehaus „Stentzlers Hof". Ziel des Erneuerungskonzeptes ist die Rückbauung des Blockes auf seine ehemals vorgesehene Form und Erscheinung. Der Entwurf von 1912 war so eindeutig auf einen Gesamtbaukörper ausgelegt, daß es gerechtfertigt erscheint, das urprünglich Gedachte zu vollenden. Daher werden neben der Erhaltung der historischen Fassaden zwei Baulücken geschlossen. An der Ecke Preußergäßchen/Neumarkt soll, entsprechend der damaligen Planung, das nicht gebaute „Althoff-Warenhaus" entstehen. An der Petersstraße wird eine moderne Bebauung den Bestand ergänzen.

Karstadt AG plans the revitalisation of a historical department store located in the heart of Leipzig, among listed buildings. The site on Petersstraße comprises a complete district, built-up with town houses dating back to the turn of the century, the Centrum department store and the mall "Stentzlers Hof". The goal of the refurbishing concept is to return the block to its originally intended form and appearance. The design of 1912 was clearly laid out for an overall building structure and it seems reasonable to fulfil the original intention. In addition to maintaining the historical facades, two building gaps are to be closed. The previously unrealised "Althoff-Warenhaus" on the corner Preußergäßchen/Neumarkt is now designated for construction according to former planning. Modern buildings on Petersstraße will complete existing construction.

Einkaufszentren, Galerien und Passagen
Shopping Centres, Galleries and Shopping Malls

Galerie Kleiner Markt
Saarlouis

Walter-Hesselbach-Preis 1983
Walter-Hesselbach-Prize 1983

BDA-Preis des Saarlandes 1983
BDA-Prize of the Saarland 1983

Preußische Kaserne vor dem Umbau

Prussian barracks prior to alteration

Die 1982 fertiggestellte Einkaufspassage entstand im Zuge einer Attraktivitätssteigerung der Innenstadt. Ziel war die Umnutzung historischer Bausubstanz zur Verbesserung der Einzelhandelsstrukturen in der ehemaligen Garnisonsstadt. Die neu geschaffene Passage liegt parallel zum denkmalgeschützten preußischen Kasernengebäude. Ein Neubau, der sich in Kubatur und Gestaltung am historischen Gebäude orientiert, flankiert und begrenzt die Passage zum Kleinen Markt. Die massiven Baukörper und die leichte Stahl-Glas-Konstruktion der Passage bilden ein kontrastreiches Raumgefüge. Die abwechslungsreichen Raumeindrücke beruhen auf einem hohen Maß an Tageslicht und der funktionalen Einbindung der historischen Gebäudeteile in die neuen Nutzungen, einem vielfältigen Angebot aus Handel, Gastronomie und Dienstleistungen.

The shopping arcade was constructed in 1982 in the course of inner city modernisation. The goal was a changed utilisation of the historical building substance to improve the retail structure of the old garrison town. The new arcade runs parallel to the Prussian barracks which are listed. Cubature and design of the new building are oriented towards the barracks, flanking and encompassing the arcade on Kleiner Markt. The massive structure and the light steel-glass frame of the arcade form a spatial relationship full of contrasts. The impressive and lively atmosphere is based upon a high degree of daylight and the functional integration of historical building elements into the new utilisations, a diversification of commerce, restaurants and services.

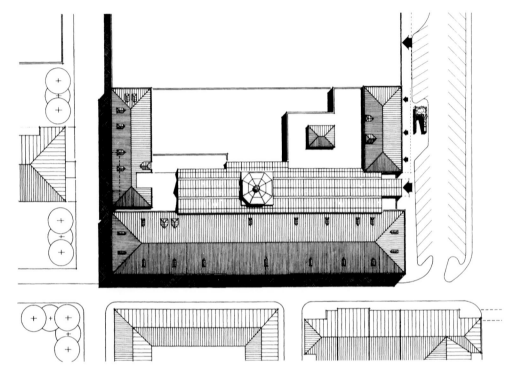

Lageplan und Grundriß des Erdgeschosses illustrieren die räumliche und funktionale Verbindung von alter Kaserne, Passage und Neubau

Site plan and floor plan of ground floor demonstrate spatial and functional connection of existing barracks, arcade and new building

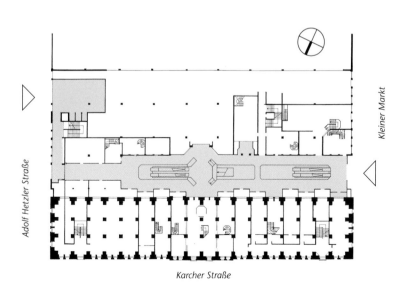

Glaspassage zwischen ehemaligem Kasernengebäude und Neubau (linke Seite)

Glass arcade between former barracks building and new building (left side)

91

Zentrale Kuppel mit Sonnensegel zur
Lichtlenkung

Central dome with sun sails for light control

Gläserne Pavillons beleben den Straßenraum
der Mall im Erdgeschoß

*Glass pavilions enhance the road space of the
mall on the ground floor*

Dachgesims und Fensterlaibungen der Kaserne bilden eine feingliedrige Kulisse in der Mall

Roof cornice and window jambs of the barracks form the delicate background in the mall

Galerien, Aufgänge und Plätze in der zentralen Passage

Galleries, stairways and plazas in the central arcade

Nordwest-Zentrum

Frankfurt a. M.

ICSC International and European Design and Development Award 1990

ICSC International and European Design and Development Award 1990

Das Nordwest-Zentrum ist Mittelpunkt der Nordwest-Stadt am Rande von Frankfurt. Aufgabe war es, das in den 60er Jahren gebaute, aber bereits 15 Jahre später abgewirtschaftete Zentrum in einen funktionstüchtigen und attraktiven Anziehungspunkt für öffentliches Leben umzuwandeln. Grundlage für die Neuorganisation der Verkehrs- und Handelsstrukturen sowie den Betrieb der kommunalen Einrichtungen im Jahr 1988 war ein Kooperationsmodell privater Investoren und der Stadtverwaltung. Durch eine partielle Überdachung von Straßen und Plätzen wurde ein neuer, geschützter Stadtraum geschaffen, der eine hohe Aufenthaltsqualität bietet. Eine großzügig geschwungene Holz-Glas-Konstruktion, getragen von speziell entwickelten Baumstützen, überspannt insgesamt 10.000 Quadratmeter ehemaliger Freifläche. Die Neugestaltung, basierend auf einem nutzerfreundlichen Material-, Farb- und Lichtkonzept, umfaßt sowohl die Bereiche unter dem Stadtdach als auch die umliegenden Außenflächen und Hausfassaden. Dabei wurde Bausubstanz weitgehend erhalten.

The "Nordwest-Zentrum" is the centre of the "Nordwest-Stadt" on the periphery of Frankfurt. The goal was to transform the centre, built in the 60ies, but already deteriorated after only 15 years, into a functional attraction of public life. Basis of the reorganisation of traffic and commercial structures and operation of municipal facilities in the year 1988 was a cooperation model of private investors and the city. A new and protected city space was created by partially roofing roads and plazas, which offers a high recreational quality. A generously curved wood-glass-structure, supported on especially developed tree columns, spans over an area of more than 10.000 square meters of former open area. The new design, based upon a user-friendly material, colour and light concept, covers the areas below the city roof as well as the peripheral external areas and building facades. The building substance was basically maintained.

Durch die Glasdächer werden die einzelnen Gebäude zu einem zusammengehörenden Komplex verbunden

The glass roofs combine the individual buildings to a comprehensive complex

Lageplan des Nordwest-Zentrums nach dem Umbau

Site plan of Nordwest-Zentrum after reconstruction

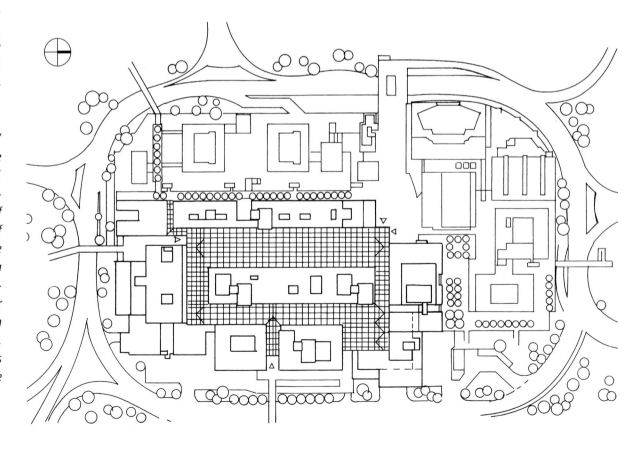

Verwahrloste Straßenräume und unattraktive
Kaufhäuser in den 80er Jahren vor der Sanierung

*Deteriorated road spaces and unattractive
department stores prior to refurbishment in the
80ies*

Markante Dachkonstruktion aus geschwungenen Holzleimbindern in der großen (links)
und kleinen Mall (unten)

*Remarkable roof structure of curved gluelam gir-
ders in the large and the small mall (below)*

Baumstützen tragen die geschwungenen Holzleimbinder der großen Mall

Timber columns carry the curved gluelam girders of the large mall

Offene Treppen und Rollbänder verbinden die Malls mit der Parkebene und der U-Bahn-Station im Untergeschoß

Open stairs and transport bands connect the malls with the parking level and the underground station on the sub-floor level

Eckgebäude (Block D) mit raumhoher Verglasung gewährt Einblicke in zwei Verkaufsebenen

Corner development (block D): full-height glazing allows views into the two sales levels

Main-Taunus-Zentrum
Geschäftshäuser

Sulzbach

Das Main-Taunus-Zentrum bei Frankfurt Sulzbach wird auf der Basis eines von RKW entwickelten Masterplans in mehreren Bauabschnitten modernisiert. Nach amerikanischem Vorbild entstand das Einkaufszentrum bereits in den frühen 60er Jahren „auf der grünen Wiese" mit Anbindung an die nahe gelegene Autobahn. Eingeschossige Ladenzeilen und drei eigenständige Kaufhäuser flankieren die offene Passage. Die von RKW durchgeführten Modernisierungsmaßnahmen betreffen neben dem Kaufhaus Hertie die als Blöcke D und E bezeichneten Abschnitte der Mall. Zwischen 1996 und 1998 realisierte das Büro die Erweiterung der Ladenzeile um diese beiden, nunmehr als Zweigeschosser konzipierten Neubauten. Entwurfsidee und Grundlage der Planung war unter Beibehaltung des Charakters des offenen Einkaufszentrums die Akzentuierung der neuen Gebäudehöhe. Der Block D erhielt als Eckbebauung über beide Geschosse eine transparente Glasfassade. Die Zweigeschossigkeit des Blockes E manifestiert sich insbesondere im Eingangsbereich. Eine vertikale gläserne Schürze entwickelt sich aus der Dachkonstruktion. Sie definiert als gestalterisches Element den Zugang zu den Geschäften und dient als Wetter- und Sonnenschutz.

Based on the master plan drawn up by RKW, the modernization of the Main-Taunus-Centre near Sulzbach, Frankfurt, is being executed in a number of stages. The shopping centre built in the early 1960s on a virgin site with links to the nearby autobahn was influenced by American models. An open arcade is flanked by single-storey strips of shops and three independent department store buildings. The sections of the modernization programme for which RKW is responsible include the Hertie department store and blocks D and E of the mall. Realized by the partnership between 1996 and 1998, these two new two-storey structures represent an extension of the main shopping spine. The basic concept of the design and planning was to retain the character of the open shopping centre while accentuating the different height of the new buildings. As a corner development, block D was designed with a transparent glass facade extending over both storeys. The double storey height of block E is articulated particularly in the entrance area, where a vertical glazed apron is developed from the roof construction. This design element defines the point of access to the business premises and also provides sunscreening and protection against the weather.

Main-Taunus-Zentrum Horten 1989

Main-Taunus-Centre Horten 1989

Geschäftshaus (Block E) mit Glasschürze über dem Eingangsbereich

Commercial building (block E) with glass apron to the entrance area

Lageplan

Site plan

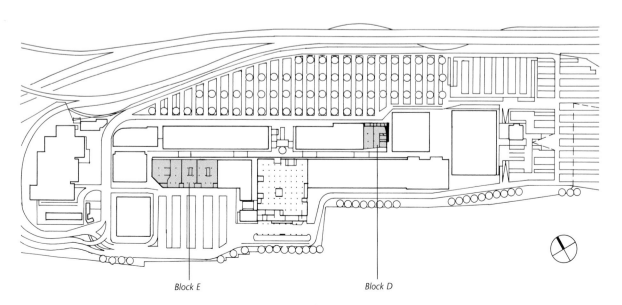

Block E   Block D

Blick in die Lloydpassagenstraße (links) und
auf den Platz vor der Hortenfiliale (unten)

*View into Lloydpassagenstraße (left) and on the
plaza in front of the Horten branch (below)*

Lloyd-Passage

Bremen

In Zusammenarbeit mit Haslob, Hartlich + Schütz und Rosengart + Partner

In collaboration with Haslob, Hartlich + Schütz and Rosengart + Partner

Die erste Straßenüberdachung Deutschlands wurde 1989 im Auftrag der Interessengemeinschaft Lloyd-Passage, Mietern und Eigentümern der angrenzenden Häuser im Zentrum von Bremen errichtet. Ziel war die Stärkung der innerstädtischen Einkaufslage mit ihren zwei Warenhäusern und diversen Einzelhandelsläden als Reaktion auf die Errichtung eines Einkaufsparks am Rande der Stadt. Die Satteldach-Konstruktion aus Stahl und Glas erstreckt sich in einer Höhe von 14 Metern über die Große Hundestraße, heute Lloydpassagenstraße, und in einer Höhe von zehn Metern über die Kreyenstraße. Eine Kuppel in Form eines Oktogons verbindet die beiden Dächer am Kreuzungspunkt mit der Kleinen Hundestraße. Die Zugänge der Passage sind offen. Schotten verschließen lediglich die oberen Bereiche der Eingangsseiten, um den überdachten Straßenraum vor Wind und Durchzug zu schützen.

The first glass-covered street in Germany was erected in 1989, in the heart of Bremen, on behalf of an association of inhabitants of the Lloyd-Passage, tenants and owners of adjacent buildings. The goal was to enhance the city shopping site with its two department stores and various shops, as answer to the erection of a shopping centre at the boundary of the city. The gable roof structure of steel and glass extends over Große Hundestraße, today the Lloyd-Passagenstraße, at a height of 14 meters and at a height of ten meters over Kreyenstraße. An octogonal shaped dome connects both roofs at the junction point with Kleine Hundestraße. The entrances of the arcade are open. Partitions close only the entrance sides on the upper portions, to protect the roof-covered road space from wind and draft.

Eingang zur Großen Lloydpassagenstraße

Entrance to Große Lloydpassagenstraße

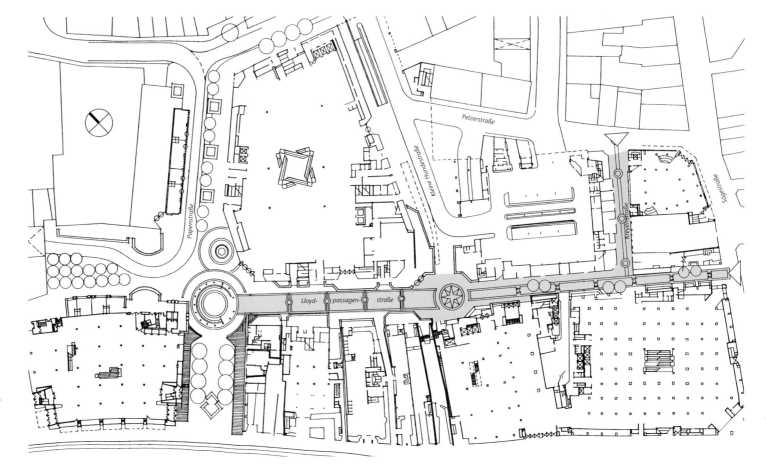

Lageplan mit dem Verlauf der Lloydpassagen-straße (Längsrichtung) und Kreyenstraße

Overall route of roof-covered Lloydpassagen-straße (longitudinal direction) and Kreyenstraße

Rathaus-Galerie
Dormagen

Die nachhaltige Aufwertung und Belebung der Innenstadt waren die Ziele für den Bau der Rathaus-Galerie im Jahr 1995. Auf einer ehemaligen Brachfläche in der Nähe des Rathauses wurde ein multifunktionaler, urbaner Baukomplex errichtet. Das große Volumen der Rathaus-Galerie reagiert mit feingliedriger Komposition verschiedener Baukörper auf das städtische Umfeld. Mittelpunkt des Komplexes ist die gläserne Eingangsrotunde, in der die beiden Einkaufspassagen, zum Teil mit Glas-Stahl-Konstruktionen überdacht, zusammentreffen. Tageslicht und offene Strukturen bestimmen das weitläufige Raumgefüge. Ein wesentlicher Aspekt des Nutzungskonzeptes war die Integration von Wohnraum. Daher wurden auf der Nordseite fünf Galeriehäuser mit großzügigen Maisonettewohnungen in das Bauvolumen der Galerie integriert.

Long-term revaluation and revitalisation of the city formed the basis for the new construction of the Rathaus-Galerie in 1995. A multi-functional, urban building complex was erected on an unused area close to the townhall. The large building volume of the Rathaus-Galerie, with the delicate composition of various structures, reacts appropriately to the small-town environment. The centre of the Rathaus Galerie is formed by the glass entry rotunda, where both shopping arcades, partially-covered with glass roof, meet. Daylight and open structures determine the generous space conditions. An important aspect of the use concept was the integration of residential areas. Five gallery houses, designed as generous maisonettes, were integrated into the north side of the shopping gallery.

Dachgeschosse der in die Einkaufsgalerie integrierten Wohnbebauung

Attics of residential units integrated into the shopping gallery

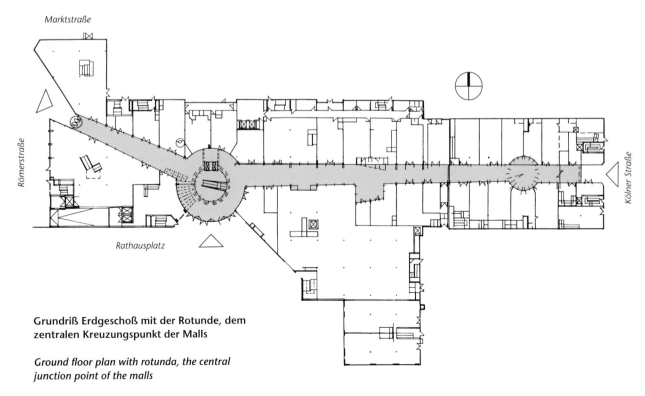

Rotunde mit Haupteingang am Rathausplatz; unterschiedliche Skulpturen des Künstlers Otmar Alt dienen als Wegweiser zu den jeweiligen Eingängen

Rotunda with main entrance on Rathausplatz; various sculptures by the artist Otmar Alt serve as directional signs for the respective entrances

Grundriß Erdgeschoß mit der Rotunde, dem zentralen Kreuzungspunkt der Malls

Ground floor plan with rotunda, the central junction point of the malls

Blick in die Mall Richtung Römerstraße

View towards the mall in Römerstraße

Leichte Stahl-Glas-Konstruktionen über den Malls

Light and transparent steel-glass-structure over the malls

Gläserne Eingangsrotunde mit Blick auf den Rathausplatz

Glass entrance rotunda with view to Rathausplatz

Dachgärten und Terrassen vor den Maisonetten,
im Vordergrund das Glasdach der Mall

*Roof gardens and terraces in front of
maisonettes, glass roof of the mall in front*

Kammartig in die Bebauung der Galerie ein-
geschobene Wohnhäuser entlang der Marktstraße mit Zinktonnendächern und der markanten Farbigkeit

*Combwise integration of dwelling units along
Marktstraße, with zinc barrel roofs and
remarkable colour scheme*

Forum City Mülheim
Mülheim

Das Forum City Mülheim, ein rein funktionales Einkaufszentrum ohne sichtbare gestalterische Ambition aus den frühen 70er Jahren, wurde 1994 in ein modernes innerstädtisches Shopping-Center umgestaltet. Heute ist der ehemals herabgewirtschaftete Baukomplex ein vielbesuchter Anziehungspunkt zum Einkaufen und für die Freizeit. Symbol der Neugestaltung ist ein 15 Meter hoher Glasturm. Tageslicht und helle Materialien bestimmen nach der Sanierung die Atmosphäre. Die ehemals düsteren Passagen erhielten über eine Länge von 120 Metern ein transparentes Glasdach. Die Fassaden des gesamten Baukomplexes wurden zu den inneren und äußeren Straßen mit Naturstein verkleidet.

The Forum City Mülheim – formerly a basically functional, faceless shopping centre from the early 70ies – was reconstructed as modern shopping centre in 1994. Today, the once deteriorated building complex is a highly frequented, attractive meeting point for shopping and recreation. Symbol of the new design is a 15 meter high glass tower. Daylight and light materials influence the atmosphere after the rehabilitation: The previously badly lit dim arcades received a highly transparent glass roof over a length of 120 meters. The facades of the entire building complex, towards internal and external streets were finished with natural stone.

Innenansicht der neuen Glaspassage (linke Seite)

Interior elevation of the new glass arcade (left side)

Lageplan mit Grundriß Erdgeschoß

Site plan with ground floor plan

Zeichen der Neugestaltung ist der große Glasturm am Kurt-Schumacher-Platz

Symbol of new design is the large glass tower on Kurt-Schumacher-Platz

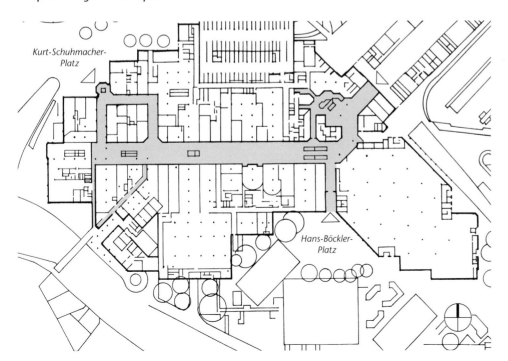

Kurt-Schuhmacher-Platz

Hans-Böckler-Platz

Haupteingang am Willy-Brandt-Platz,
Ebene E0

*Main entrance on Willy-Brandt-Platz,
Level E0*

Rathaus Galerie

Wuppertal

ICSC European Shopping Center Award 1996

ICSC European Shopping Center Award 1996

Mit der Rathaus Galerie, fertiggestellt 1994, wurde ein lange Zeit vernachlässigter innerstädtischer Bereich durch die Ansiedlung urbaner Funktionen – Einkaufen, Arbeiten und Wohnen – revitalisiert und an die City Elberfeld angebunden. Die Galerie ist heute ein hoch frequentiertes Bindeglied zwischen dem Wohngebiet am Karlsplatz und der Fußgängerzone am Willy-Brandt-Platz/Rathaus. Das Gebäudekonzept nutzt die Topograhie des Geländes, so daß über alle drei Ebenen der Einkaufsgalerie ein ebenerdiger Zugang möglich ist. Eine glasüberdachte Rotunde bildet die vertikale Verbindung der drei Malls.

With the "Rathaus Galerie", completed in 1994, it was possible to revitalise a previously neglected inner city area by accommodating urban functions, such as shopping, working and living, to be finally connected to the city of Elberfeld. Today, the gallery is a highly frequented link between the residential area on Karlsplatz and the pedestrian area on Willy-Brandt-Platz/Rathaus. The building concept uses the topography of the site with three main entrances on all three levels of the shopping arcade, however always on ground level. A glass roof rotunda forms the vertical connection of all three malls.

Die Rotunde als vertikales Bindeglied der drei Ebenen

The rotunda as vertical link of all three levels

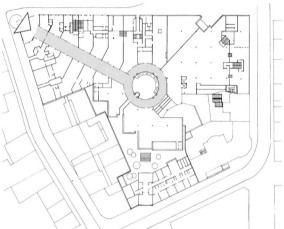

Karlsplatz

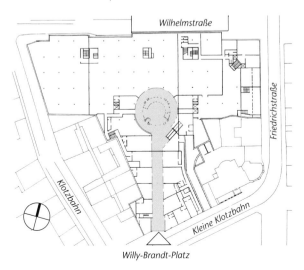

Wilhelmstraße

Friedrichstraße

Klotzbahn

Kleine Klotzbahn

Willy-Brandt-Platz

Grundrisse der Ebenen E0, E1 und E2
(von unten nach oben)

*Floor plans of levels E0, E1 and E2
(from bottom to top)*

111

Mittelpunkt der Einkaufsgalerie bildet die dreigeschossige Rotunde mit Glasdach (rechte Seite)

Centre of shopping gallery is the three-storey rotunda with glazed roof

Passage im Inneren der Rathaus Galerie in Ebene E1 mit Durchsicht zur Ebene E0

Arcade inside the Rathaus Galerie on level E1 with view to level E0

Eingang Ecke Wilhelmstraße/Klotzbahn zur Ebene E2

Entrance on corner of Wilhelmstraße/Klotzbahn to level E2

Begrünter Innenhof mit Terrasse und Restaurant

Landscaped inner court with terrace and restaurant

Schönhauser Allee Arcaden
Berlin

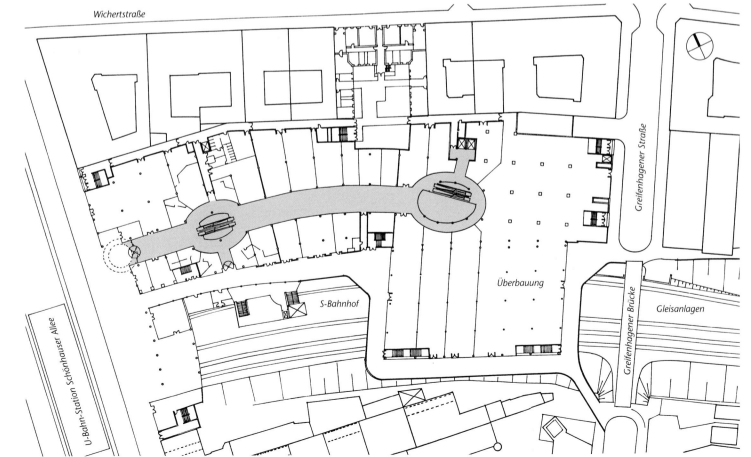

Die städtebauliche und funktionale Neubestimmung der Schönhauser Allee, einem Einkaufsstandort mit langer Tradition, hat für die gesamtheitliche Stadtentwicklung Berlins eine zentrale und stadtteilverbindende Bedeutung. Am Kreuzungspunkt mehrerer U- und S-Bahnen wird durch das 25.000 Quadratmeter große Einzelhandels- und Dienstleistungszentrum im bevölkerungsreichen Bezirk Prenzlauer Berg eine bauliche sowie infrastrukturelle Lücke geschlossen. Grundlage für das Baukonzept ist die Verknüpfung mit der S-Bahn. Einerseits wird die tieferliegende Strecke zwischen Schönhauser Allee und Greifenhagener Brücke überbaut und an den Komplex angeschlossen, andererseits wird vor dem Hochbahnhof durch die negativ geschwungene Ausformung des Baukörpers ein neuer städtischer Platz geschaffen, der den Bahnhof und das Einkaufszentrum verbindet.

The new design and function of Schönhauser Allee, a shopping centre with a long tradition, has central and integrating signifcance for Berlin's city development. Located at the junction of several underground and regional railways, the 25,000 square meter retail and service centre "Schönhauser Allee Arcaden", in the densely populated Prenzlauer Berg district, has closed a building and infrastructural gap. Basis for the building concept is the linkage with the regional railway: On the one hand, overbuilding and connection of the lower level S-Bahn between Schönhauser Allee and Greifenhagener Brücke, on the other hand, provision of a new city plaza in front of the elevated railway station as a result of the concave shape of the building, which connects the railway station and the shopping centre.

Haupteingang an der U-Bahn-Station

Main entrance at the underground railway station

Lageplan mit Grundriß Erdgeschoß

Site plan with ground floor plan

Modell der Schönhauser Allee Arcaden mit Blick auf den Eingang an der U-Bahn-Station, im Blockinneren die Mall und die partielle Überbauung der Bahngleise (linke Seite)

Model of Schönhauser Allee Arcades with view of the entrance at the underground railway station, the mall inside the block and partial overbuilding of railway tracks (left side)

Thüringen Park Shopping-Center
Erfurt

Das 1995 eröffnete Shopping-Center ist der erste Bauabschnitt des Handels- und Dienstleistungszentrums Thüringen Park im Norden von Erfurt. Es bildet den infrastrukturellen Kern einer 200.000 Quadratmeter großen Entwicklungsfläche für ein Einzugsgebiet mit über 60.000 Menschen. Auf den zwei Ebenen des Shopping-Centers befinden sich Läden, Gastronomie, Banken und Dienstleistungsbetriebe. Mittelpunkt der Anlage ist eine große Rotunde, von der aus sich zwei Malls in die Seitenflügel erstrecken. Glasdächer versorgen alle Bereiche mit Tageslicht.

The Shopping Centre, opened in 1995, represents the first construction phase of the commercial and service centre of Thüringen Park in the north of Erfurt. It forms the infrastructural core of a 200,000 square meter area for a region with a population of over 60,000 inhabitants. The Shopping Centre houses shops, restaurants, banks and service facilities on two levels. The heart of the facility is a large rotunda with malls extending into two side wings. Glass roofs bring daylight to all areas.

Glaskuppel der Rotunde mit Zugängen vom Parkdeck zur Mall

Glass dome of the entrance from the park deck into the mall

Grundriß Erdgeschoß

Ground floor plan

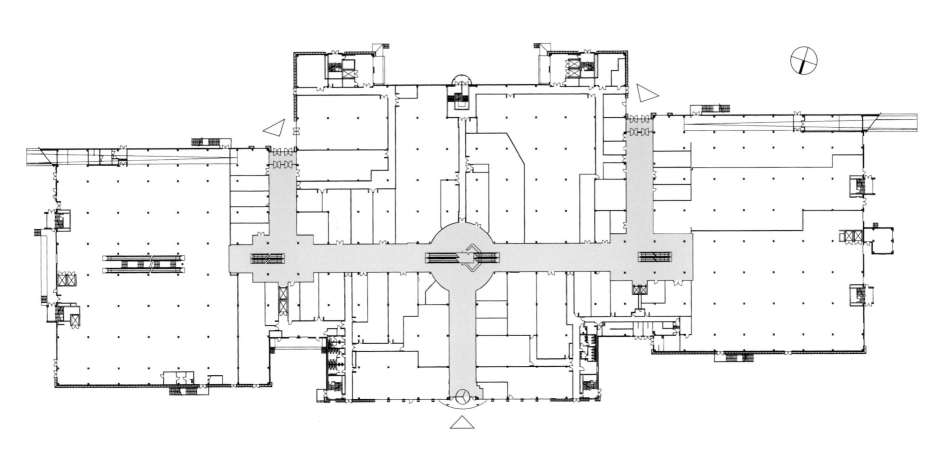

Weit ausladende Rampen über den Seiten-
eingängen als Auffahrten zum Parkdeck

*Sweeping ramps over side entrances as access to
park deck*

Oktogonales Glasdach über der Rotunde, dem Mittelpunkt des Passagensystems

Octagonal glazed roof over rotunda, the centre of the arcade system

Modell der Gera Arcaden, zur rechten Seite des Platzes das Haus der Kultur, im Vordergrund das kleine Stadtmuseum mit Dachreiter

Modell der Gera Arcaden, zur rechten Seite des Platzes das Haus der Kultur, im Vordergrund das kleine Stadtmuseum mit Dachreiter

Model of Gera Arcades, at the right side of the plaza the Haus der Kultur, in the front the small Stadtmuseum with ridge turrets

Gera Arcaden

Gera

Im Bereich der ehemaligen Altstadt entsteht als Verlängerung der Haupteinkaufsstraße „Sorge" ein innerstädtisches Handelszentrum. 25.000 Quadratmeter bieten Platz für 90 klein- und großflächige Einzelhandelsgeschäfte. Eine verglaste Mall fungiert als geschützter Stadtraum und Erschließungsachse. Sie verbindet die unterschiedlichen Geschäftsbereiche des neuen Shopping-Centers mit einer in das Nutzungskonzept integrierten ehemaligen Teppichwarenfabrik. Hinter deren denkmalgeschützter Fassade befinden sich im Erdgeschoß Läden, in den Obergeschossen das zentrale Parkhaus mit 1.400 Stellplätzen. Flächen für Büros und Dienstleistungen vervollständigen das Angebot. Namensgeber für das Einkaufs- und Dienstleistungszentrum sind die umlaufenden, den Raum zwischen Gebäude und Straße definierenden Arkaden in der Sandsteinfassade.

In the heart of the city, in the vicinity of the former old town, the Gera Arcades are under construction as extension of the main shopping street "Sorge". A city trade centre, on an area of 25,000 square metres, offers space for 90 small and large-scale retail businesses. A glazed mall acts as protected city space and circulation axis. It connects various business areas of the new shopping centre with a former carpet factory integrated into the utilisation concept. Shops, car parking with 1400 parking spaces on the upper floors, space for offices and services round off the spectrum. The name of the shopping and service centre comes from the peripheral arcades with sandstone facade, that define the space between the building and the road.

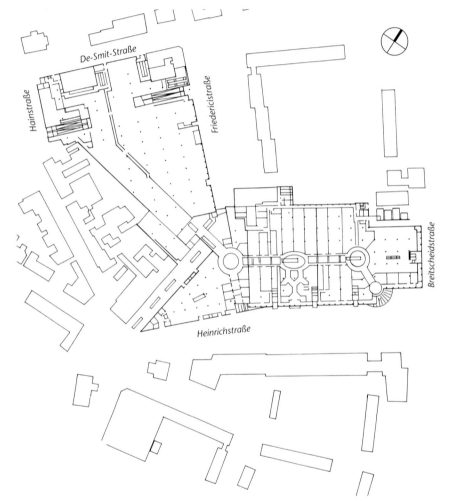

Denkmalgeschützte Fassade zur Friedericistraße

Listed facade on Friedericistraße, under monument preservation

Lageplan mit Grundriß Erdgeschoß

Site plan with ground floor plan

Ansicht Heinrichstraße

Elevation Heinrichstraße

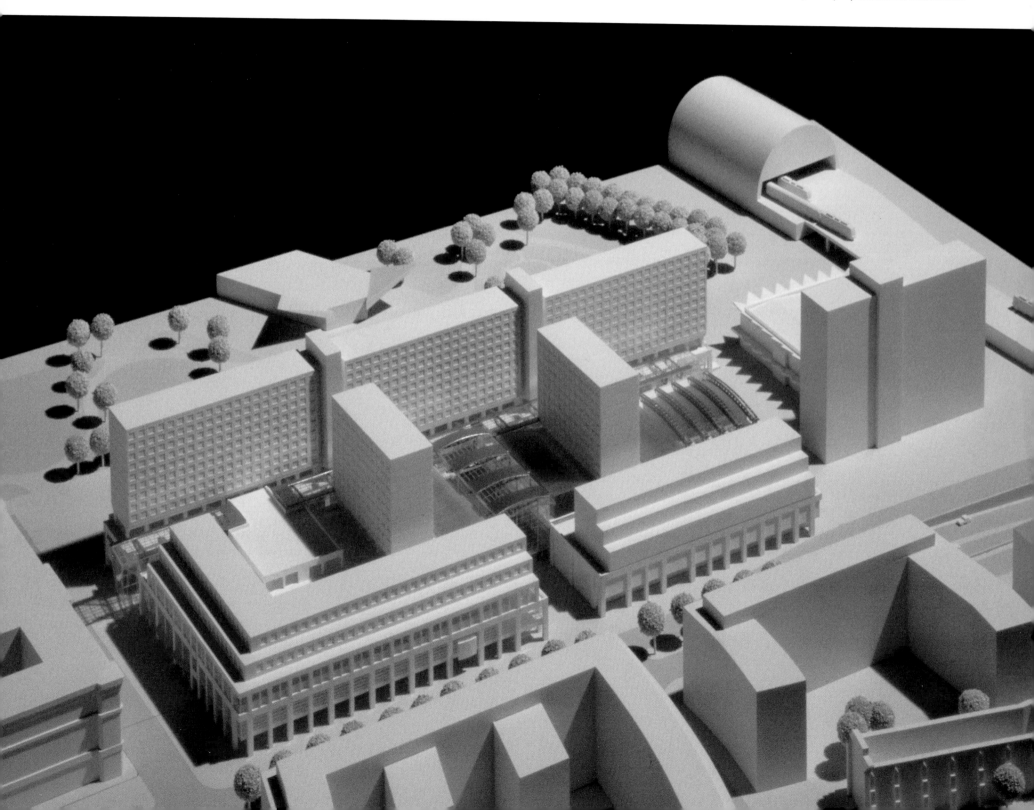

Modellansicht in Richtung Alexanderplatz mit
vorgeschlagenem Rückbau der Grunerstraße
und begleitender Blockrandbebauung

*Model elevation towards Alexanderplatz with
proposed rear construction of Grunerstraße and
adjacent peripheral block construction*

Rathauspassage
Berlin

Bereits in den siebziger Jahren war die Rathauspassage eine der populärsten Flaniermeilen im Ostberliner Bezirk Mitte. Die Nachbarschaft zum Alexanderplatz und zum Nikolaiviertel machten die Passage mit ihren Läden, Restaurants und Freizeiteinrichtungen zu einem hochfrequentierten und beliebten Treffpunkt. Die Rathauspassage im historischen Kern von Gesamt-Berlin soll nun in ein modernes städtisches Einkaufs- und Freizeitzentrum umgestaltet werden. Neben der Erweiterung auf etwa 35.000 Quadratmeter Mietfläche wird insbesondere die Mall ein neues, den Maßstäben der heutigen Zeit angepaßtes Angebot und Erscheinungsbild erhalten. Neu gestaltete Glasdächer und Fassaden werden der Rathauspassage ein modernes Profil verleihen.

In the seventies, the Rathauspassage was one of the most popular shopping miles in East Berlin's district Mitte. The neighbourhood to Alexanderplatz and the Nikolai district made the arcade with its shops, restaurants and recreational facilities a highly frequented and popular meeting point. The Rathauspassage in the historical heart of Great Berlin is now designated for redesign as a modern city shopping and recreational centre. In addition to an extension to approximately 35,000 square meters rental area, the Mall in particular, will offer new opportunities with an appearance that meets today's requirements. Newly designed glass roofs and facades will give the Rathauspassage a modern profile.

Perspektive der Ecke Jüdenstraße/Rathaus-straße

Perspective of the corner Jüdenstraße/Rathaus-straße

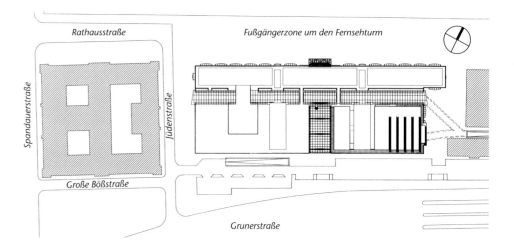

Lageplan der aktuellen Planung ohne die Blockrandbebauung an der Grunerstraße

Site plan of design without peripheral block construction on Grunerstraße

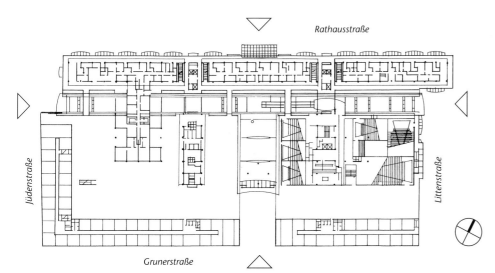

Grundriß 2.-4. Obergeschoß

2.-4. floor plan

Forum Landsberger Allee
Berlin

Am Prenzlauer Berg in Berlin wird sich durch das Forum Landsberger Allee ein neuer städtischer Kristallisationspunkt etablieren. Zahlreiche Linien des öffentlichen Nahverkehrs sowie des regionalen und überregionalen Bahnverkehrs treffen im Bereich Landsberger Allee/Storkower Straße zusammen. Die unmittelbare Nachbarschaft zum Zentrum für Sport und Kultur sowie den „Landsberger Arkaden" und die Anbindung an mehrere Wohnquartiere zeichnen den Standort weiterhin aus. Die formale und inhaltliche Basis der Neubauten bildet ein durchgehender Sockelbau mit drei Verkaufsebenen. Darüber erheben sich vier unabhängige Baukörper: ein Hotel, zwei Büroflügel und ein zentral gelegenes Parkhaus. In das Nutzungskonzept wird auch ein sanierter Plattenbau einbezogen.

A new urban crystallisation point will be established on Prenzlauer Berg in Berlin with the Forum Landsberger Allee. Numerous stations of local, regional and pan-regional public transport, the immediate proximity to the sports and cultural centre and to "Landsberger Arkaden" as well as access to several residential areas make Landsberger Allee/Storkower Straße a superior location. Three shopping levels form a piano noble on which independently sit a hotel, two office blocks and a centrally located multi-storey car-park. Integrated in this use concept is a refurbished plate facade building.

Modellausschnitt mit Blick auf die Ecke Landsberger Allee/S-Bahn

Model section with view to corner Landsberger Allee/S-Bahn

Modell des Komplexes mit saniertem Altbau und Neubauten

Model of complex with refurbished old and new buildings

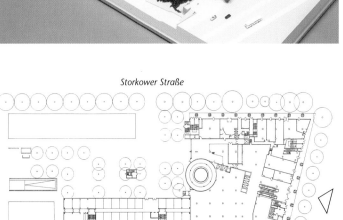

Storkower Straße

S-Bahn

Landsberger Allee

Grundriß Erdgeschoß (links) und Schnitt durch Bürogebäude und Parkhaus

Ground floor plan (left) and section through office building and car park

Bürofassaden zur Landsberger Allee/Ecke Storkower Straße

Office facades on Landsberger Allee/corner Storkower Straße

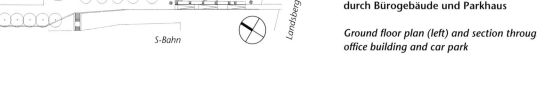

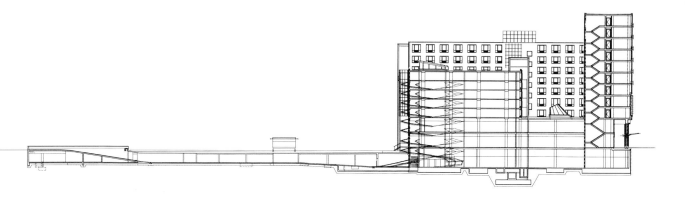

CentrO. Neue Mitte

Oberhausen

Wettbewerb Erster Preis

Competition First Prize

Auf dem ehemaligen Thyssen-Gelände zwischen den Ortsteilen Osterfeld, Sterkrade und Alt-Oberhausen entstand auf 83 Hektar die „Neue Mitte Oberhausen". Kern des neuen Stadtteiles ist das CentrO. mit Einkaufsmall, Gastronomie, Multifunktionshalle, Kinokomplex, Vergnügungspark und Business Park. Haupterschließungsachse und bauliches Rückgrat des CentrO. ist die kreuzförmige Mall, der sich die anderen Einrichtungen zuordnen. Formensprache und Materialität aller Bauwerke nehmen Bezug auf die regional vorherrschende Industriearchitektur. Ziegel, Stahl und Glas bestimmen den strukturellen und konstruktiven Charakter des CentrO. Im spannungsvollen Gegensatz von transparenten Dachkonstruktionen und massiven Fassaden entwickelt sich eine differenzierte Formensprache mit einer abwechslungsreichen Vielfalt architektonischer Elemente.

The "Neue Mitte Oberhausen" was created on 83 ha of the former Thyssen site between the districts Osterfeld, Sterkrade and Alt-Oberhausen. Heart of this new district is the CentrO. with shopping mall, restaurants, multifunctional arena, cinema complex, fun fair and business park. Major circulation axis and spine of the CentrO. is the cross-shaped mall, which serves as orientation for all the other facilities. Shape and materiality of all structures refer to the existing regional industrial architecture. Bricks, steel and glass determine the structural and constructive character of the CentrO. Differentiated shapes with a great variety of architectural elements develop in an exciting contrast between transparent roof structures and massive facades.

Großer Platz mit Eingang zur Glaspassage der „Marktstraße"

Large plaza with entrance to glass arcade of "Marktstraße"

Lageplan des CentrO., in der Mitte das Wegekreuz der Malls mit der zentralen Rotunde

Site plan of CentrO., in the middle the junction of malls with the central rotunda

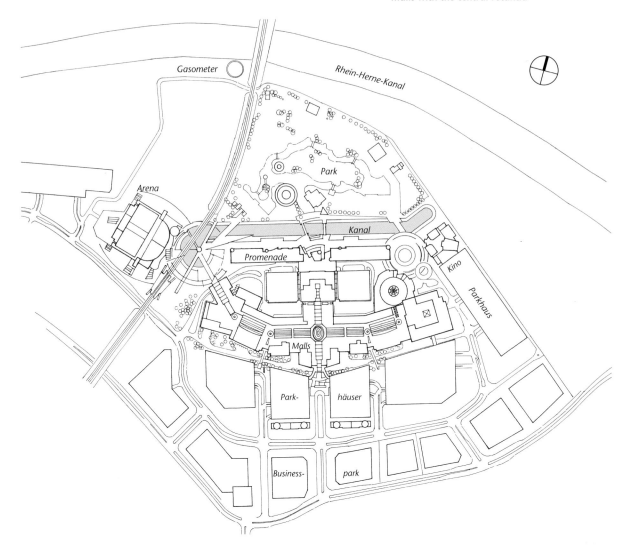

Haupteingang an der Mittelachse zur großen Rotunde

Main entrance on the middle axis to the large rotunda

Historische Aufnahme des Thyssen-Stahlwer-
kes (links), das Gelände nach dem Abbruch
1994 (rechts) – jeweils im Hintergrund der
Gasometer, heute Ausstellungsgebäude

*Historical photo of the Thyssen steel mill (left);
the site after demolition in 1994 (right) – in
the back, the gasometer, today an exhibition
building*

Die beiden Haupteingänge, rechts der Zugang vom großen Platz, unten die Treppe zur Passage auf der Mittelachse

Both main entrances, at the right the entrance from the large plaza, below the stair to the arcade on the middle axis

Das CentrO. heute (links): in der Mitte das Einkaufszentrum mit dem Wegekreuz der Malls; rechts die Parkhäuser, davor „Twin-Towers", Teil des Business Park; links die Promenade und der Park; im Vordergrund links die Arena und die Haltestelle für Bus und Bahn, rechts unten das Hotel

The CentrO. today (left): in the middle the shopping centre with the junction of the malls; at the right the car parking with the "Twin Towers" in front, part of the business park; at the left the promenade and the park; the arena at the front (left) and the bus and railway stop, the hotel at the right below

Die Promenade, Flaniermeile mit
Erlebnisgastronomie bei Tag und Nacht

The promenade, the strolling mile with all kinds
of restaurants, day and night

Die Oase, gastronomisches Zentrum und Bindeglied zwischen Mall, Kino und Promenade

The oasis, gastronomic centre and link between mall, cinema and promenade

Kanal mit Brücken zwischen Promenade und Park

Canal with bridges between promenade and park

Unterschiedliche Dachkonstruktionen prägen
die Charaktere der Marktstraße (oben) und
Hauptstraße (unten)

*Different roof structures characterise the Markt-
straße (above) and Hauptstraße (below)*

Blick in das ellipsoide Glasdach der Rotunde bei Nacht

View into the ellipsoidal glass roof of the rotunda at night

Die zentrale Rotunde als Wegekreuz und Treffpunkt, architektonisch eine Reminiszenz an die regionale Industriearchitektur (links)

The central rotunda as junction and meeting point, an architectural reminiscence of the regional industrial architecture (left)

Illuminationen unterstreichen die Gestaltung der Treppen und Galerien (unten)

Illuminations emphasise the design of stairs and galleries (below)

Einkaufszentrum Goldberg

Halle a. d. Saale

Am Stadtrand von Halle, inmitten einer weitläufigen Landschaft mit Obstbäumen und Blumenwiesen, soll ein Einkaufszentrum nach einem richtungsweisenden Konzept entstehen. Der Entwurf, ein avantgardistischer Vorgriff für die zukünftige Bebauung der „Grünen Wiese", vereint auf ungewöhnliche Weise Ökologie und Ökonomie. Das Ensemble aus Verkaufsgebäuden und Parkzone wird in die Landschaft versenkt, sichtbar bleibt nur das gefaltete Dach der Mall. Ein überhöhter Torbogen signalisiert die Einfahrt zum Shopping-Center. Der Baukörper hat die Form einer Ellipse, aus der ein weiteres Oval ausgeschnitten ist. Hier befindet sich, auf gleichem Niveau der Mall, die mit Bäumen bepflanzte Parkzone. Der Haupteingang liegt im östlichen Innenbogen. Von hier führt die geradlinige Mall bis in die freie Landschaft am äußeren Bogen des zweigeschossigen Bauwerkes.

A modern shopping centre based upon an oriented concept is designated to be built at the boundary of the city of Halle, in the heart of a rolling landscape with orchards and meadows. The design, an avant-garde anticipation of a "green fields" development, is an extraordinary combination between ecology and economy. The assembly of store buildings and parking area will be recessed into the landscape, with only the folded roof of the mall remaining exposed to view and an extremely high arch signalising the entry to the shopping centre. The structure has an ellipsoidal shape with a cut-out oval accommodating the parking area, planted with trees, on the same level as the mall. The main entrance is located in the eastern, inner bend. The mall leads from here in a straight line extending into the open landscape on the outer bend of the two-storey structure.

Lageplan mit dem umfangreichen Landschaftsschutzkonzept

Site plan with extensive nature preservation concept

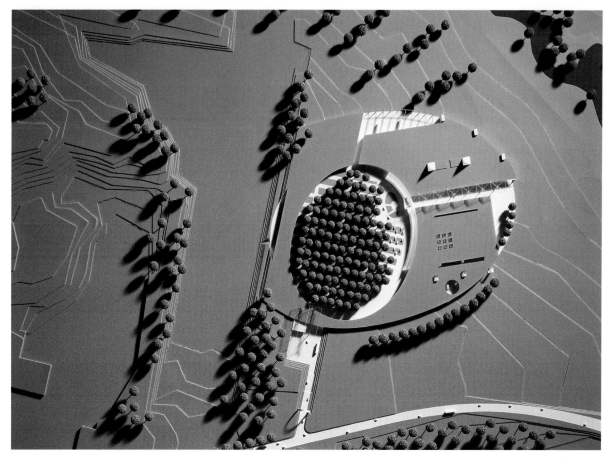

Zwei Ellipsen geben dem in die Landschaft integrierten Einkaufszentrum seine individuelle Form

The shopping centre, integrated into the landscape, receives its individual shape from two ellipses

Modell mit Blick auf das Riquethaus und die anschließende Fassade des Neubaus

Model with view of the Riquethaus and the facade of the new building

Deutrichshof

Leipzig

Wettbewerb Zweiter Preis

Competition Second Prize

Die Neubebauung und Sanierung des Deutrichshofes hat eine zentrale Bedeutung für die Wiederherstellung des gewachsenen Wegenetzes und die stadträumliche Gestaltung der Leipziger Innenstadt. Der Entwurf umfaßt ein ganzes Quartier zwischen Reichsstraße, Nikolaistraße und Schuhmachergäßchen. Um das alte Riquethaus klafft heute eine große Baulücke. Diese soll geschlossen werden durch einen Neubau, konzipiert im Stil des Leipziger Durchhofes, einem Passagensystem mit langgestrecktem Hof im Blockkern. Der Entwurf schlägt vor, die Ecke Nikolaistraße/Schuhmachergäßchen durch ein Kaufhaus zu schließen. Über den Verkaufsetagen werden in den Obergeschossen Wohnungen untergebracht.

The project Deutrichshof is of central importance for the rehabilitation of the existing street network and the urban design of the city of Leipzig. The design covers a complete block between Reichsstraße, Nikolaistraße and Schuhmachergäßchen. Today, a considerable gap exists next to the remnants of the old "Riquethaus" which is designated to be filled by a new building in the style of the Leipziger Arcade: an arcade system with long-stretched courtyard in the core of the block. In this new concept a department store is designated to close the block on the corner of Nikolaistraße/Schuhmachergäßchen. Dwelling units will be accommodated on the upper floors.

Deutrichshof mit Kinosälen im Blockinnenbereich, rechts entlang der Passage die „Maisonettehäuser" auf dem Dach

Deutrichshof with cinemas in the inner block area, along the right side of the arcade, Maisonettes on the roof

Ansicht Nikolaistraße mit Blick durch das Schumachergäßchen

Elevation of Nikolaistraße with view through Schumachergäßchen

Grundriß Erdgeschoß

Ground floor plan

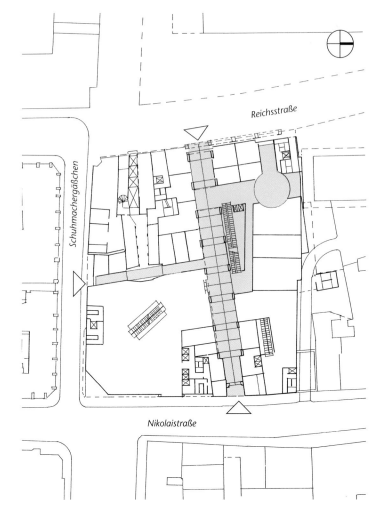

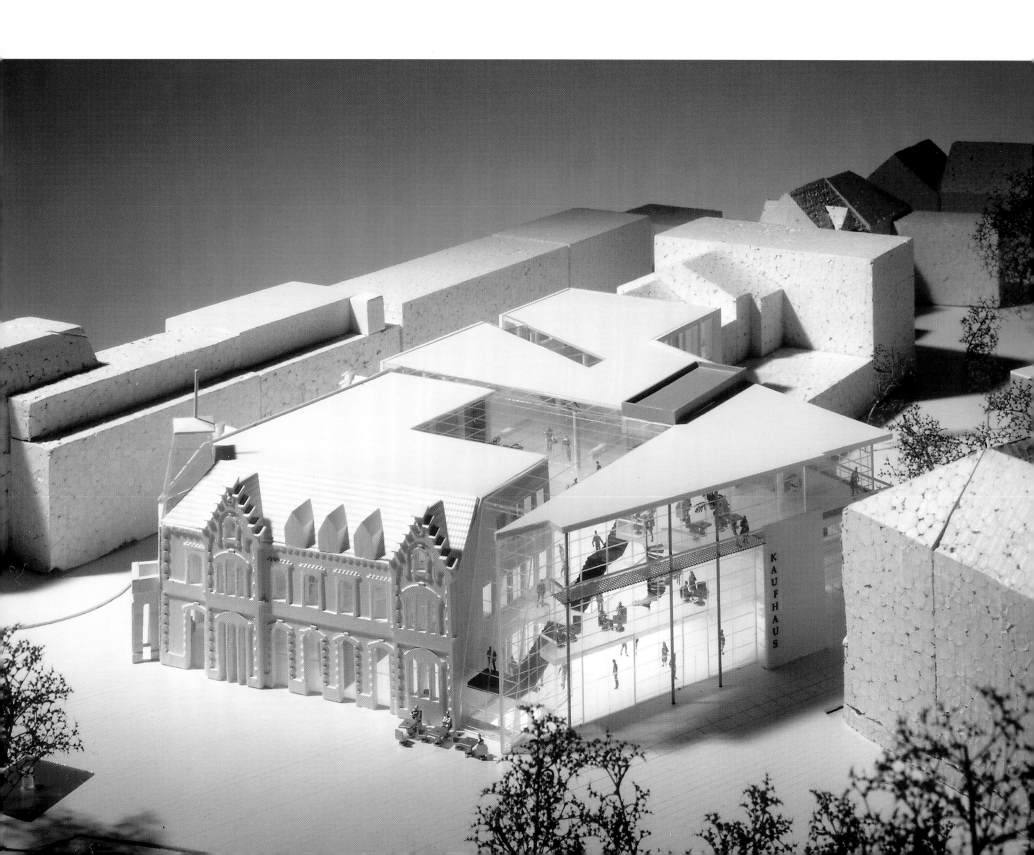

Alte Post

Rheine

Wettbewerb Erster Preis

Competition First Prize

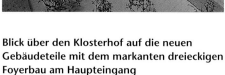

Ziel des Investorenwettbewerbes, ausgelobt von der Stadt Rheine 1997, ist die Neuordnung und Belebung des Standortes Alte Post am Rande der westlichen Innenstadt. Das Bebauungskonzept empfiehlt, in Anlehnung an den Maßstab der historischen Stadtstruktur, eine Blockbebauung aus drei, durch gläserne Fugen getrennten Gebäudeteilen. Die beiden Neubauten und der sanierte Bestand der Alten Post werden dennoch gemeinsam als Einzelhandelszentrum genutzt. Durch die zukünftige Bebauung erhalten auch der angrenzende Borneplatz und der ehemalige Klostergarten eine eindeutige stadträumliche Definition, deren Wirkung durch neue Pflasterung, eine Pergola und Bepflanzungen verstärkt wird. Haupteingang und Verbindungsglied des gesamten Komplexes ist ein dreieckiger, gläserner Foyerbau. Als Zeichen der Neugestaltung kontrastiert er mit dem historischen Gebäudebestand und belebt den Stadtraum.

The goal of the investor competition promoted by the City of Rheine in 1997 is the reorganisation and vitalisation of the site Alte Post on the border of the western city. In accordance with the scale of the historically developed city structure, the master plan recommends a block construction, consisting of three building portions, separated by glass connections. Both new buildings and the rehabilitated existing Alte Post will, however, be utilised as a retail centre. The future construction will lend the adjacent Borneplatz, as well as the garden of the former monastery, a significant city space definition. This effect is enhanced by the new pavement, a pergola and landscaping. The main entrance and the connecting element of the new complex form a triangular glass foyer building. As a contrast to the historical buildings, it is a symbol for the new design and vitalises the city space.

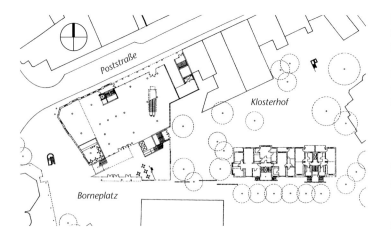

Blick über den Klosterhof auf die neuen Gebäudeteile mit dem markanten dreieckigen Foyerbau am Haupteingang

View from monastery courtyard to the new building elements; of significance is the triangular foyer building at the main entrance

Städtebauliche Neufassung des Klosterhofes und des Borneplatzes im Lageplan

Site plan with newly designed monastery courtyard and Borneplatz

Modell mit Blick vom Borneplatz auf den Haupteingang

Model with view from Borneplatz to the main entrance

Fassadenabwicklung entlang der Poststraße

Facade development along Poststraße

Leipziger Turm

Halle a. d. Saale

Wettbewerb Erster Preis

Competition First Prize

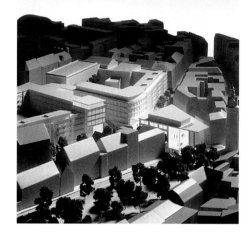

Mit dem Bebauungskonzept für die riesige Brache in der Altstadt wurden neue Wege beschritten. Statt der Überbauung durch einen übergreifenden Großkomplex sieht der Entwurf vor, die historischen Straßen- und Gebäudestrukturen wiederherzustellen. Der Straßenzug Gottesackerstraße/Martinstraße soll zurückgebaut und partiell mit einer Glaspassage überdacht werden. Die neu geplante Verlängerung der Anhalterstraße teilt das Grundstück in zwei Blöcke, die dem Maßstab des Umfeldes entsprechen. In den Blockrandbebauungen werden Läden, Wohnungen und Büroetagen untergebracht, erkennbar am unterschiedlichen Gestaltungsrhythmus der Fassaden. Ein modernes Kaufhaus bildet zusammen mit dem historischen Leipziger Turm das Entree der zukünftigen Hauptgeschäftsstraße.

New methods were applied for the design of the office and commercial building in the extensive undeveloped area in the old town: instead of planning one single building complex, the proposed design reaches back to historical street and building structures. The former existing street line Gottesackerstraße / Martinstraße was restored and partially overbuilt with a glass arcade. The newly planned Anhalterstraße, the future main shopping street, divides the site into two blocks to match the scale of the neighbourhood. Small-sectional facades identify residential areas, large-scale facades are typical for offices. A modern department store, together with the historical Leipziger Turm, forms the entrance of the future main shopping street.

Städtebauliche Neuordnung mit Geschäftshaus und Blockrandarrondierungen, im Vordergrund die Leipziger Straße

New city planning arrangement with commercial building, rounded off with border blocks and Leipziger Straße in the front

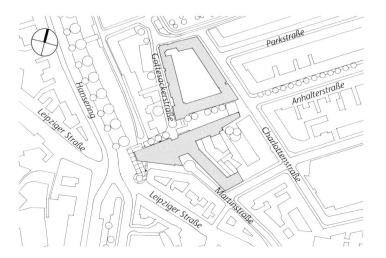

Lageplan mit der neuen Blockrandbebauung im Norden und der Blockrandschließung im Süden

Site plan with new block peripheral construction in the north and block peripheral closure in the south

Photomontage mit neuem Geschäftshaus am Leipziger Turm (linke Seite); Nordost-Ansicht des Wettbewerbsgebietes mit neuem Geschäftshaus und Leipziger Turm (rechts)

Photomontage with new commercial building on Leipziger Turm (left side); north-east elevation of competition area with new commercial building and Leipziger Turm (right)

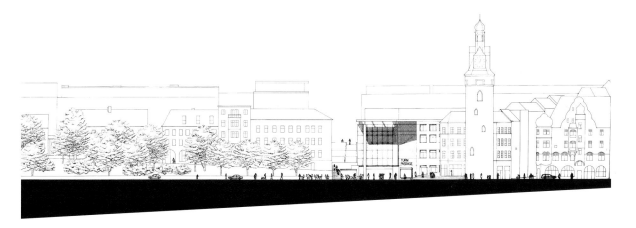

Markt-Galerie

Leipzig

Wettbewerb Ankauf

Acquisition from competition

Stadtreparatur in der historischen Leipziger Innenstadt war die Aufgabenstellung eines international eingeladenen Wettbewerbes im Jahre 1995. Am Alten Markt soll anstelle des ehemaligen Messehofes ein neues Wohn- und Geschäftshaus errichtet werden. Der Entwurf orientiert sich an der gewachsenen Parzellenstruktur und dem Gebäudemaßstab der Nachbarbebauung. Durch die Übernahme der Geschoß- und Traufhöhen an der Hainstraße sowie der kleinteiligen Gliederung der Fassaden fügt sich die kompakte Blockrandbebauung in das Erscheinungsbild am Markt. Im Innern wird das ursprüngliche Passagensystem wieder aufgenommen. Ein langgestreckter „Handelshof" verknüpft das Gebäude mit den umliegenden Einkaufsstraßen.

Refurbishment of the historical city of Leipzig was the goal of an internationally invited competition in 1995. It was planned to replace the former Messehof with a new residential and commercial building on Alter Markt. The design orientation is based upon a piecemeal development showing respect for the existing context. Through adopting floor and eaves heights on Hainstraße and small-sectional facade arrangement, the compact peripheral block construction fits into the elevation on the market. The original arcade system will be reinstated internally. A long-stretched mall links the building with the surrounding shopping streets.

Fassade am Markt um 1890

Facade on the market around 1890

Perspektive der Hauptpassage zwischen Markt und Klostergasse

Perspective of main arcade between market and Klostergasse

Modell mit Blick über den Markt (linke Seite)

Model with view over the market (left side)

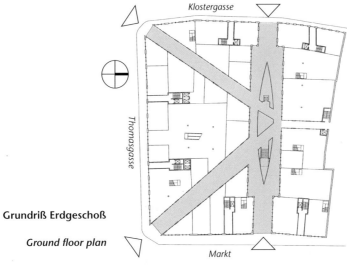

Grundriß Erdgeschoß

Ground floor plan

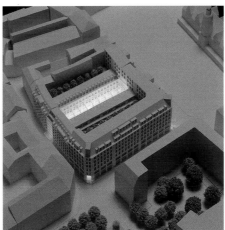

Neue Blockrandbebauung mit Hauptpassage und Eckeingängen im Modell

New peripheral block construction with main arcade and corner entrances, as model

Sevens
Düsseldorf

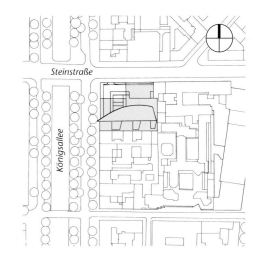

An der Ecke Königsallee/Steinstraße wird an Düsseldorfs Einkaufsboulevard das neuartige Themenkaufhaus „Sevens" entstehen. Der Name ist Programm für Inhalte und Architektur des Hauses. Auf sieben Etagen bieten sieben unterschiedliche Branchen Erlebniseinkaufen für das moderne, städtische Publikum. Kern des Gebäudes ist ein großzügiger Luftraum. Über das geschwungene Glasdach und den großzügigen Lichthof auf der Südseite gelangt Tageslicht bis ins Basement. Brücken verbinden die gegenüberliegenden Seiten der Galerien. Die Nordseite des Innenraumes treppt sich terrassenförmig von oben nach unten ab. Galerien und „Kö-Gärten" unter dem Dach bieten attraktive Treffpunkte mit vielfältigen Blickbeziehungen im offengestalteten Innenraum. Nach außen symbolisiert eine geschwungene Glasfassade das außergewöhnliche Innenleben des „Sevens".

An avant-garde theme department store "Sevens" is planned on the corner of Düsseldorf's Königsallee/Steinstraße. The name stands for the concept and the architecture. Seven trades offer "fun shopping" on seven storeys for a modern city clientele. Core of the building is a generous air space. Daylight enters the building down to the basement via the curved glass roof and the spacious light court on the south side. Bridges link the galleries facing each other. The north side of the internal space steps down in terraces. Galleries and "Kö-Gardens" on the topmost floor offer meeting points with multiple visual relationships in the transparently designed internal space. A curved glass facade symbolises the extraordinary internal life of "Sevens" to the outside.

Perspektive mit Blick auf den Neubau an der Ecke Königsallee/Steinstraße

Perspective with view to new building on the corner of Königsallee/Steinstraße

Perspektive des gebäudehohen sichelförmigen Lichthofes des Themenkaufhauses

Perspective of building-high sickle-shaped atrium of the theme department store

Kino- und Freizeitbauten
Cinema and Leisure Complexes

Rehabilitation eines Bautyps:
Medienarchitektur als Bauaufgabe der Zukunft

Rehabilitating a Building Type:
Media Architecture as Building Assignment of the Future

Frank Werner

Hans Poelzig, Capitol, Berlin 1925

Das Lichtspieltheater von gestern ist tot, es lebe das Multiplex-Kino! Was diese Feststellung unabhängig von ihrem Wahrheitsgehalt für die deutsche Kinoarchitektur bedeutet, läßt sich anhand historischer wie aktueller Entwicklungen lediglich andeutungsweise skizzieren. Nachdem die Entwicklung des Stummfilms bereits im letzten Quartal des 19. Jahrhunderts das Schicksal der großen Panoramen und Dioramen inklusive der dazugehörigen baulichen Hüllen endgültig besiegelt hatte, entstanden noch vor dem Ersten Weltkrieg regelrechte „Kinopaläste". Vor allem die Metropole Berlin machte den neuen Bautypus mit aufwendigen Filmtheatern wie dem „Prinzeß", dem „Biophon" oder dem 1913 von Oskar Kaufmann erbauten „Cines-Theater" (und späteren UFA-Pavillon am Nollendorfplatz) für das Bürgertum gesellschaftsfähig. Zu den eigentlichen Motoren beziehungsweise Trägern von Filmproduktionen und Abspielstätten wurden schon früh große Gesellschaften wie die UFA, deren Gründung durch das Zusammenwirken von staatlichen Institutionen, des Militärs, der Elektroindustrie sowie der Banken zustandegekommen war. Als sich gegen Ende der zwanziger Jahre der Ton- und wenig später der Synchronfilm durchsetzten, nahm die gesamte Branche einen ungeahnten Aufschwung. Was wiederum zur Folge hatte, daß sich nur wenige Architekten der klassischen Moderne dem Kinobau – und sei es auch nur in Form gezeichneter Utopien – verweigern konnten. Karl Schneiders Hamburger „Emelka-Palast" (1928), oder Berliner Beispiele, wie Erich Mendelsohns „Universum" (1928), Hans Poelzigs „Capitol" (1925) und „Babylon" (1928), sind denn auch als reale Beispiele längst in die internationale Architekturgeschichte eingegangen. Mit etwa 3000 Sitzplätzen war der UFA-Palast am Zoo seinerzeit Europas größtes Kinotheater, zudem ausgestattet mit fünfundsiebzig eigenen Orchestermusikern. Ab den zwanziger Jahren besaß die Reichshauptstadt allein über zwölf Filmpaläste mit jeweils mehr als eintausend Sitzplätzen, darunter so klingende Namen wie „Titania Palast" (1927), „Kammerlichtspiele Haus Vaterland" (1929), „Lichtburg" (1930) oder der neoromanische „Gloria-Palast" (1934).

Nur noch etwa zehn Prozent aller vor dem Zweiten Weltkrieg existenten Kinos waren nach dem Zusammenbruch des Dritten Reichs bespielbar geblieben. Dennoch flüchteten sich die Menschen, wie so häufig in der Geschichte zu beobachten, gerade in diesen Zeiten wirtschaftlicher Entbehrung und kräftezehrenden

Yesterday's motion picture theatre is dead, long live the multiplex cinema! Regardless of how true this statement may be, its significance for German cinema architecture can only be fleetingly outlined on the basis of historical and actual developments. Following the emergence of the silent film as early as the last quarter of the 19. century, which finally sealed the fate of the magnificent diorama and panorama spectacles and their buildings, proper "picture palaces" emerged even before the first World War. In the capital Berlin above all, this new type of building was made socially acceptable for the bourgeoisie with splendid cinemas like the "Princess", the "Biophon" or the "Cines-Theater" (subsequently the Ufa-Pavilion at Nollendorfplatz) built by Oskar Kaufmann in 1913. From very early on, the real motors or pillars of film productions and projection halls were the large companies like UFA, whose founding resulted from the interplay between state institutions, the military, the electrical industry and banks. When the sound and later the synchronized film became established at the end of the twenties, the branch experienced an unprecedented boom. The outcome of this was that only very few architects could turn their backs on the classical modern of cinema construction - be it only in the form of outlined Utopias. Karl Schneider's Hamburg "Emelka-Palast" (1928) or Berlin's examples such as Erich Mendelsohn's "Universum" (1928), Hans Poelzig's "Capitol" (1925) and "Babylon" (1928) have, also as real examples, long been part of international architectural history. With around 3000 seats, the Ufa-Palast am Zoo was Europe's then biggest cinema, arrayed moreover with its own 75 musician orchestra. From the twenties onwards, the German capital alone boasted 12 cinemas each with a seating capacity exceeding 1.000, including such lyrical names like "Titania Palast" (1927), "Kammerlichtspiel Haus Vaterland" (1929), "Lichtburg" (1930) and the neo-Roman "Gloria-Palast" (1934).

Only about 10 percent of pre-World War II cinemas were still serviceable following the collapse of the Third Reich. Nonetheless, as so often observed over the course of history, exactly in times of economic need and debilitating reconstruction people flocked to the glorious world of make believe. As early as 1956, only 11 years after the end of the war, statisticians in "Wirtschaftswunderland", according to Ulrich Pätzold and Horst Röper, recorded the sheer incomprehensible figure of 817 million cinemagoers.

Wiederaufbaus scharenweise in die Welt des schönen Scheins. Schon 1956, also nur elf Jahre nach Kriegsende, verzeichneten Statistiker im Wirtschaftswunderland laut Ulrich Pätzold und Horst Röper die schier unvorstellbare Zahl von 817 Millionen Kinobesuchern. So schienen die fünfziger Jahre der Kinoarchitektur ein neues, „goldenes Zeitalter" zu eröffnen. Diesem Trend gehorchend, publizierte der Architekt Paul Bode im Jahre 1957 das Buch „Kinos, Filmtheater und Filmvorführräume – Grundlagen, Vorschriften, Beispiele, Werkzeichnungen", welches umgehend zum einschlägigen Standardwerk wurde. Typologisch unterschied Bode zwischen Land- und Saalkinos, Stammkinos, Kinos mit Laufpublikum, Erst- und Uraufführungstheatern, Studios, Tageskinos (Nonstopkinos), Lichtspieltheatern mit Raucherlaubnis, Autokinos und Kulturzentren mit Lichtspieleinrichtung. Ähnlich wie unter ganz anderen Vorzeichen auf dem Sektor des zeitgenössischen Kirchenbaus zu beobachten, unterstrichen die abgebildeten Lichtspieltheater aus aller Welt die außen- wie innenarchitektonische Bedeutung des Kinobaus für die Regeneration der Baukultur in den fünfziger und sechziger Jahren. Getragen wurde diese Kultur in der Regel von ortsansässigen, mitunter sogar mäzenatisch angehauchten Familienbetrieben. Bode selbst war in seinem Buch mit zwei herausragenden Großkinos vertreten, dem „Alhambra" in Mannheim sowie dem „Europa-Palast" nebst Filmstudio im Duisburger Europahaus. Größte Aufmerksamkeit maß Bode der „richtigen Standortwahl" für Neu- und Umbauten bei. Werbewirksamkeit bei der Außengestaltung, Ausnutzung der Lagegunst an stark frequentierten Fußgängerbereichen, verkehrsgünstige Zu- und Ausgänge, gute Erreichbarkeit über den „Massen-Nahverkehr" sowie Anlage eigener Parkplätze erschienen ihm unabdingbar. „Eine attraktive Nachbarschaft", stellte er abschließend fest, „kommt auch dem Lichtspieltheater zugute. Imbißraum, Kleinkunstbühne, Trinkstube und dergleichen sind Anziehungspunkte für das ausgehfreudige Publikum. Wo sie nicht vorhanden sind, wird der Theaterbesitzer erwägen müssen, ob er sie nicht in seinem eigenen Haus einrichtet, um so zum Mittelpunkt eines kleinen ‚Vergnügungszentrums' zu werden."

Der Besucherrekord der Nachkriegszeit (1956) ließ kaum erahnen, welches Ausmaß das kurz darauf einsetzende Kinosterben in den folgenden fünfundzwanzig Jahren bundesweit (mit regionalen Einschränkungen) erreichen würde. So sollte sich bis 1972

The fifties appeared to herald a new "golden age" for cinema architecture. Submitting to this trend in 1957 the architect Paul Bode published the book "Kinos, Filmtheater und Filmvorführräume – Grundlagen, Vorschriften, Beispiele, Werkzeichnungen" (Cinemas, Film Theatres, Projection Rooms – Fundamentals, Regulations, Examples, Work Drawings), which quickly became a standard work for the branch. Typologically Bodo differentiated between provincial cinemas and cinema halls, local cinemas, cinemas with off-the-street customers, first and premiere performance theatres, studios, news cinemas (nonstop), cinemas with smoking permission, drive-in cinemas and cultural centres with projection facilities. As similarly apparent under completely different circumstances on the sector of contemporary church construction, the cinemas illustrated from throughout the world underlined both the external and internal architectural significance of cinema construction for the regeneration of building culture in the fifties and sixties. As a rule, this culture was borne along by local, and in part even philanthropically oriented family businesses. Bodo was represented in his own book by two outstanding large cinemas, the "Alhambra" in Mannheim and the "Europa-Palast" with film studio in Duisburg's Europahaus. Bodo assigned great importance to the "right location choice" for new and reconstructions. Advertising impact in exterior design, exploiting location benefits in heavily frequented pedestrian precincts, good traffic connections, good accessibility via "mass public transport" and own parking facilities were for him indispensable. "An attractive neighbourhood", he concluded, also benefits the cinema. Snack bars, cabarets, bars and the like are magnets for an entertainment-seeking public. Where they do not exist, then the cinema owner must consider even setting them up within his own establishment, thereby becoming centre of a small "entertainment district".

The post-war (1956) cinemagoer record gave no forewarning of the extent of the then soon arising demise of cinemas Germany-wide in the following 25 years (with regional exceptions). By 1972, the number of cinemas in the Federal Republic was to be halved, precipitated by a drastic decline in the number of cinemagoers and reaching an all-time low of 115 million in the year 1976. The reasons were manifold. The country-wide encroachment of television into German living rooms, changes in

der Kinobestand der Bundesrepublik regelrecht halbieren, bedingt durch einen drastischen Besucherschwund, welcher sich im Jahre 1976 auf den Niedrigststand von 115 Millionen einpendelte. Die Gründe hierfür waren vielschichtiger Natur. Das flächendeckende Vordringen des Fernsehens in bundesdeutsche Wohnstuben, Veränderungen im Freizeitverhalten, Wertewandel und andere gesellschaftsspezifische Faktoren waren sicher mitverantwortlich für die schwindende Akzeptanz der angebotenen Filme. Im Gegenzug trugen aber auch die Kompensationsmaßnahmen der Kinobetreiber in den sechziger und siebziger Jahren, soll heißen die brachiale Umwidmung unwirtschaftlich gewordener, ehedem großzügiger Säle in „Kinocenter" mit jeweils einer Handvoll zimmergroßer, eng bestuhlter und schlecht belüfteter „Schachtelkinos" mit häufig miserablen Bild- und Tonqualitäten wesentlich dazu bei, Kinobesuchen jeden Hauch atmosphärischen Wohlbefindens zu nehmen. „Eine Konsolidierung oder gar anhaltendes Wachstum konnte der Kinostrukturwandel", folgt man der Studie Ulrich Pätzolds und Horst Röpers, daher „bis zum Ende der 80er Jahre nicht bewirken".

Erst gravierende Veränderungen der Unternehmensstrukturen seitens der Betreiber sowie der Bau der ersten Multiplex-Kinos Deutschlands in Hürth bei Köln (1990) und Bochum sollten eine Art von Trendwende einleiten. Zwar hat sich inzwischen die anfängliche Goldgräberstimmung ein wenig gelegt, und kein Unternehmen wird mehr Multiplex-Kinos mit 7.000 Plätzen und bis zu 15 Leinwänden in Planung geben. Geblieben ist jedoch der wirtschaftliche Aufschwung aufgrund der Tatsache, daß das Multiplex-Kino das ganze Spektrum aktueller Filmangebote aufgrund feinregulierter Laufzeiten wirtschaftlicher verwerten und die kollektiven Freizeitansprüche an einen Kinobesuch mit eigens hierfür geschaffenen „Städten-in-der-Stadt" weitaus attraktiver befriedigen kann. Zudem hat der neue Bautyp eine Bereinigung der Kinolandschaft durch eine Reduzierung auf vier nutzerspezifische Grundtypen bewirkt: Das Einzelkino mit nur einer Leinwand, das Doppelkino mit zwei Leinwänden, das Kinocenter mit mehreren Leinwänden für maximal 1.500 Sitzplätze und schließlich das Multiplex mit deutlich über 1.500 Plätzen und mindestens acht Leinwänden im Regelfall. Mit gewissen Einschränkungen könnten alle Kinotypen in friedlicher Koexistenz miteinander leben, da jeder von ihnen aufgrund des Angebots eines spezifischen „Marktsegments" jeweils unterschiedliche Zielgruppen beim Publikum ansprechen dürfte.

Möglich wurden Multiplex-Kinos aber in erster Linie durch den Rückzug aus der Fläche, die Konzentrierung auf ausgesuchte Standorte im Zentrum oder am Rande urbaner Ballungsräume sowie die Umstrukturierung ehedem mittelständischer Betreiberfamilien zu miteinander verflochtenen, beziehungsweise kooperierenden Großunternehmensgruppen. Mithin hat sich der Kinobetrieb spätestens ab Ende der achtziger Jahre, wenn nicht gänzlich aus dem mäzenatischen Engagement Einzelner in Sachen Filmkultur verabschiedet, so doch eindeutig Investmentinteressen global vernetzter und ausschließlich ertragsorientiert denkender Unterhaltungsindustrien zugewandt.

Zweifellos ist es RKW dabei gelungen, gleichsam Hand in Hand mit der Entstehung einer gänzlich neuen Bauaufgabe eine Reihe

UCI, Bochum

leisure behaviour, changing values and other specific social factors played their part in the evaporating acceptance of the films offered. The countermove in the sixties and seventies, initiated by cinema owners to combat dwindling audiences, of converting the then uneconomic generous cinema auditoriums into "cinema centres" with a handful of living room-sized, narrow-seated and badly ventilated "box cinemas", frequently with appalling picture and sound quality, also played their part in removing the last vestige of well-being from a cinema visit. According to the study by Ulrich Pätzold and Horst Röper, "up to the end of the eighties the cinematic structural evolution failed to bring about consolidation or continuing growth".

It was sweeping changes in corporate structures initiated by the owners and the construction of Germany's first multiplex cinemas in Hürth near Cologne (1990) and Bochum which first launched a type of turnaround. Meanwhile, however, the initial gold-digger mood has become rather subdued and no company would now contemplate building multiplex cinemas with 7000 seats and up to 15 screens. The economic upswing has prevailed nevertheless, due to the fact that the multiplex cinema economically exploits the entire spectrum of the latest films with finely regulated showing periods and can more effectively satisfy the collective leisure demands on a cinema visit by specially engineered "cities in the city" concepts. Moreover, a new building type has rebalanced the cinema scenario by a reduction to only four specific basic types: the individual cinema with one screen only, the double cinema with two screens, the cinema centre with several screens with a maximum of 1.500 seats and ultimately the multiplex seating more than 1.500 persons and with at least eight screens as a rule. With certain exceptions, all cinema types can live in peaceful coexistence with each other, because each addresses a specific "market segment" of cinema-goers.

The advent of multiplex cinemas was essentially made possible by the withdrawal from the provinces and the concentration on selected locations at the city centre or on the fringe of urban conglomerations, as well as the restructuring of former medium-sized family firms into integrated interfunctional large concerns. Moreover, since the start of the eighties at the latest, cinema business has virtually quit the realm of philanthropic involvement of individuals in film culture and clearly joined global investment interests and the profit-oriented entertainment industry.

Hand in hand with the emergence of an entirely new building assignment, RKW has undoubtedly been able to accomplish a range of exemplary solutions. A declaration which includes both the reaction to variously qualified locations with solitary configuration of the new building type as well as the fastidious transformation of existing building structure. For example, in the redesign of the cinema complex "Zoo-Palast", built in 1957 to plans by G. Fritsche to replace the war-damaged "UFA-Palast am Zoo" and the likewise damaged "Capitol" in the centre of West Berlin, then in the years 1969 to 1983 disfigured beyond recognition by diverse extensions, the task was not only to maintain but also elaborate the interior architectural charm of the fifties. Furthermore, the proverbial squaring of the circle also

prototypischer Lösungen zu realisieren. Diese Feststellung betrifft sowohl die Reaktion auf unterschiedlich qualifizierte Standorte mit solitärer Ausformung des neuen Bautyps als auch die behutsame Transformation bestehender Bausubstanz. So galt es etwa bei der Umgestaltung des Kinokomplexes „Zoo-Palast", der im Jahre 1957 nach Plänen von G. Fritsche anstelle des kriegszerstörten „UFA-Palastes am Zoo" sowie des gleichfalls zerstörten „Capitols" im Zentrum Westberlins errichtet und in den Jahren 1969 bis 1983 durch diverse Erweiterungen bis zur Unkenntlichkeit verbaut worden war, den innenarchitektonischen Charme der fünziger Jahre nicht nur zu bewahren, sondern aufzuarbeiten. Darüber hinaus bestand die sprichwörtliche Quadratur des Kreises darin, eben diesen Charme, wo nicht mehr vorhanden, gezielt wiederzubeleben und den Altbau dabei gleichzeitig in ein attraktives Multiplex-Kino mit neun Kinosälen zu transformieren. Ausgenommen von diesem Eingriff war die unter Denkmalschutz stehende Fassade. Wenn die „Operation" ganz außerordentlich geglückt wirkt, dann dürfte dies vor allem dem Einfühlungsvermögen der Architekten zuzuschreiben sein. Es entstand nämlich eine Kinolandschaft, welche vor allem in den Foyerbereichen die halburbanen Lichträume mit ihren Messing-Glas-Holz-Einbauten wieder großzügig zu öffnen beziehungsweise die neu hinzugekommenen geschickt zu adaptieren wußte. Selbst die auf den neuesten Stand von Technik und Komfort gebrachten Kinosäle, allen voran der große Saal als „Premierenkino" für die Internationalen Filmfestspiele, erhielten auf sachlich unterkühlte Weise jenes Farb- und Lichtspiel zurückerstattet, welches das Publikum seinerzeit schon in den fünfziger Jahren so beeindruckt hatte.

Eine verwandte, wenn auch aufgrund der städtebaulichen Situation sehr viel programmatischer wirkende Strategie verfolgte RKW in Zusammenarbeit mit Konrad Beckmann auch beim Umbau beziehungsweise der Erweiterung des jüngst fertiggestellten „Kosmos UFA-Palastes" in Berlin Friedrichshain. Auch hier, in exponierter Lage an der gut zwei Kilometer langen, ehemaligen Stalinallee in Ostberlin, vis-à-vis eines Laubenganghauses von Hans Scharoun (1949) gelegen und flankiert von zwei hohen Wohnpalästen aus der Stalinzeit, fanden die Architekten im Kontext einer gänzlich unter Ensembleschutz gestellten Magistrale ein erst 1962 fertiggestelltes, jedoch gleichfalls unter Denkmalschutz stehendes Kinobauwerk vor. Im Gegensatz zum „Zoo Palast" stand das Kino „Kosmos" freilich als Solitär auf einer weiten, zur früheren Stalin- und heutigen Karl-Marx-Allee hin gepflasterten, im rückwärtigen Teil sogar später begrünten Platzfläche. Das Stahlbetonskelett des alten „Kosmos" beherbergte im Zentrum einen eiförmigen Saal mit etwa 1.000 Sitzplätzen. Flankiert wurde dieser Saal von einem Paar zweigeschossiger, risalitähnlicher Vorbauten, in denen Büros, Toiletten und ein Buffet untergebracht waren. Dazwischen lag das stützenlose, mit Ausnahme der „Risalite" nach allen Seiten hin voll verglaste Foyer, welches an den Krümmungen des eingekapselten „Eis" vorbei einen ungehinderten Durchblick auf den „Hinterhof" des Kinos gewährte. Der flache, zweigeschossige Gesamtkomplex wurde lediglich dadurch akzentuiert, daß das entfernt an eine Hutschachtel erinnernde Volumen des großen Saals ersteren um

entailed revitalizing this charm where it was no longer existent and simultaneously transforming the old structure into an attractive multiplex cinema with nine projection theatres. Omitted from this operation was the conservation-listed facade. The outstanding success of the "operation" can be attributed first and foremost to the sense of feeling of the architects. Namely a cinema landscape has been created where, above all in the foyer areas the semi-urbane light shafts with their brass-glass-wood inserts have either been again generously opened up or those newly added cleverly adapted. Even the projection theatres, fitted out with state of the art technology and comfort, above all the large theatre "Premierenkino" for the international film festivals, have been given the subtle interplay between colour and light which so fascinated the public of the fifties. In cooperation with Konrad Beckmann, RKW followed a related albeit, due to the city planning situation, much more programmatic strategy in the conversion and extension of the recently completed "Kosmos UFA-Palast" in Berlin Friedrichshain. At this prominent location on the over two kilometre-long former Stalinallee in East Berlin, vis-à-vis a gallery block by Hans Scharoun (1949), flanked by two high residential palaces from the Stalin era and in the context of a listed concourse, the architects also found a cinema building which had only been completed in 1962 but was nonetheless under a conservation order. In contrast to the "Zoo Palast", however, the "Kosmos" cinema stood in solitary grandeur on an extensive cobbled, to the rear subsequently green-planted square on the former Stalin-Allee and today's Karl-Marx-Allee. The cinema's reinforced concrete skeleton accommodated at the centre an egg-shaped auditorium with around 1.000 seats. This auditorium was flanked by a pair of "risalite"-like two-storey forebuildings housing offices, toilets and a buffet. In between was the unsupported foyer which, except in the area of the forebuildings, was glazed to all sides and which, past the curvature of the "egg", allowed an uninterrupted outlook into the "rear yard" of the cinema. The only architectural accent of the flat two-storey building complex was the hatbox-like volume of the auditorium which towers over the former by more than one floor. No doubt to show it off as representing early sixties state of the art, the "Kosmos" was clad outside in differently coloured ceramic tiles — in the vicinity of the upper part of the auditorium and on the auditorium outer walls with serrated cream tiles.

The conversion of this impressively simple, post-war modern GDR building into a voluminous multiplex cinema while conforming to city planning and preservation aspects still commands respect today. This extremely intricate undertaking could only be accomplished by situating the nine new projection rooms in horseshoe form around the rear of the egg-shaped central space, by a wide glazed "trench" clearly separated from the latter and lying half a floor lower than the foyer. To be documented like a liveable caesura, the walls of the "trench", which simultaneously serves as access to the entire annexe, to the convex front of the old building are preserved in their original tiled state, whereas the concave side of the thereon nestling new construction is subtly executed in "brut" concrete. In the dark,

UCI Zoo Palast, Berlin

mehr als ein Geschoß überragte. Wohl um sich Anfang der sechziger Jahre ganz auf der Höhe der Zeit zu präsentieren, war das „Kosmos" außen mit verschiedenfarbigen Keramikriemchen, im Bereich des Saalaufsatzes und der Saalaußenwände jedoch mit hellbeige geriffelten Keramikplatten verkleidet.

Die Umwandlung dieses beeindruckend schlichten Solitärs der DDR-Nachkriegsmoderne in ein voluminöses Multiplexkino unter Wahrung stadtbildverträglicher und denkmalpflegerischer Aspekte nötigt noch heute Respekt ab. Zu bewerkstelligen war dieses ausgesprochen schwierige Unterfangen nur dadurch, daß neun zusätzlich geschaffene Kinosäle, hufeisenförmig um den rückwärtigen Teil des eiförmigen Zentralraums gelegt, durch einen breiten, verglasten „Graben" deutlich von letzterem abgesetzt und gegenüber dem Foyer um ein halbes Geschoß tiefer gelegt wurden. Wie um eine erlebbare Zäsur zu dokumentieren, konservieren die Wände des „Grabens", der zugleich der Erschließung des gesamten Annexes dient, zur konvex gewölbten Altbaufront hin deren originale Plattenverkleidung, während die konkave Seite des sich anschmiegenden Neubaus ganz zurückhaltend in „beton brut" ausgeführt wurde. Bei Dunkelheit entfaltet der von dieser Zone abstrahlende Lichtkranz ein subtiles Wechselspiel zwischen Alt und Neu. Die begrünten Flachdächer der halb bis ganz eingegrabenen Kinosäle wurden als nutzbare Terrassen ausgewiesen und verkörpern somit eine Art Initialzündung für ein gänzlich neues Park- und Freizeitkonzept, welches nicht nur der Aufwertung des rückwärtigen Stadtraums, sondern den gesellschaftlichen Bedürfnissen des gesamten Quartiers zugutekommt. Aber auch der ehedem triste Vorplatz zur Karl-Marx-Allee erfuhr eine deutliche Aufwertung, indem man aus der Not eine Tugend machte. Zwei kleine, in gebührendem Abstand rechts und links vor die alten, riemchenverkleideten „Risalite" der Eingangsfront gestellte Stahl-Glas-Pavillons markieren die Auf- und Abgänge der vorgelagerten neuen Tiefgarage. Durch das Zusammenwirken dieses ephemer erscheinenden Pavillonpaares mit zwei, jeweils über den Erschließungsrampen an der Karl-Marx-Allee plazierten, provisorisch anmutenden Stahlgerüsten (für Werbezwecke) ist hier ein sparsam akzentuiertes Stück neuer Urbanität entstanden, welches bereits heute für Marktzwecke und andere Aktivitäten des Quartiers genutzt wird. Das Multiplex-Kino, dem aufgrund seiner Introvertiertheit im allgemeinen ja „stadtfeindliche" Tendenzen unterstellt werden, hat hier, nicht zuletzt unter dem Druck denkmalpflegerischer Auflagen, das genaue Gegenteil, nämlich den zündenden Funken zur beginnenden Wiederbelebung eines ganzen Stadtteils bewirkt.

Natürlich hat sich RKW aber auch selbstkritisch mit der „schwachen Seite" der Multiplex-Typologie, sprich mit der abweisenden Autonomie derartiger Baukomplexe an peripheren Standorten auseinandergesetzt. Als aufschlußreiches Beispiel hierfür sei das neue, inmitten eines Gewerbegebietes angesiedelte „Kinopolis" in Viernheim angeführt. Aufschlußreich insofern, als die Architekten hier versucht haben, die Großform eines einzelnen Kino-Großcontainers aufzubrechen zugunsten einer städtischen Struktur, bestehend aus „Einzelhäusern", Plätzen und Passagen. Mithin wurde hier der Versuch unternommen, dem allmähli-

Kosmos UFA-Palast, Berlin

the light crown shining from this zone sets off a delicate interplay between old and new. The greened flat roofs of the half to completely entrenched projection rooms are put to practical purposes as terraces, thereby embodying a type of initial ignition for an entire new park and leisure concept which serves not only to upgrade the city area to the rear, but also benefits the social requirements of the entire district. The formerly depressing forecourt to the Karl-Marx-Allee also underwent striking upgrading by making a virtue out of necessity. Two small steel/glass pavilions located close to the right and left of the tiled "risalites" of the entrance mark the stairways to the new subterranean garage. The interplay between the two ephemeral-like pavilions and two provisional looking steel scaffolds (for advertising) placed over the access ramps to Karl-Marx-Allee gives rise to a lightly accented area of new urbanity, which already today finds use for market purposes and other activities of the district. The multiplex cinema, which due to its introvertedness was generally denounced as having "city-hostile" tendencies, not least due to the pressure of preservation impositions, has in fact generated just the opposite, it is namely the spark for an emerging revitalization of the entire district.

RKW has naturally taken a self-critical look at the "weak side" of the multiplex typology, namely the repulsing autonomy of such building complexes at peripheral locations. Edifying example here is the new "Kinopolis" situated in the middle of a commercial estate in Viernheim. Edifying insofar that the architects have here attempted to replace the large form of a single mammoth cinema container by a municipal structure consisting of "individual houses", squares and passages. Moreover, the attempt was also made here to counter the gradual disappearance of architecture in such areas by a structure of perceivable suburban culture.

But let us remain with problematical downtown locations. What can one do when, in the case of the "UFA-Palast" on Hamburg's Gänsemarkt, in the heart of a densely populated city centre, only a long and narrow site is available, the front of which facing the Gänsemarkt is already flanked by a nine to ten storey building wing? The RKW architects responded to this question unambiguously and impressively: by stacking the desired multiplex areas for 10 projection theatres vertically and disc-like above one another, respectively below ground, so to speak in the rear yard of the existing building. Longitudinal and cross sections of this disc first reveal how the mighty volume available has been cunningly camouflaged. But according to the multiplex law, a building like this should also be accessed as conspicuously and attractively as possible. But what to do when the form of the Büschstraße offers only a narrow street ravine to the open but in fact unsuitable longitudinal front for internal access to the disc-like building? Here too, the architects came up with a clear and convincing answer. They first joined the multiplex disc in the ground and first floor by an entry lobby "piercing" the existing building directly to the Gänsemarkt. Secondly, they eliminated any form of spatial confinement on the Büschstraße by cladding the building wing with a further glass/steel conservatory-like container reaching to eaves height. They thereby created a

chen Verschwinden von Architektur aus solchen Gebieten eine Struktur wahrnehmbarer, suburbaner Kultur entgegenzusetzen. Bleiben wir jedoch bei den problematischeren, innerstädtischen Standorten. Was ist zu tun, wenn wie im Falle des „UFA-Palastes" am Hamburger Gänsemarkt geschehen, mitten im hochverdichteten Stadtzentrum für den Neubau eines Multiplex-Kinos nur eine schmale, lange Grundstücksparzelle zur Verfügung steht, deren repräsentative Stirnseite zum Gänsemarkt hin noch dazu von einem bereits bestehenden, neun- bis zehngeschossigen Gebäuderiegel eingenommen wird? Die Architekten von RKW haben diese Frage ebenso eindeutig wie ausdrucksstark beantwortet, indem sie die gewünschten Multiplex-Flächen für zehn Kinosäle gleichsam im Hinterhof des bestehenden Gebäudes vertikal und scheibenartig übereinander- beziehungsweise in den Untergrund tiefgestapelt haben. Längs- und Querschnitte durch diese Scheibe enthüllen eigentlich erst das gewaltige Volumen, welches hier geschickt camoufliert wurde. Nun sollte ein Gebilde wie dieses nach dem Multiplex-Einmaleins ja aber auch so auffallend und attraktiv wie nur möglich erschlossen werden. Was aber tun, wenn sich in Gestalt der Büschstraße lediglich eine schmale Straßenschlucht zur stadträumlichen und eine eigentlich ungeeignete Längsfront zur gebäudeinternen Erschließung des scheibenartigen Baukörpers anbot? Auch hier wußten die Architekten eine ebenso eindeutige wie überzeugende Antwort. Zum einen verbanden sie die Multiplex-Scheibe im Erd- und ersten Obergeschoß über eine durch den bestehenden Bau „hindurchgesteckte" Eingangshalle direkt mit dem Gänsemarkt. Zum anderen verwischten sie an der Büschstraße jede Form von räumlicher Beklemmung, indem sie dem Gebäuderiegel einen weiteren, bis zur Traufhöhe reichenden, wintergartenähnlichen Glas-Stahl-Behälter vorblendeten. Damit schufen sie eine gebäudehohe Vitrine von nur wenigen Metern Tiefe, welche gleichsam wie ein interaktives Erkennungszeichen wirkt. Denn hinter der hohen Glaswand suggeriert das Netzwerk sich überkreuzender Rolltreppen mit dem stetigen Auf- und Abwärtsgleiten von Menschen parallel zur Auf- und Abwärtsbewegung gläserner Aufzüge, suggerieren die unterm Sternenhimmel ausgeklügelten Lichteffekte dem gleichsam auf Schiffsdecks wandelnden Besucher eine fast virtuell wirkende, dynamische Entgrenzung zwischen Gebäude und Stadtraum. „Passender", sprich diese Wechselbeziehung, dieses „In-Between" bildhafter auszudrücken, wäre wohl schwerlich möglich.

Eine gänzlich andersgeartete städtebauliche Situation fand RKW hingegen beim Bau des Ufa-Palastes im Stuttgarter Media-Forum vor. Zur Disposition stand dort ein Teil des ehemaligen Südmilchgeländes nördlich des Hauptbahnhofs und unmittelbar an die Bahngleise angrenzend. Dieses Multiplex, mit 13 Kinosälen und 4.250 Sitzplätzen im Werkverzeichnis von RKW eines der größten, stellte zusammen mit einem direkt angebauten Büroblock den ersten Baustein des Stadtentwicklungskonzepts „Media-Forum Stuttgart" auf diesem Areal dar. Die folgenschweren Entwicklungen, welche im Zuge des Projekts „Stuttgart 21" demnächst zur Bahnhofs- und Trassenverlagerung nebst anschließender Überbauung des gesamten innerstädtischen Gleisareals hinter dem Bonatz'schen Bahnhof

building-high showcase of only a few metres depth which functions like an interactive identification sign: behind the high glass wall, the criss-cross network of moving stairways and their passengers gliding perpetually up and down, parallel to the up and down movements of glass lifts, people wandering under a starlit heaven of clever lighting effects as if on board a ship, all suggest a virtual and dynamic breakdown of borders between building and cityscape. It would be difficult to describe this inter-relationship, this "in-between" more appropriately. A quite different city planning situation confronted RKW in the construction of the "Ufa-Palast" in Stuttgart's Media Forum. Available was part of the former Südmilch dairy products property north of the main station and immediately bordering the railway tracks. Together with a directly adjoining office block, this multiplex, with 13 projection theatres and seating capacity of 4.250, one of the largest on the books of RKW, represented the first stage of the city planning concept "Media Forum Stuttgart" on this site. The immense consequences of the project "Stuttgart 21", with relocation of the station and railway lines and subsequent building over of the entire inner city platform area behind the Bonatz'schen Bahnhof, were still unforeseen at the start of planning. On this downtown but nevertheless somewhat out-of-the-way site, the goal was to design a structure which could already be perceived as city symbol from passing trains. Facing the railway lines the building manifests itself as "jacked up" compact box punctured by only few openings. Eye-catching alone are the gigantic Ufa logo, the no less gigantic display board advertising the current program and a red-painted (emergency) stairway which joins the "suspended" building to the ground like a flash of lightening. Memories of Lissitzky's cloud hanger or speaker's rostrum are recalled here. Completely different in contrast is the building front on the opposite side of the railway lines. Together with the neighbouring office block it will form the north side of the future "Marktplatz" in the newly created "Media Forum". By fanning out the projection theatres, which also include a round theatre, by a few degrees in contrast to the rectangular structure of the railway landscape, space has been created for an extremely large, six-storey foyer. Its transparent steel-glass facade, which discloses the same structural dynamism of escalator motion, the same movement of bodies in space, the same interplay of light as does the Hamburg multiplex, curves segment-like towards the new square. The main entrance situated here and highlighted by numerous sculptural fore-structures, gives cinemagoers access to the unostentatious but elegantly equipped gallery, foyer and restaurant areas. The colour-accented and anything but plush projection theatres, devoid of any design paraphernalia, generate an excellent feeling of well-being among the audience.

The fact that architects are also capable of thinking along quite different lines is shown by the shortly to be built "Mobile Cinema Centre/Sat 1 Studio" on the Alexanderplatz at the heart of Berlin. Attributes like "mobile" or "portable", which can be derived from the planning details of this project, seem at first sight somewhat misleading. But this is by no means one of those improvised jerry-built "flying structures" widespread in the

Kosmos UFA-Palast, Berlin

153

führen werden, waren bei Planungsbeginn noch unbekannt. So galt es, in diesem zwar innerstädtischen, aber doch etwas abgelegenen Areal den Neubau als markantes, bereits von den vorbeifahrenden Zügen aus als Stadtzeichen wahrnehmbares Gebilde zu konzipieren. Mithin artikuliert sich der Baukörper den Gleisen zugewandt als „aufgebockter", kompakter Kasten, der nur von wenigen Öffnungen durchbrochen wird. Ins Auge fallen allein das riesige Ufa-Signet, die nicht weniger großen Werbetafeln für das laufende Filmprogramm sowie eine rot lackierte (Not-)Treppe, welche den „fliegenden" Gebäudekopf wie ein Blitz mit dem Erdboden verbindet. Erinnerungen an Lissitzkys Wolkenbügel oder Rednertribüne werden hier geweckt. Ganz anders hingegen die gleisabgewandte Front, die zusammen mit dem benachbarten Büroblock die Nordseite des zukünftigen „Marktplatzes" im neu geschaffenen „Media-Forum" darstellen wird. Durch Auffächern der Kinosäle, unter denen sich auch ein Rundsaal befindet, um wenige Winkelgrade gegenüber der bahnseitigen Orthogonalstruktur, wurde Raum geschaffen für ein außerordentlich großes, sechsgeschossiges Foyer. Dessen transparente Stahl-Glas-Fassade, welche die gleiche strukturelle Dynamik der Rolltreppenläufe, die gleiche Bewegung von Körpern im Raum, das gleiche Spiel der Lichter wie beim Hamburger Multiplex enthüllt, wölbt sich kreissegmentartig zum neuen Platz vor. Durch den hier befindlichen und durch zahlreiche plastische Vorbauten hervorgehobenen Haupteingang erreichen die Besucher die schlichten, aber elegant ausgestatteten Galerien, Foyer- und Restaurationsbereiche. Die farblich akzentuierten, alles andere als plüschigen Kinosäle sorgen ohne designerischen Schnickschnack für außerordentliches Wohlbefinden der Besucher.

Daß Architekten aber auch imstande sind, in ganz anderen Kategorien zu denken, beweist der Vorschlag für ein mobiles Kinocenter auf dem Alexanderplatz mitten im Herzen Berlins. Attribute wie „mobil" oder „portable", die den Planlegenden dieses Projekts zu entnehmen sind, wirken zunächst ein wenig irreführend. Denn mitnichten handelt es sich hier um eines jener improvisiert zusammengeschusterten „fliegenden Bauwerke", wie sie etwa in der experimentellen Phase der jungen sowjetischen Architektur der zwanziger Jahre gang und gäbe waren, und auch nicht um einen Nachzügler jener metabolistischen Plug-in- und Walking-Cities, die den auf Aktionismus, Lebensspaß, Raumfahrtsehnsüchte und Fortschrittseuphorie eingeschworenen sechziger Jahren zumindest auf dem Zeichenpapier grenzenlose Freiheiten versprachen. Nein, dieses Multiplex- und Fernsehstudio-Projekt verkörpert eine temporäre, außerordentlich klug auf städtebauliche und soziale Aspekte einer sich rasant verändernden Metropole reagierende und all dies zeichenhaft bündelnde, bauliche Metapher von großer Suggestivkraft. So verspricht man sich von der exponierten Lage am nordöstlichen Ende des Alexanderplatzes, an der Einmündung der Grunerstraße in die Karl-Marx-Allee, eine regelrechte Sogwirkung auf Flaneure und die Klientel aus den umliegenden Wohnquartieren. Je nachdem wie rasch sich die Ränder des „Alex" mit den projektierten Hochhaustürmen füllen oder wie bald sich Stornierungen dieser Projekte abzeichnen und damit neue Per-

UFA-Palast, Hamburg

experimental phase of Soviet architecture in the twenties, nor a latecomer of those metabolic plug-in and walking cities which promised unlimited freedom, at least on paper, in the to actinium, fun, space-yearning and euphorically progress-oriented sixties. No, this "flying structure" embodies a temporal constructional metaphor with strong suggestive power. A constructional metaphor reacting highly intelligently to the city planning and social needs of a metropolis reacting to rapid and illustratively parcelled changes. The prominent position at the north-east end of Alexanderplatz, at the junction of the Grunerstraße into the Karl-Marx-Allee, promises a real magnetic effect on strollers and clientele from the surrounding residential districts. According to how quickly the fringes of the Alexanderplatz become filled with the projected high-rises, or how quickly the cancellation of these projects manifests itself and thus new perspectives emerge, the combination of multiplex and TV studio will either need to grow, diminish or disappear altogether. Nonetheless, around three thousand square metres of usable area are certainly not chicken feed which could be housed at this location in a simple container park. The RKW architects wisely designed butterfly-like triple joint framework construction supported only at points. In addition to the twinned, three-arm ground supports, as massive as long projector tubes rising high over the square function as actual backbone of the structure. To the right and left of these pipes dock removable "space bubbles" or modules as containers for the cinema halls. They are bulkheaded off from each other and reinforced by wing-like trusses. So to speak as crown on the structure is a simple two-storey lattice work to house the television studios. Despite its considerable volume, it is astonishing how filigree the exterior appears and how light and vibrant the concordance of constructive hightech and periodically limited "wanting to get everything out of one building" manifests itself. But above all how it achieves this and blends so well into the cityscape. Presumably, however, ephemeral architecture in the true sense of the word will arise here at the height of its times.

With their far-reaching projects the RKW architects appear to have achieved the impossible and have fully rehabilitated the image of the building type multiplex cinema, once derided as design-hostile and commercially and a priori incompatible with the cityscape. Working under intensified (due to economic strictures) and laboratory-like conditions they have been able to demonstrate that large cinemas of this type are capable of injecting a quality impetus into rural, peripheral, suburban and central locations and historical neighbourhoods; that even with standard functionalism no building must out of necessity be identical with another. Using fundamental architectural means they have wrung so much design content out of the multiplex theme that cinema palaces of this new generation may one day belong to the upholders of that forthcoming architecture which Le Corbusier reminded us about decades previously in "vers une architecture".

spektiven auftun, wird dieses „fliegende Bauwerk" wachsen, sich verkleinern oder gänzlich verschwinden müssen. Gleichwohl sind rund dreizehntausend Quadratmeter Nutzfläche wahrhaftig kein Pappenstiel, der sich mir nichts dir nichts an diesem Standort in einer schlichten Containerhalde unterbringen ließe. Wohlwissend konzipierten die Architekten RKW eine schmetterlingsähnlich aufgebaute, nur punktuell aufgelagerte Dreigelenkrahmenkonstruktion. Neben den paarweise auftretenden, dreiarmigen Bodenstützen fungiert eine hoch über dem Platz liegende, ebenso mächtige wie lange Bildwerferröhre als eigentliches Rückgrat des Ganzen. An diese Röhre docken jeweils rechts und links auf- und abbaubare „Raumblasen" oder Module an als Behälter für die Kinosäle. Untereinander abgeschottet und ausgesteift werden sie durch flügelähnliche Fachwerkbinder. Auf alledem lagert sozusagen als Bekrönung ein schlichter zweigeschossiger Fachwerkriegel zur Aufnahme von Fernsehstudios. Verblüffend ist, wie filigran das Äußere trotz seines erheblichen Volumens wirkt und wie leichtschultrig, ja regelrecht beschwingt diese Konkordanz aus konstruktivem High-Tech und zeitlich begrenztem „Alles-aus-einem-Bau-herausholen-Wollen" hier auftritt. Und vor allem wie stadtverträglich sie dies tut. Vermutlich dürfte hier demnächst eine im wahrsten Sinne des Wortes ephemere Architektur auf der Höhe ihrer Zeit entstehen.

Mit ihren diversen Projekten scheinen die Architekten von RKW das schier aussichtslos erscheinende Kunststück vollbracht zu haben, den als ausgesprochen gestaltfeindlich, durch und durch kommerziell und a priori stadtbildunverträglich verunglimpften Bautyp des Multiplex-Kinos voll zu rehabilitieren. Unter verschärften, weil immer unter der Knute maximaler Wirtschaftlichkeit stehenden, laborähnlichen Bedingungen gelang es ihnen, den Beweis zu erbringen, daß man mit Großkinos dieses Genres sehr wohl auf ländliche, periphere, suburbane und zentrale Lagen und historische Nachbarschaften qualitativ reagieren kann; daß kein Bauwerk bei gleichbleibender Funktionalität zwangsläufig dem anderen gleichen muß. Mit ureigensten Mitteln der Architektur haben sie dem Thema Multiplex so viel gestalterische Substanz abgetrotzt, daß Kinopaläste dieser neuen Generation vielleicht einmal zu den wesentlichen Trägern jener kommenden Architektur zählen werden, die Le Corbusier schon vor Jahrzehnten in „vers une architecture" für uns angemahnt hat.

Warner Brothers, CentrO. Oberhausen

Kosmos UFA-Palast

Berlin

In Zusammenarbeit mit Konrad Beckmann

In collaboration with Konrad Beckmann

Das Kino Kosmos, fertiggestellt 1962, ist Teil des zwei Kilometer langen Gesamtbaudenkmals Karl-Marx-Allee in Berlin-Friedrichshain. Ein integratives Konzept für die Bauerneuerung verbindet die Vorgaben des Denkmalschutzes mit den Anforderungen eines modernen Multiplexkinos. Die solitäre Erscheinung des Altbaues mit seinem ellipsoiden Zentrum und den teilverglasten Flachdachanbauten blieb vollständig erhalten. Das historische Ensemble wurde im Bestand saniert und mit moderner Technik ausgestattet. Die notwendigen Neubauten sind größtenteils in die Erde abgesenkt, die Dächer wurden begrünt. Nahtstelle zwischen Alt- und Neubauten ist ein hufeisenförmiger Erschließungsgang mit einer Überkopfverglasung. Authentische Materialwahl und ein differenziertes Lichtkonzept betonen die unterschiedlichen Charaktere, unterstützen durch den Kontrast die Verbindung zwischen Neu- und Altbau.

Completed in 1962, the Kosmos cinema is part of Berlin's two kilometre long overall preservation precinct the Karl-Marx-Allee in Berlin-Friedrichshain. An integrated building concept combines the goals of monument preservation with the requirements of a modern multi-complex cinema. Left intact are the solitary position and the configuration of the old building, with its ellipsoid centre and partly glazed flat-roof extensions. To preserve its historical ensemble, the substance was restored and fitted out with state of the art technology. The necessary new additions were recessed below grade and the roof was landscaped. Interface between old and new construction is a horseshoe-shaped corridor with overhead glazing. Authentic material selection and a contrasting light concept underline the correlation between old and new.

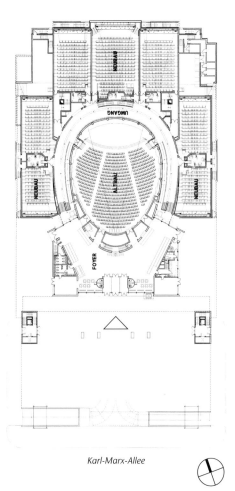

Karl-Marx-Allee

Neuer Erschließungsgang mit Dachverglasung in abendlicher Beleuchtung

New corridor with glazed roof, illuminated, at night

Grundriß Erdgeschoß (links)

Ground floor plan (left)

Schnitt durch das Kino über den Vorplatz bis zur Karl-Marx-Allee (unten)

Section through the cinema and the plaza to Karl-Marx-Allee (below)

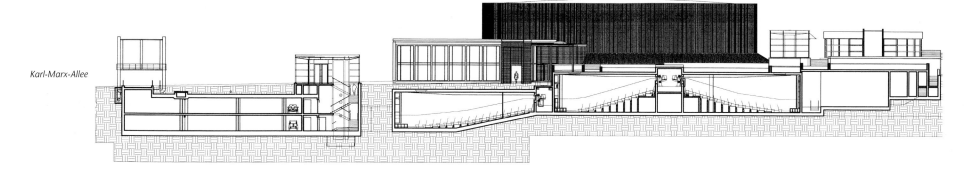

Karl-Marx-Allee

UCI Zoo Palast

Berlin

Bereits 1925 wurden im Vergnügungsviertel um den Zoologischen Garten der „UFA-Palast am Zoo" und ein Geschäftshaus mit dem Lichtspieltheater „Capitol" gebaut. Bis in die heutige Zeit erlebte die traditionelle Spielstätte eine Reihe von Umbauten. Die Neugestaltung 1994 folgte weitgehend der ursprünglichen Konzeption, knüpfte in den Innenbereichen – in erster Linie beim keilartig übereinander gestapelten Doppelkino und beim Haupteingang – an den Stil der 50er Jahre an. Alle in der jüngeren Vergangenheit hinzugekommenen Gestaltungselemente wurden entfernt, während Kinotechnik und Kinokomfort dem zeitgemäßen Standard angepaßt wurden. Unverändert erhalten blieb die denkmalgeschützte Fassade, das weltweit bekannte Wahrzeichen des Zoo Palastes und der Internationalen Filmfestspiele.

As early as the year 1925, "UFA-Palast am Zoo" and a commercial building with the cinema "Capitol" were built in the entertainment district around the Zoological Gardens. This traditional cinema building underwent a number of alterations through to the present day. The new 1994 design followed the original concept. The style of the fifties was observed, especially in the interior areas with the wedge-type stacked duplex-cinemas and the main entrance. All design elements added in the past were eliminated, whereas cinema technology and cinema comfort were updated to state of the art. The façade, under monument preservation as famous landmark of the Zoopalast, remains unchanged.

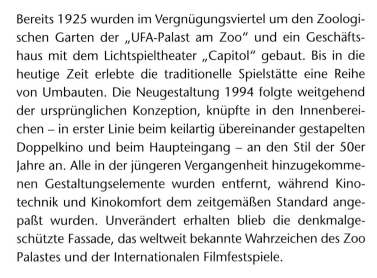

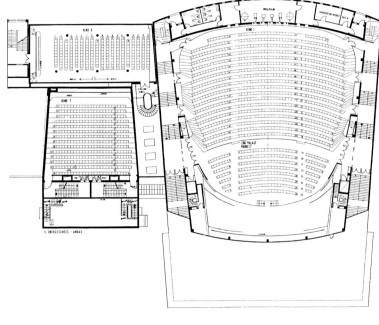

Grundriß 1. Obergeschoß (oben)
und Grundriß Erdgeschoß (unten)

*Floor plan, 1. floor (above) and
ground floor plan (below)*

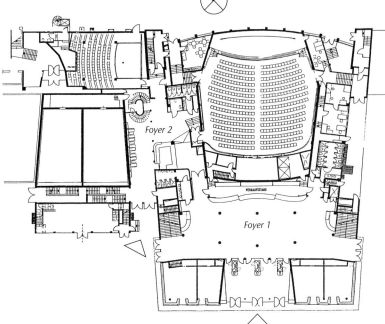

Ansicht von der Hardenbergstraße

View from Hardenbergstraße

Blick in den großen Kinosaal im 1. Obergeschoß, neu gestaltet im Stil der 50er Jahre
(linke Seite)

*View of the large cinema on the 1. floor, newly
designed in the style of the 50ies (left side)*

Kinosaal im Erdgeschoß hinter Foyer 1 (links),
Foyer 2 mit Bar und Sitzgruppen (unten)

*Cinema on ground floor behind foyer 1 (left),
foyer 2 with bar and seating groups (below)*

Foyer 1 (Hauptfoyer) mit Verkaufstheken

Foyer 1 (main foyer) with sales counters

Kinosäle in moderner Ausstattung
(oben Mitte und unten)

*Cinemas in modern style
(above, centre and below)*

Eckfassade mit Haupteingang an der
Promenade im CentrO. Oberhausen

*Corner facade with main entrance on
promenade in CentrO. Oberhausen*

Warner Brothers
Oberhausen/Mülheim a. d. Ruhr

Das Multiplexkino der Warner Brothers ist Bestandteil des Einkaufs- und Freizeitzentrums CentrO. in Oberhausen. Die Lage des Kinos zwischen „Oase" und „Promenade" – beide gastronomische Anziehungspunkte – sowie die direkte Nachbarschaft zum „Planet Hollywood", dem „In-Restaurant" der Filmstars Arnold Schwarzenegger und Bruce Willis, bietet ein attraktives Umfeld für den Kinobesuch. In der äußeren Gestaltung des Baukörpers finden sich typische Stilelemente des CentrO. Das Kino in Mülheim liegt innerhalb des City Forum Mülheim, einem innerstädtischen Einkaufszentrums. Da der Eingang des Kinos von der Glaspassage des Forums erfolgt, sind die räumlichen Übergänge zwischen Mall und Foyer fließend.

The Warner Brothers Multiplex cinema is a component of Oberhausen's shopping and leisure complex CentrO. The location between "Oase" and "Promenade" – both gastronomic attractions – and the direct proximity to "Planet Hollywood", in-restaurant of film star Arnold Schwarzenegger and Bruce Willis, offer an interesting ambience and highest customer comfort. The outer appearance of the cinema displays typical style elements of the CentrO. such as steel structures or exposed brick construction. The cinema in Mülheim is located within the City Forum Mülheim, a city shopping centre. Since the entry to cinema is via the Forum glass arcade, transitions between mall and foyer overlap.

Kinoeingänge im typischen Design der Warner Brothers Kinos

Cinema entrance with typical design of Warner Brothers cinemas

Eingangsbereich mit Verkaufstheke des Warner Brothers im Forum Mülheim a. d. Ruhr

Entrance area with sales counter of Warner Brothers in Forum Mülheim a. d. Ruhr

Gebäudehohe Glasfassade des Foyers an der
Büschstraße von außen (links)
und von innen (rechts)

*Building-high glass facade of foyer on
Büschstraße, from outside (left)
and from inside (right)*

UFA-Palast

Hamburg

Am Gänsemarkt im Zentrum von Hamburg, dem traditionellen Standort des alten „UFA", hat die UFA-Filmtheater GmbH eines ihrer größten und modernsten Kinozentren errichtet. Das Nutzungskonzept verschafft mittels neuer Grundrißdisposition dem Multiplexkino an der Büschstraße einen direkten Zugang zum Gänsemarkt. Hier im Altbau befindet sich als verbindendes Element die große Eingangshalle und im 1. Obergeschoß ein Schnellrestaurant. Im Neubau bieten zehn Säle heute 3.200 Sitzplätze. Das gebäudehoch verglaste Foyer an der Büschstraße lenkt die Aufmerksamkeit der Passanten auf die innere Welt, löst die Grenzen zwischen innen und außen scheinbar auf.

At "Gänsemarkt", in the heart of Hamburg on the traditional site of the old "UFA", UFA Filmtheater GmbH has built one of its biggest and most modern cinema centres. The utilization concept and new ground floor disposition provide direct access to the multiplex cinema on Büschstraße from Gänsemarkt. The old building's spacious foyer and a fast food restaurant on the 1. floor form the linking element. The new building contains 10 theatres seating 3.200 cinemagoers. The building-high glazed foyer on Büschstraße draws the attention of passers-by to the interior world within, thereby apparently eliminating restrictions between interior and exterior.

Kinosaal mit höchstem Sitzkomfort und modernster Filmtechnik

Cinema with highest seating comfort and most modern film technology

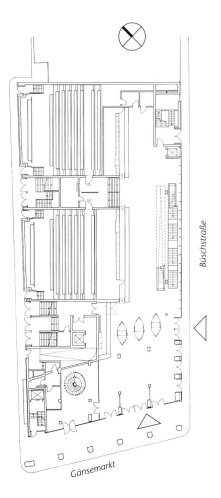

Grundriß Erdgeschoß

Ground floor plan

UFA-Palast
Stuttgart

Das UFA-Filmtheater auf dem ehemaligen Südmilch-Gelände nördlich des Hauptbahnhofes bildet den ersten Bauabschnitt im Stadtentwicklungskonzept „Media-Forum Stuttgart". Das Kino und ein unmittelbar anschließender Büroblock begrenzen die Nordseite des zukünftig zentralen Platzes. Parallel zu den Gleisen sind die Kinosäle in einem langgestreckten Riegel untergebracht. Weit in den Platz kragend, schottet er mit seinen geschlossenen Fassaden aus Aluminium und Naturstein den öffentlichen Raum vom Bahnverkehr ab. Zum Platz hin öffnet sich das Gebäude. Eine transparente Stahl-Glas-Fassade dreht sich aus dem Gebäudekomplex heraus. Hinter ihr liegt das fünfgeschossige Foyer, Vermittlung zwischen Stadtraum und Gebäudeinnern.

The UFA-cinema on the former Südmilch site north of the main railway station, is the first construction phase of the city development concept "Media Forum Stuttgart". The cinema and an adjoining office building delineate the north side of the future central square. An elongated structure accommodating the cinemas runs parallel to the rail tracks. Cantilevering well into the square, its closed facades of aluminum and natural stonework insulate the public square from rail traffic noise. The building opens towards the square. A transparent steel-glass façade emerges from the building complex, behind which is the five storey foyer connecting city space and building interior.

Riegel zwischen Bahntrasse und zentralem Platz des Media-Forums

Articulation of building mass between embankment and central plaza of the Media-Forum

Ausschnitt aus dem Bebauungsplan des zukünftigen „Media-Forums"

Section of the future Media-Forum Masterplan

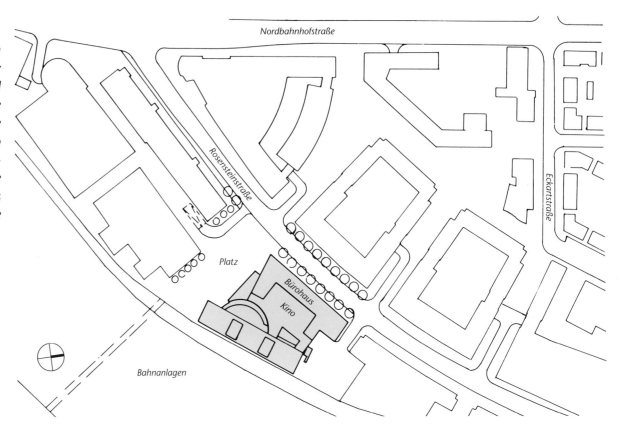

Markantes Merkmal des neuen UFA-Palastes ist der weit auskragende Kopfbau mit den Kinosälen; in der Mitte die transparente fünfgeschossige Fassade mit Haupteingang und Foyer

Striking feature of the new UFA-Palast is the wide cantilevering head structure with cinemas; in the centre the transparent five-storey facade with main entrance and foyer

Foyer mit Blick auf das Gelände des
Media-Forums

Foyer with view to the Media-Forum site

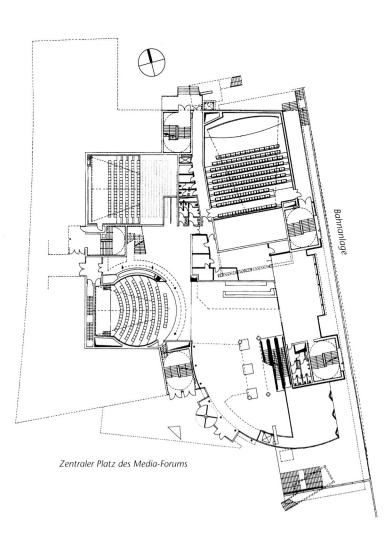

Zentraler Platz des Media-Forums

Blick nach oben in das fünfgeschossige Treppenhaus

Upward view into the five-storey staircase

Grundriß Erdgeschoß

Ground floor plan

Eingangsbereich mit Verkaufstheken

Entrance area with sales counters

Zweigeschossiger Kinosaal mit Galerie

Two-storey cinema with gallery

169

Differenzierte Blockstrukturen zwischen
Mailänder Straße (vorne) und Wolframstraße

*Varied block structures between Mailänder
Straße (in foreground) and Wolframstraße*

Galeria Ventuno

Stuttgart

Wettbewerb Erster Preis

Competition First Prize

Die Galeria Ventuno bildet den Auftakt des ambitionierten Cityerweiterungsprojekts „Stuttgart 21", das durch die Stilllegung der Gleisflächen im Bereich des Hauptbahnhofs ausgelöst wurde. Moderne Handelseinrichtungen, Gastronomie und diverse Unterhaltungsangebote des „Urban Entertainment Centers" verbinden sich auf 130.000 Quadratmetern Bruttogeschoßfläche zu einer abwechslungsreichen Einkaufs- und Erlebniswelt. Wohnen und Arbeiten in den oberen Geschossen ergänzen das Nutzungsspektrum. Die durch die Rahmenplanung vorgegebene massive Blockstruktur erhält durch eine im Bogen angelegte 280 Meter lange Passage ein dynamisches Moment. Fließende Sichtbezüge, Helligkeit und einfache Orientierung kennzeichnen die dreigeschossige, glasüberdachte Mall. Weiteres prägnantes Gestaltungselement ist eine Glaskuppel, Betonung der zentralen Aktionsfläche. Das formale Vokabular mit Anspielung auf italienische Kuppelbauten sowie die Wahl der Materialien, wie Terrakotta, vermitteln südländisches Flair.

The Galeria Ventuno marks the beginning of an ambitious urban extension scheme known as "Stuttgart 21", which was triggered off by the closure of a number of railway lines in the area of the main station. The Urban Entertainment Center, as it is known, will provide a wide range of amenities. Modern trading and gastronomic services are combined with leisure facilities to create an eventful world of shopping, recreation and entertainment extending over a gross floor area of 130.000 qm. The range of uses is complemented by dwellings and working spaces on the upper floors. Overall planning guidelines required a closed block development, which is given a dynamic content in the form of a 280-metre-long curved arcade. The three-storey, glass-covered mall is distinguished by its flowing visual links, its quality of brightness and the simple sense of orientation it allows. The glass dome, accentuating the central area of activity, represents a further striking design element. The formal vocabulary, with its allusions to Italian dome structures, and the choice of materials like terracotta convey a sense of southern flair.

Ansicht Mailänder Straße und Längsschnitt Wolframstraße

Elevation from Mailänder Strasse and longitudinal section through Wolframstraße tract

Blick auf Mailänder Platz

View to Mailänder Platz

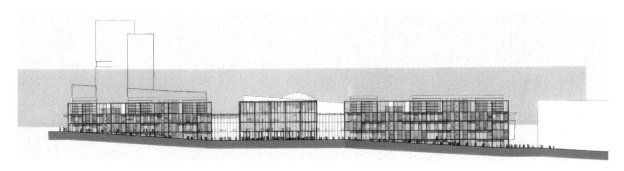

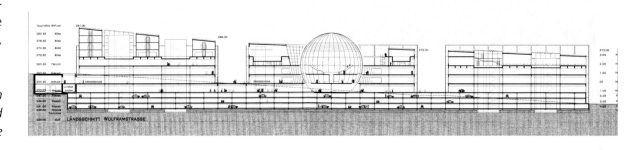

Modellaufsicht

View of model from above

Space Park
Bremen

In Zusammenarbeit mit Architectura, Vancouver

In collaboration with Architectura, Vancouver

Idee des Space Park ist es, das Abenteuer Weltraumforschung für ein breites Publikum erlebbar zu machen. Freizeitangebote, ausgerichtet an astronomischen Themen, und Einkaufsmöglichkeiten prägen den Erlebnispark auf dem ehemaligen Werftgelände der AG Weser. An die Hauptachse des Parks, den Star Walk, reihen sich zahlreiche Attraktionen wie Fun-Galaxy, Stargate Arena, Orbit Cinema und ein Freizeitbad. Mittelpunkt der Anlage und Ziel des Star Walks ist das Space Center mit seinen Weltraumsimulationswelten. Ein Luna Park auf den Freiflächen und eine Open-Air-Arena am Fluß runden das Konzept ab. Mit dem urbanen Entertainmentcenter soll im traditionellen Hafengebiet der Hansestadt eine langfristig wirksame Stadtentwicklung initiiert werden, mit dem Ziel einer wirtschaftlichen Stärkung der gesamten Region.

It is the idea of Space Park, to open the space research adventure to a wide public. Recreational offers, focusing on astronomic themes and shopping opportunities determine the adventure park on the former shipyard of Weser AG. A medley of attractions – Fun Galaxy, Stargate Arena, Orbit Cinema and a Water World are lined-up along the main park axis, the Star Walk. The heart of the facility and goal of the Star Walk, is the Space Centre with its space simulation worlds. A Luna Park on open spaces and an open-air arena on the river round-off the concept. The goal of this urban entertainment centre is to initiate a long-term active city development for the harbour area with the goal to provide an invigorating effect on the entire region.

Innenwelt des Space Centers

Interior of the Space Centre

Lageplan des Space Parks auf dem alten Werftgelände am Fluß

Site Plan of the Space Park on the former shipyard on the river

Nachtsimulation der Gesamtanlage

Night simulation of the overall facility

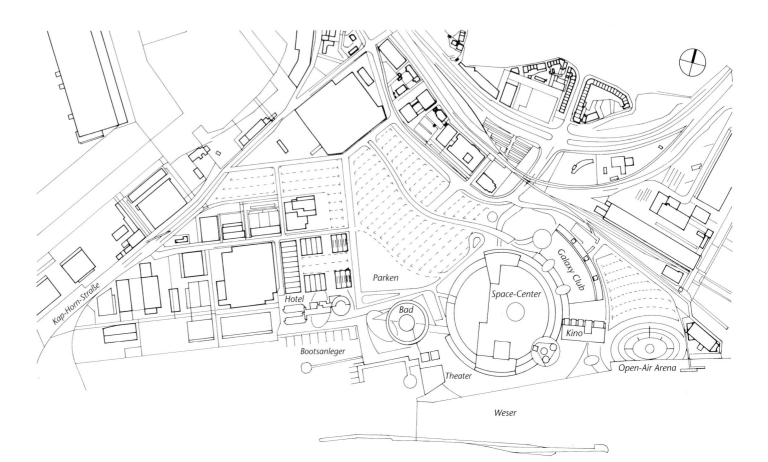

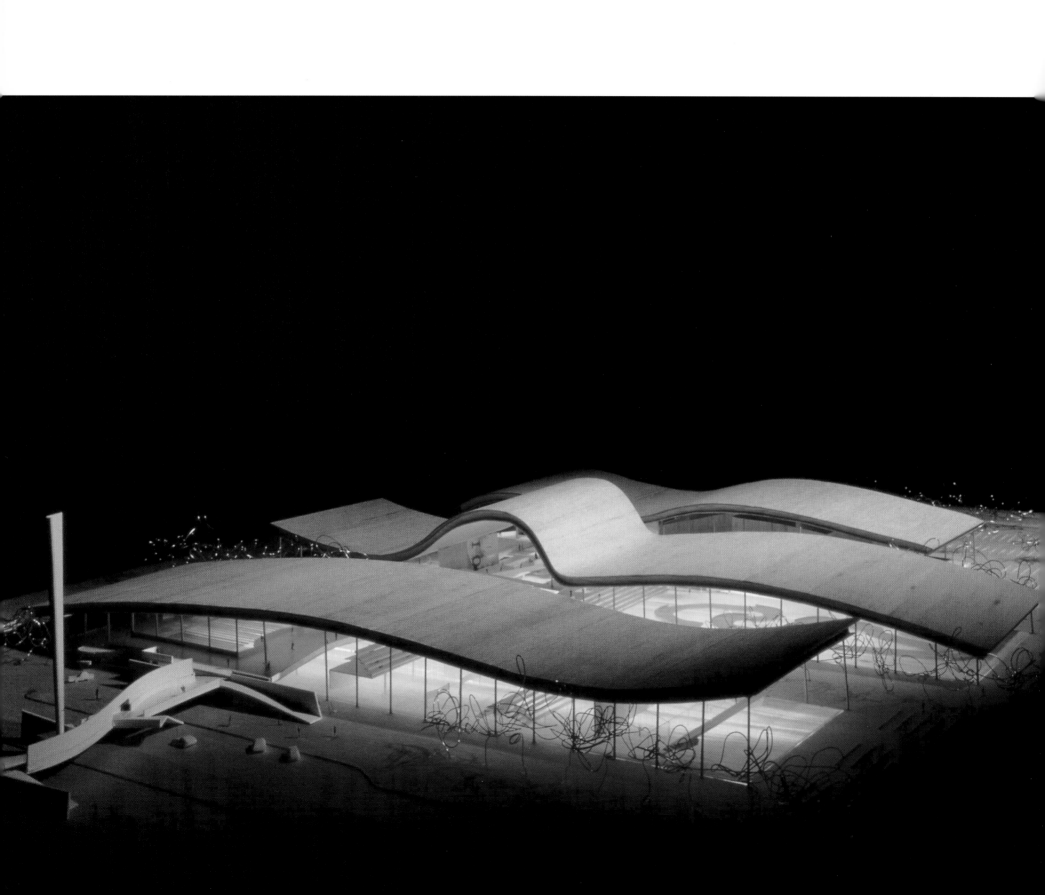

Entertainment-Center

Leipzig

In Zusammenarbeit mit Alfredo Arribas, Barcelona

In collaboration with Alfredo Arribas, Barcelona

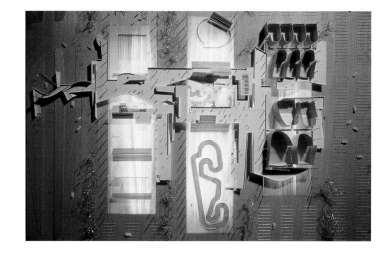

Das Entertainment-Center bietet aktive Freizeiterlebnisse besonderer Art. Unabhängig vom Standort Leipzig ermöglicht das Center „Entdeckungsreisen" in künstliche Innenwelten. Die Formfindung für die „Fun-Factory" orientiert sich an Funktionsabläufen, der Überlagerung von Erlebniswelten, der Installierung räumlicher und materieller Kontraste. Durch vielschichtige Vernetzungen zwischen außen und innen werden spannungsreiche Ereignisräume geschaffen. Ein Kreislaufsystem aus überdachten Straßen verbindet die einzelnen Hallen, über weite Galerien führt es zum Höhepunkt, dem Pleasure-Dome unter der zentralen Kuppel. Der Komplex bietet Sky-Bars, Looping Lifter und die Ice-House-Disco mit Dachgarten. Eingebettet in Gastronomie-, Informations- und Cyber-Space-Welten finden sich Kinos, Skaterbahnen und Sport- und Fitneßbereiche.

The Entertainment Centre offers unique recreational activities for the adventure-seeking. Independent of its actual location in Leipzig, the centre allows "adventure trips" to artificial internal worlds. The form of the "Fun Factory" is oriented to functional processes, superimposed adventure worlds, installation of spatial and material contrasts. Exciting adventure spaces are created as a result of multiple networks between outside and inside. A circulatory system of roofed roads connects the halls, wide galleries lead to the apex, the Pleasure Dome below the central atrium. The complex offers Sky Bars, Looping Lifter and the Ice-House Disco with roof garden. Interspersed between restaurants, information and cyber space worlds are cinemas, skating rinks and sport and fitness areas.

Blick auf das dachlose Modell; offene Galerien verbinden die unterschiedlichen Erlebnisbereiche, geben dem Komplex seine Struktur

View of the roofless model; open galleries connect various adventure areas, lend the complex its structure

Geschwungene Dächer der Erlebnishallen; in der Mitte die „Kuppel" des Pleasure-Dome (linke Seite und unten)

Curved roofs of adventure halls; with the "Dome" of the Pleasure Dome in the centre (left side and below)

Großzügige Rampen und Galerien prägen die Außen- und Innenbereiche

Generous ramps and galleries dominate exterior and interior areas

Golfclub Gut Lärchenhof
Pulheim

Zwischen den Großstädten Köln und Düsseldorf inmitten einer grünen Landschaft liegt das Gut Lärchenhof, einer der prominentesten Golf-Clubs Deutschlands. Durch umfangreiche Baumaßnahmen entstand hier ein modernes Clubhaus mit Restaurant, Kaminzimmer, Bibliothek sowie Massage- und Saunaeinrichtungen. Zusätzlich wurden zwei bestehende Scheunen zu Lager, Werkstätten und Personalräumen umgebaut. Um die Baukörper in ihr ländliches Umfeld zu integrieren, bedient sich die Architektur eines elegant-sachlichen Landhausstiles, geprägt durch Klinkerfassaden mit Gesimsen, Roll- und Grenadierschichten sowie sichtbaren Holzkonstruktionen innen und außen.

Gut Lärchenhof in Pulheim-Stommeln, one of the most prominent golf clubs in Germany, is located between the cities of Köln and Düsseldorf in verdant rolling countryside. In addition to the alteration of two existing barns for storage, workshops and staff rooms, a modern clubhouse with restaurant, sitting room with open fire, library and massage and sauna facilities was built in the course of major construction project. In order to integrate the structure into the rural environment, the architecture displays elegant/functional rustic style, dominated by brick facades with cornices, header and soldier courses and exposed wooden structures, inside and outside.

Terrasse des Restaurants am Abend

Restaurant terrace in the evening

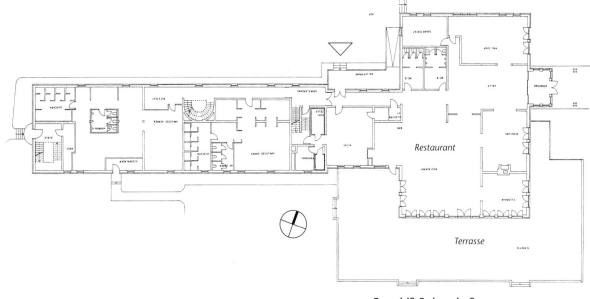

Restaurant

Terrasse

Grundriß Erdgeschoß

Ground floor plan

Innenansichten der Clubräume (oben) und des Restaurants (links)

Interior view of the club facilities (above) and the restaurant (left)

Dorint Kongreß-Hotel und Stadthalle

Neuss

Durch den Neubau eines Hotels der Dorint-Gruppe entstand im Neusser Stadtgarten nahe der Innenstadt ein multifunktionales Kongreß- und Kulturzentrum. Das Hotel wurde mit der bestehenden Stadthalle verbunden, so daß sich die beiden Einrichtungen in ihren Funktionen und Nutzungen ergänzen. Der bogenförmige, fünfgeschossige Baukörper des Hotels umfaßt die zweigeschossige Stadthalle auf der Parkseite. Zwischen beiden Gebäuden liegt das gläserne Forum, ein Veranstaltungsort für Tanz und Theater, Konzerte und Ausstellungen. Trotz des gemeinsamen Foyerbereiches gewährleisten separate Eingänge für Hotel und Stadthalle den gleichzeitigen Betrieb von Kulturveranstaltungen, Konferenzen und Restaurant.

The new construction of a hotel belonging to the Dorint group created a multi-functional congress and cultural centre in the Stadtgarten of Neuss. The hotel was connected to the existing Stadthalle, both facilities complementing each other in their functions and uses. The bow-shaped, five-storey hotel building encompasses the existing, two-storey Stadthalle on the park side. A glass forum for dancing and theatre, concerts and exhibitions is located between both buildings. Despite the joint foyer, separate entrances for hotel and Stadthalle guarantee simultaneous operation of cultural events, conferences and restaurant.

Neugestaltete Grünanlage neben der Stadthalle

Redesigned green area next to the Stadthalle

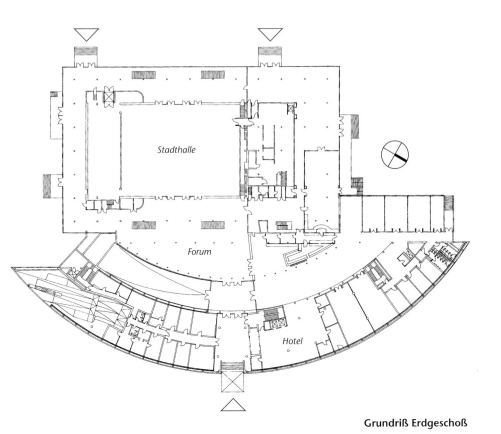

Stadthalle

Forum

Hotel

Grundriß Erdgeschoß

Ground floor plan

Blick in den Empfangsbereich zwischen Hotel und Stadthalle (rechts und unten)

View of the reception area between hotel and Stadthalle (right and below)

179

Art Kite Museum

Detmold

Wettbewerb Zweiter Preis

Competition Second Price

Detmold wird Standort für ein ungewöhnliches Kunstmuseum. Art Kites sind Flugdrachen, bei deren Schöpfung der traditionelle japanische Drachenbau und international bedeutende Künstler zusammenwirken. RKW erzielte mit seinem Entwurf für die kongeniale Präsentation der weltweit erfolgreichen Ausstellung zeitgenössischer Kunst den zweiten Preis. Die Aufgabe bestand darin, einen ehemaligen Flugzeughangar mit seinem weiten Flugfeld als Museum für Drachen umzunutzen. Die vorgeschlagene Halle nimmt die gesamte Breite des langgezogenen Rechteckgrundstücks ein. Ihrer Funktion entsprechend gibt es zwei unterschiedliche Gebäudefronten. Die zur Stadt gewandte, urbane Seite empfängt den Besucher mit einer ruhig gegliederten Fassade. Das schwebende Vordach assoziiert bereits die Konstruktion der Drachen, die im Inneren vor gestalterisch reduziertem Hintergrund zur Geltung kommen. Ruhe, Leichtigkeit, Flexibilität im Zusammenspiel mit optimaler Museumstechnik waren die Maxime einer ganzheitlichen Planung in der authentischen Atmosphäre des ehemaligen Hangars. Die hintere Gebäudefront fächert sich zum offenen Flugfeld auf. Die aus der Gebäudeachse gedrehten Wandscheiben gewähren überraschende Ausblicke und vereinen das Museum mit der Weite der Landschaft.

Detmold will be the location for an unusual museum, built to house an exhibition of art kites. These are the work of internationally famous artists combined with traditional Japanese kite construction. RKW won second prize with their design for the appropriate presentation of an internationally acclaimed exhibition of modern art. The brief required the conversion of a former aircraft hangar, with a broad apron area, into a museum for kites. The hall proposed for the development occupies the full width of the elongated rectangular site. In accordance with its function, the building has two different fronts. The urban aspect, facing the town, welcomes visitors with a calmly articulated facade. The canopy, which seems to float in the air, may be seen as an allusion to the construction of the kites themselves, which are displayed to advantage against the restrained background of the interior. Calm, lightness and flexibility, in conjunction with optimized museum technology, were the guiding principles for the holistic planning, which had as its setting the authentic atmosphere of a former hangar. The rear face of the building opens out to the airfield. The facades, set at an angle to the rest of the structure, afford surprising views out and help to unite the museum with the expanse of the landscape.

Innenraumgestaltung

Interior design

Grundriß EG

Ground floor plan

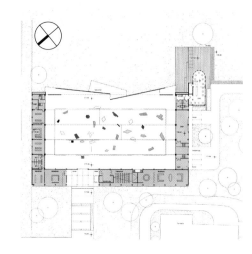

Lageplan

Site plan

Eingangsfront; Ansicht von Norden

Entrance front; north elevation

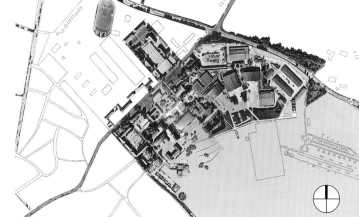

Bürobauten
Office Buildings

Sokratische Gymnasien mit Rentabilität
Zur neueren Entwicklung der Bürohausarchitektur

Socratic Gymnasia with Profitability
Recent Developments in Office Architecture

Michael Mönninger

Ursprünge des Kontors

In seiner Enzyklopädie „A History of Building Types" behandelt der Architekturhistoriker Nikolaus Pevsner die Entstehung von Bürogebäuden und Warenhäusern als verwandte Bauaufgaben.[1] In ihrer Urform seien die Kontore mit den Lager- und Verkaufsstätten der Waren noch identisch gewesen, schreibt Pevsner, weil die Verwaltung der Verkaufsvorgänge und die Vorratshaltung der Güter nicht zu trennen waren. Das Verkaufsgespräch mußte damals noch in Reichweite der angebotenen Waren stattfinden, die vom Kunden begutachtet, gewogen und bewertet wurden. Als eines der ersten Dokumente des modernen Kombi-Bautypus aus Lager- und Bürohaus nennt Pevsner die Speicherbauten des „St. Katharine Dock" von Philip Hardwick im Londoner Hafen von 1827.

Doch die von Nicolaus Pevsner beschriebene Einheit von Büro- und Lagergebäuden betrifft eher den Sonderfall von Großhandelsfirmen, die verkehrsgünstig direkt an Transportwegen lagen. Ein soziologischer Blick auf die Entstehung des modernen Verwaltungs- und Bürowesens zeigt denn auch, wie sich die verschiedenen Funktionen schon früh ausdifferenzierten. Seitdem die mittelalterlichen Stadtstaaten begannen, Steuern für Befestigungsarbeiten zu erheben, kann man von einer öffentlichen Finanzverwaltung im heutigen Sinn sprechen. Auch der private Kaufmannsberuf stand vor der neuen Aufgabe, Zahlungen zu überwachen, da Geldverkehr und Ratenzahlungen die raum-zeitliche Geschlossenheit des Warentausches sprengten. Zudem klafften Handel und Transport immer weiter auseinander. In den Verwaltungsbauten mußten deshalb die zunehmend geschiedenen Vorgänge von Herstellung, Handel und Verkauf durch Buchhaltung und Büroorganisation wieder reintegriert werden. Zeitlich und räumlich weit auseinanderliegende Vorgänge waren in eine physisch faßbare Ordnung zu übersetzen.

Die Überwachung im Großraum

In seiner Kulturgeschichte „Menschen in Büroarbeitsräumen" hat der Architekturhistoriker Hans-Joachim Fritz die Entwicklung vom mittelalterlichen Comptoir bis zum modernen Computer-Arbeitsplatz in ihrer wachsenden räumlich-sozialen Verflechtung nachgezeichnet.[2] Neben der Kontrolle der

The origins of the office

In his encyclopedia "A History of Building Types", the architectural historian Nikolaus Pevsner describes the origins of office buildings and department stores as related constructional types.[1] In their earliest form, offices were identical with storehouses where commodities were sold, Pevsner writes, since the administration of marketing activities and the storage of the goods were inseparable. In those days, sales discussions had to be conducted close to the place where the goods were on offer, so that customers could examine, weigh and appraise them. As one of the first examples of a modern combined store and office building, Pevsner cites the warehouses of St Katherine's Dock, built in 1827 by Philip Hardwick in the Port of London.

The identity of office and warehouse buildings described by Pevsner, however, is a special case designed to meet the requirements of wholesale traders whose premises were located conveniently on transport routes. A sociological view of the development of modern administration and office activities shows how the various functions were separated at an early stage. Once the medieval city states began to levy taxes for the erection of defensive fortifications, one can identify a public financial administration in the modern sense of the term. Even the private merchant was faced with the new task of supervising payments, since monetary transactions and payment by instalments broke down the old space-time unity of the exchange of goods. Furthermore, the gap between trade and transport became wider and wider. In administration buildings, the processes of production, trade and sales, which were becoming increasingly independent, had to be reintegrated through bookkeeping and office organization. Activities that were widely separated in time or space had to be translated into a physically manageable order.

Supervision in open-plan offices

In his history of civilization "Menschen in Büroarbeitsräumen", the architectural historian Hans-Joachim Fritz has described the development from the medieval comptoir to the modern computer workplace and the increasing socio-spatial relationships resulting from this.[2] Central to the history of modern office design – in addition to controlling business processes – is the monitoring of discipline among the employees. Fritz speaks of

Geschäftsvorgänge steht vor allem die Disziplinierung der Angestellten im Mittelpunkt der modernen Bürogeschichte. Fritz spricht vom „Herrschaftsaspekt architekturräumlicher Gestaltungsmacht" und sieht gerade im Großraumbüro des 20. Jahrhunderts das Maximum an Überwachung und Fremdbestimmung der arbeitenden Menschen.

Würde man der Anschaulichkeit halber verschiedene historische Bürogrundrisse von höfischen Kanzleien über Handelskontore bis zum privatwirtschaftlichen Großraumbüro im Zeichentrick-Zeitraffer nacheinander abspulen, so würde die Metamorphose der kleinen Einheiten zum Arbeitssaal ungefähr dem medizinisch beobachteten Wachstum von Krebsgeschwülsten gleichen: Die Membranen der Arbeitszellen werden zunehmend infiltriert und in einen dysfunktional großen Kern ohne differenzierte Struktur und ohne eindeutige Bewegungsrichtungen aufgesogen. Der Zweck solcher raumstrukturelle Wucherungen war allerdings nicht allein die größere Überschaubarkeit der Prozesse und die bessere horizontale Kooperation, sondern die wirksamere Kontrolle der Angestellten.

In der Architektur waren es immerhin Koryphäen wie Frank Lloyd Wright und Ludwig Mies van der Rohe, die erstmals Verwaltungsgebäude mit Großraumbüros unter Oberlichtern ohne Sichtkontakt zur Umgebung entworfen hatten, wodurch die subtile, quälende Gewalt räumlich-sozialer Verflechtungszwänge in den Rang von Baukunst erhoben wurde.[3]

Die Ende des 19. Jahrhunderts entwickelte „wissenschaftliche Betriebsführung" von F. W. Taylor zielte darauf, die Handgriffe und Bewegungsräume der Arbeiter und Angestellten zu reduzieren und zu rationalisieren, um die Verrichtungen einfacher, gleichförmiger und damit besser bewertbar und gerechter entlohnbar zu machen. Im Großraumbüro dagegen war Taylors Methode von dem Zeitpunkt an kaum mehr sinnvoll anzuwenden, als die Produktion und der Transport von Daten durch zentrale EDV-Anlagen völlig enträumlicht wurde. Die bis in die siebziger Jahre unseres Jahrhunderts hinein vorherrschende Vorliebe von Unternehmen für die großräumig organisierte Büroarbeit hatte rein disziplinatorische Funktion.

Nachdem die Angestellten technisch enteignet wurden durch die zentralisierte Verfügungsgewalt über Arbeitsmittel,

the "power factor" in the design of architectural space and sees in the open-plan office of the 20th century a means of ensuring a maximum degree of supervision and outside control of the staff.

If one were to review the various office layouts in history in a chronological sequence – from the court chancelleries via the trading comptoirs to the open-plan offices of private enterprise –using a quick-motion film technique, the metamorphosis of the small working unit to the working hall would correspond roughly to the growth of cancer cells in the realm of medicine. The membranes dividing the working cells become increasingly infiltrated and absorbed into a dysfunctionally large core that is without any defined structure and without any clear direction of movement. The purpose of spatial-structural growth of this kind was not alone to facilitate a better supervision of the working processes or better horizontal co-operation; it was to ensure a more effective control of the employees.

In architecture, outstanding figures like Frank Lloyd Wright and Ludwig Mies van der Rohe were among the first to design administration buildings with open-plan offices beneath roof lights and without visual contact with the outside world. As a result, the subtle, agonizing force of interrelated socio-spatial constraints was elevated to the level of building art.[3]

The aim of the theory of "scientific management" developed by F. W. Taylor at the end of the 19th century was to reduce and rationalize manual operations and the space needed by workers and employees. This was seen as a means of simplifying the execution of the work and making it more uniform, so that it would be easier to assess and to reward in a just manner. In the open-plan office, however, it became virtually impossible to apply Taylor's method in any sensible form, once the production and transfer of data were completely removed from any spatial location through centralized computer installations. Down to the 1970s, the preference of many concerns for work in large-scale, open-plan offices had a purely disciplinary purpose.

Having been technically dispossessed by the centralization of decision-making powers in respect of working plant, materials, spatial design and mechanical services (air-conditioning, lighting, etc.), employees now lost their personal autonomy, too. Their workplaces in a homogenized open-plan office were exposed to the view of all. The sense of openness, from which employees profited in a purely visual manner, and the enormous

Raumgestaltung und Haustechnik (Klimatisierung, Beleuchtung), verloren sie auch ihre persönliche Autonomie. Ihr Arbeitsplatz im homogenisierten Großraumbüro war entblößt vor allen Blicken. Die für den Angestellten nur noch optisch verfügbare Weite, der enorme Raumüberschuß im großen Büro suggerierte eine Transparenz und Gemeinschaftlichkeit, die durch die vertikale Abhängigkeit der Einzelarbeiter vom Großrechner längst zerstört war. Büros waren auch Orte nackter Machtrepräsentation, in denen die Größe des Schreibtisches oder die Anzahl der Fensterachsen der genauen Statuszuschreibung dienten. Und die einzige Privatsphäre bestand für die Angestellten im Gang zur Toilette als letztem unkontrollierten Rückzugsort.

„Long distance management" und der Abschied vom Großraum

Einer der ersten europäischen Architekten, die Alternativen zum Großraumbüro entwarfen, war der Holländer Herman Hertzberger mit seinem Gebäude Centraal Beheer in Apeldoorn 1968-74. Hier wurde der homogone Großcontainer der Moderne außen in 56 Kuben aufgebrochen und innen in Arbeitsinseln und Binnenstraßen mit Cafés gegliedert. Der Bau gilt als Paradebeispiel demokratischen Bauens, weil er die zentralisierte Bürokratie in eine große Anzahl kleinerer Arbeitsbereiche unterteilt und trotz seiner additiven, gerasterten Großstruktur individuelle Gestaltungsmöglichkeiten in separierten Schreibtisch-Kojen ermöglichte.

Seit den achtziger Jahren ist mit nahezu der vollständigen Transformation der Produktions- zur Dienstleistungsgesellschaft und den neuen Informations- und Kommunikationstechniken eine Vielzahl neuer Büroformen mit phantasievollen Namen entstanden: Just-in-time-Büro, Mediaspace-Büro, Virtual Office, Flexplace Office, Nicht-territoriales Büro, Quality Office, fraktales Büro, Home Office, Telebüro, Kombi-Büro, Mobiles Büro, Desk Sharing etc. Ihnen allen gemeinsam ist, daß sie ebenso das herkömmliche Gefüge der räumlichen Zwangsvergesellschaftung wie die Abhängigkeit der Arbeitsstellen von bestimmten Standorten auflösen.

Die Zersplitterung und Dezentralisierung von Firmen, Außenstellen und Absatzmärkten in aller Welt wird jedoch nur durch eine noch größere Reintegration der Verwaltungsdienstleistungen kontrollierbar. Je ausgeprägter die räumliche Zerstreuung, desto stärker der Zwang zur Konzentration der Organisationseinheiten. Denn die immer komplexer werdenden Prozesse können mittlerweile nur noch von Büro- und Verwaltungsdienstleistern überwacht werden, die die spezifische Fähigkeit zum „long distance management", also zur Fernbedienung der Wirtschaft, herausbilden. Neben den Firmenzentralen und Finanzdienstleistern gibt es längst eine neue Industrie von Consulting-, Kontroll- und Informationsfirmen. Zu diesen sogenannten „producer services" zählen – neben Werbeagenturen, Anwaltskanzleien, Softwarefirmen oder Hotelketten – vor allem Transport- und Logistikunternehmen als nichtproduzierende Betriebe, die Dienstleistungen für Dienstleister anbieten und deren Wertschöpfung all-

Horten Hauptverwaltung (headquarters), Düsseldorf

excess of space in large offices suggested transparency and a feeling of community that had, in fact, long been destroyed by the vertical dependence of the individual worker on the computer. Offices were also places of open demonstrations of power, where the size of a desk or the number of window bays a person might claim as his own served as a precise indication of status. The sole vestige of a private realm for employees was the corridor to the toilets – the last uncontrolled retreat.

"Long-distance management" and the demise of the open-plan

One of the first European architects to design an alternative to the open-plan office was Herman Hertzberger in the Netherlands with his Centraal Beheer building in Apeldoorn (1968-74). The large-scale homogeneous modern architectural container was broken down externally into 56 cubes and articulated internally into a system of working islands and internal streets with cafés. The building is regarded as an outstanding example of democratic construction, since it divides the centralized bureaucracy into a large number of smaller working areas; and despite its additive, large-scale grid structure, it allows scope for individual arrangements within discrete cells, with desks, etc.

Since the 1980s, with the almost complete transformation of a production-oriented economy into a service society and with the new informational and communications technology that is available, a wide range of new office forms with fancy names have been developed. There is the "just-in-time" office, the media-space office, the virtual office, flexplace, non-territorial, quality and fractal offices, the home office, tele-, combination and mobile offices, desk-sharing, etc. What they all have in common is that the conventional pattern of compulsory spatial communities and the dependence of the workplaces on certain locations have been abolished. The fragmentation and decentralization of companies, branch offices and outlets throughout the world can be controlled only through an even greater integration of administrative services. The more pronounced the spatial dispersal, the stronger will be the pressure for the concentration of the various units of a company; for the ever more complex working processes involved can now be monitored only by means of office and administration services that develop a specific skill for "long-distance management" – i.e. remote control of the economy. Alongside the company headquarters and financial service corporations, a new industry has emerged, consisting of consulting, control and information companies. These so-called "producer services" include – as well as advertising agencies, lawyers' practices, software firms and hotel chains – transport and logistics firms, which function as non-producing undertakings that provide services for service companies. Their net product is now coming to exceed that of industrial production.

Precisely because of the spatial dispersal and the high degree of abstraction of many transactions, decision-making centres are dependent more than ever on direct communication, on face-to-face contact and the social ambient of professional groups with

mählich die der Industrieproduktion übersteigt.

Gerade wegen der räumlichen Zerstreuung und des hohen Abstraktionsgrades der Transaktionen bleiben die Entscheidungszentralen mehr als je zuvor auf direkte Kommunikation, auf Face-to-face-Kontakte und soziale Berufsgruppen-Milieus mit ähnlichen Qualifikationen angewiesen. Auch wenn das von der neueren Arbeits- und Industriesoziologie bereits heraufbeschworene „Ende der Arbeitsteilung"[4] noch auf sich warten läßt, zeigt die Büroorganisation eine Tendenz zu ganzheitlicheren Tätigkeitsfeldern. Entscheidend ist hier die arbeitsorganisatorische Herausbildung von flachen Hierarchien mit teamorientierter Arbeit anstelle vertikaler Zentralisierung und gefügeartige spezialisierten Tätigkeiten, was erst durch die Ausrüstung jedes Arbeitsplatzes mit autonomen PCs in Netzwerken möglich geworden ist.

Die Firma als Internat

So machen sich in der heutigen Arbeitsorganisation und Firmenkultur neue Gebäudetypen bemerkbar, die mehr wie großzügige Internate für die ganze Betriebsfamilie denn wie herkömmliche Bauten für Lohnangestellte wirken. Mit ihren Anleihen bei der Wohn- und Hotelarchitektur – Marken- oder Unikat-Möbel, optische Leitsysteme und umfassendes Coporate Identity-Design – signalisieren die Firmen deutlich den Wertewandel im Wirtschaftsleben: Die Unternehmen verstehen sich, so könnte man sagen, oft gerne als eine Art von sokratischem Gymnasium plus Rentabilität, was sich im Bürobau der achtziger Jahre vor allem im Hang zur großzügigen Passagen- und Hallen-Architektur mit Erholungswert ausprägte. Diese Architekturen zeigen, daß nicht mehr alle Macht vom Büro, sondern vom Markt ausgeht. Und dazu zählt nicht nur der Güter- und Service, sondern genauso der Immobilien- wie auch der Arbeitsmarkt.

Ein charakteristisches Beispiel für diese typologische Veränderung bildet die Stadtsparkasse Wuppertal von Architekten RKW. Riegel und Sichel, die beiden markanten Bauteile, werden inhaltlich und formal durch die gebäudehohe Halle zusammengefaßt. Die innenliegenden Fassaden adaptieren den vielgestaltigen Charakter des öffentlichen Straßenraumes.

Eines der gelungensten Beispiele der Büroarchitektur ist der Großverlag Gruner + Jahr von Steidle & Kiessler in Hamburg (1984-91): eine breit gelagerte Bürolandschaft mit Atriumhöfen und Balkonen, die jeder Bürozelle einen Platz an der Sonne und den geräumigen Fluren die Atmosphäre eines Vergnügungsdampfers gibt.[5] Das Haus war nicht nur eine Absage an die Arbeitssäle und Bürolandschaften der Nachkriegszeit, sondern auch an die nachfolgende Generation der spätabsolutistischen Firmenpaläste mit ihren Marmorsälen und Spiegelfassaden. Anstelle eines auftrumpfenden Solitärs entwarfen Steidle & Kiessler eine innerstädtische Siedlung im Hamburger Hafen, einen Mikrokosmos mit Flurstraßen, Höfen und Gärten, eine autarke Kolonie, die nicht von ungefähr den Rastergrundriß antiker Kolonialsiedlungen aufweist. Ein anderes avanciertes Bürobeispiel eröffnete die Computer-

comparable qualifications. Even if the "end of the division of labour"[4] – predicted in recent theories from the realm of working and industrial sociology – is not likely to occur in the immediate future, office organization does reveal a trend towards integrated spheres of activity. What is decisive in this respect is the development of horizontal organizational hierarchies with team-oriented work in place of vertical centralization and stratified, specialized activities. This has become possible, however, only since all workplaces have been equipped with autonomous PCs linked in networks.

The company as a boarding school

As a result of this, new types of building are emerging that reflect present-day work organization and company culture. These buildings resemble spacious boarding schools for the entire company family rather than traditional buildings for salaried employees. Borrowing features from residential and hotel architecture – with both standard and individual furnishings, visual communications systems and a comprehensive corporate-identity design – these companies are clearly signalling the change of values in the world of economics. The companies often see themselves, one might say, as a kind of Socratic gymnasium with the added dimension of profitability. This trend was evident in the office developments of the 1980s and manifested itself especially in the creation of generous arcades and hall structures that enhanced the leisure value of the buildings. These forms of architecture demonstrate that not all power proceeds from the office itself, but from the market; and one should include in this not only goods and services, but also real estate and the labour market.

The Stadtsparkasse (municipal savings bank) in Wuppertal by the architects RKW is a good example of this typological change. The linear and crescent-shaped tracts – the two most striking elements of the development – are linked formally and in terms of their content by a hall that extends over the entire height of the building. The internal facades represent an adaptation of the diverse nature of the public street space.

One of the most successful examples of office architecture in Germany was created by the Munich architects Otto Steidle and Uwe Kiessler for the publishing group Gruner + Jahr in Hamburg (1984-91). It comprises a broad office landscape with atriums and balconies that allow every office to receive direct sunlight and that lend the spacious corridors the atmosphere of a pleasure steamer.[5] The building represents a rejection not merely of the working halls and office landscapes of the post-war era, but of the succeeding generation of late-absolutist company palaces with their marble halls and mirror-glass facades. Instead of designing a trumped up monolith, Steidle and Kiessler created a city centre ensemble in the harbour district of Hamburg, an urban microcosm with lanes, courtyards and gardens in the form of a self-sufficient colony. It is no coincidence that the grid-like layout of this development bears a certain resemblance to that of the colonial settlements of antiquity. Another progressive office development was opened by the IBM computer company in 1993, with its British headquarters in Bedfont Lakes, west of

Stadtsparkasse *(municipal savings bank),* Wuppertal

firma IBM 1993 mit ihrem britischen Headquarter in Bedfont Lakes westlich von Heathrow bei London.[6] Der Entwurf des Architekten Michael Hopins sieht nur noch Arbeitsplätze für 75 Prozent der Mitarbeiter vor. Die Angestellten sollen mehr Zeit im Außendienst beim Kunden als im Büro verbringen. Die Philosophie der Raumorganisation hört auf das Kürzel „SMART": Space Management and Requiered Technology, eine bedarfsorientierte Raum- und Technik-Vergabe. Die neutralen, transparenten Büros sind zu einer zentralen Halle hin geöffnet und funktionieren nach dem Prinzip der freien Arbeitsplatzwahl. Statt eines persönlichen Schreibtisches wählen die Mitarbeiter einen freien Platz, schließen dort ihren Laptop an und kommunizieren miteinander per Datenübertragung. Sie können unter vier Raumtypen wählen: „Prime Workstations" als ganztägige Arbeitsräume; „Touch-Downs" für den kurzzeitigen Laptop-Anschluß, abgeschlossene „Work-Rooms" für vertrauliche Arbeiten und Personalführung; und schließlich Ruheräume für jeweils zwei Personen oder Konferenzräume. Für persönliche Dokumente gibt es Schließschränke, die getrennt von den einzelnen Arbeitsplätzen aufgestellt sind. Weil herkömmliche Bürohäuser zu weniger als einem Drittel der Zeit ausgelastet sind und enorme Summen für Unterhaltung kosten sowie Kapital binden, hat IBM hier mit dem SMART-System eine neuartige tayloristische Umorganisation begonnen, die zuallererst bei der Raumnutzung ansetzt.

Das DB Cargo KundenServiceZentrum in Duisburg

Eine Mischform dieser neuen Bürotypen ist mit dem neuen Logistikzentrum der Düsseldorfer Architekten RKW entstanden. Der Entwurf, der für die DB Cargo realisiert wird, eine für den Güterverkehr zuständige Tochter der Deutschen Bahn AG, wurde bei dem vorausgegangenen Wettbewerb mit dem 1. Preis ausgezeichnet. Dieses Servicezentrum soll die Kundenbetreuung in Deutschland und Westeuropa an einem Ort bündeln. Auf dem Gelände eines ehemaligen Ausbesserungswerks für Güterwaggons im Duisburger Stadtteil Wedau hat das Architekturbüro RKW auf einem 60.000 Quadratmeter großen Waldgrundstück eine Zentrale für 1.300 Mitarbeiter errichtet. Inmitten eines Naherholungsgebietes mit Seen entstand eine linear organisierte Büroschlange mit zentraler Erschließungsstraße und seitlichen Auslegern für die Arbeitsräume. Die Großform läßt an ein Rückgrat mit Wirbeln oder an ein Blattversorgungssystem denken. Jeder Ausleger nimmt 32 Arbeitsplätze pro Etage auf; eine Erweiterung der Anlage durch das Anhängen weiterer Seitenschiffe ist durch die additive Planungslogik jederzeit möglich.

Die transparente Stahl-Glas-Konstruktion der dreigeschossigen Seitentrakte zu beiden Seiten der Hauptachse, die den hochwertigen Naturraum ins Gebäude hereinholen, sind um gebäudehoch geöffnete Atrien mit sogenannten „Licht- und Luftbrunnen" gruppiert. Luftspoiler auf dem Dach ebenso wie Lichtumlenkungselemente vor den Fenstern, die sich individuell öffnen lassen, dienen ebenso der Energieeinsparung wie der natürlichen Klimatisierung und damit dem

Heathrow, outside London.[6] The design, by the architect Sir Michael Hopkins, provides workplaces for only 75 per cent of the staff. Employees are expected to spend more time visiting clients than in the office. The philosophy underlying the spatial organization revolves around the acronym SMART (space management and required technology), a spatial and technological programme related to actual needs. The neutral, transparent offices open on to a central hall and offer employees a free choice of workplaces. Instead of having their own personal desks, assistants simply choose a free place, plug in their laptops and communicate with each other electronically. They have a choice of four spatial types: prime workstations, which function as all-day working spaces; touchdowns for short laptop use; closed workrooms for confidential work and staff management; and finally, quiet rooms for two people or conference purposes. Lockable cupboards are provided for personal documents. These units are located separately from the individual workplaces. Conventional office buildings are used to full capacity for only a third of the time and require enormous sums of money for maintenance, as well as tying up large amounts of capital. By exploiting the SMART system, the IBM company has activated a Taylor-like process of reorganization that takes the use of space as its starting point.

The DB Cargo customer service centre in Duisburg

A hybrid form of these new office types has been created for the logistics centre of the DB Cargo concern – a subsidiary of the German railways organization Deutsche Bahn AG – which is responsible for goods traffic. This centre was designed to unite customer services for Germany and western Europe in a single location. On a 60,000 m² wooded site in Wedau, a district of Duisburg, where a repair shop for railway goods wagons formerly stood, the architects Rhode, Kellermann, Wawrowsky and Partners have erected a new headquarters building to accommodate 1,300 employees. Situated close to the city in the midst of a lakeland recreational area, an office strip has been erected, consisting of a linear, curved tract with a central access route and a series of office limbs extending from one side. The large-scale form is reminiscent of a spine with vertebrae or of the vein system of a leaf. Each leg accommodates 32 workplaces on each floor. The additive planning logic of the scheme means that it can be extended at any time by docking further limbs along the side.

The transparent steel and glass construction of the three-storey side tracts extending from the main spine draw the precious natural environment into the building. The offices are grouped around open light and air wells that extend over the full height of the structure. Spoilers on the roof and light-deflecting elements in front of the windows – which can be individually opened – serve to save energy and to facilitate a natural control of the indoor climate, thus ensuring the wellbeing of the staff. Clear ceiling heights of 3.21 m on the standard floors and 5.50 m on the upper floors are unusually generous even for higher-quality office buildings. The rooms are divided by transparent partitions between fixed wall panels on every fourth axis of the

DB Cargo KundenServiceZentrum (CustomerServiceCenter), Duisburg

Wohlbefinden der Mitarbeiter. Die lichte Deckenhöhe von 3,21 Meter in den Normalgeschossen und 5,5 Metern in den oberen Etagen ist selbst für anspruchsvolle Bürobauten ungewöhnlich großzügig. Für die innere Raumaufteilung sorgen transparente Trennwände, die von fest installierten Wandschirmen an jeder vierten Fassadenachse eingefaßt werden. Die wandorientierte Anordnung der Arbeitsplätze frontal auf die Schirme ermöglicht eine hohe Konzentration bei gleichzeitig offener Raumstruktur. Die Etagen lassen sich wahlweise in offene Bürolandschaften, Einzel- oder Gruppenbüros aufteilen.

Das Kundenservicezentrum der DB Cargo funktioniert als sogenanntes „nicht-territoriales Büro" ohne feste Arbeitsplätze und ohne Hierarchie für den 24-Stunden-Betrieb. Die Schreibtische werden nach Bedarf und Tageszeit belegt. Die persönlichen Utensilien der Angestellten sind in Rollcontainern untergebracht, weshalb hier auch von einem „Nomadenbüro" gesprochen wird. Besonders das schwankende Arbeitsaufkommen aufgrund vieler saisonabhängiger Transporte – beispielsweise zur Erntezeit – erfordert eine hohe Flexibilität in der Raumbelegung.

Die neue ARAG Hauptverwaltung in Düsseldorf

Die Abkehr vom Großraumbüro der Nachkriegszeit war durchweg mit der Absage an Hochhausarchitektur verknüpft. Das klassische Skelett-Bürohochhaus amerikanischer Prägung mit gläsernen Vorhangfassaden und weitgehend wandfreien Etagen war energetisch ein Brutkasten und arbeitsphysiologisch eine Legebatterie. Gerade im Hochhausbau mußten Umwelt und Innenraum durch Klimaanlagen strikt getrennt werden, weil starke Windlasten keine zu öffnenden Fenster erlaubten. Das „sick building syndrome" mit Kopf- und Augenschmerzen wurde zeitweilig zu einer verbreiteten Zivilisationkrankheit. Umweltbewußte, menschenfreundliche und effiziente neue Bürohäuser wurden seitdem durchweg als städtische Blöcke oder liegende Hochhäuser mit großzügigen Passagen oder Atrien entworfen – man denke neben den oben genannten Beispielen an das Verwaltungsgebäude der KPMG in Frankfurt am Main von Architekten RKW von 1993-1994, an die Landeszentralbank in Frankfurt am Main von Albrecht, Jourdan, Müller und Berghof, Landes, Rang von 1984-88, an die Hauptverwaltung der Züblin AG in Stuttgart von Gottfried Böhm von 1980-85.

Als mit der Vorbereitung der 1995 eingeführten Wärmeschutzverordnung zu Bewußtsein kam, daß nicht länger fünfzig Prozent des gesamten Energieverbrauchs auf Heizung und Strom in Gebäuden entfallen darf, mußten Alternativen zu den herkömmlichen Energieschleudern im Hochhausbau entwickelt werden. Längst ist eine neue Generation von Bürotürmen entstanden, die auch in der Vertikalen auf Ressourcenschonung, auf Außenkontakt, Grün- und Freiflächen, menschenfreundliche Raumorganisation sowie auf effizientes Flächen- und Gebäudemanagement bedacht sind. Möglich wird diese Innovation durch doppelschalige Fassaden: Was früher schlichte Kastenfenster oder Doppelscheiben

façade. The workplaces are laid out facing the fixed partition panels, which allows a greater degree of concentration and an open spatial structure. The individual floors can be set out, according to needs, as open-plan landscaped spaces or divided into single or group offices.

The DB Cargo customer service centre, which operates 24 hours a day, functions as a so-called "non-territorial office"; i.e. without fixed workplaces and without any hierarchy. The desks are occupied according to individual needs and the time of day. The personal belongings of the employees are accommodated in wheeled containers, so that the name "nomadic office" is also appropriate here. Fluctuations in the work load, resulting from seasonal transport patterns (e.g. the harvest period), necessitate a high degree of flexibility in the occupation of the working space.

The new ARAG headquarters in Düsseldorf

The abandonment of open-plan office design, which was so popular with employers in the post-war years, was also linked to the rejection of high-rise developments. The classical skeleton frame office tower of American provenance, with glazed curtain wall facades and largely undivided floor areas, was like an incubator in terms of energy, and a like a laying battery in respect of working physiology. In high-rise blocks especially, the external environment and the internal spaces had to be strictly separated, since strong winds did not permit the windows to be opened. This, in turn, necessitated the installation of air-conditioning systems. The sick building syndrome, which results in headaches and eye pain, was for a time a widespread phenomenon of our civilization. Since then, environmentally-friendly and efficient new office buildings that also take human wellbeing into account have been designed in the form of urban blocks, or "horizontal towers" with spacious arcades and atriums. In addition to the examples mentioned above, one has only to think of the Landeszentralbank in Frankfurt-on-Main by Albrecht, Jourdan, Müller and Berghof, Landes, Rang (1984-88), or the administrative headquarters of the Züblin AG in Stuttgart by Gottfried Böhm (1980-85), or the administration building for the KPMG company in Frankfurt-on-Main by Rhode, Kellermann, Wawrowsky and Partners (1991-94).

When preparations were made for the introduction of the new thermal insulation laws in 1995, it became clear that it would no longer be possible for 50 per cent of all energy needs to be accounted for by the heating and electricity used in buildings. Alternatives had to be found to reduce the waste of energy that had been usual in high-rise blocks in the past. Since then, a new generation of office towers has emerged. Even in their vertical form, they are designed to conserve resources, to allow contact with the outside world and with landscaped open spaces, and to provide a humane spatial organization and an efficient management of the building as a whole and its individual areas. This innovation became possible with the development of two-layer facade systems. What in the past had been achieved with simple rectangular box windows or limited areas of double glazing can today be applied to the entire face of a building in the form of an

KPMG, Frankfurt a. M.

leisteten, wird heute den gesamten Gebäuden in Form von klimatisierenden Käseglocken übergestülpt, die zugleich erlauben, daß wieder Wind und Wetter an die Gebäude herangelassen werden können. Wichtige Schritte auf diesem Weg bildeten die Entwürfe für die ARAG Hauptverwaltung in Düsseldorf von Architekten RKW gemeinsam mit dem Büro Norman Foster & Partners, die Frankfurter Commerzbank von Norman Foster & Partners von 1992-1997 und der RWE-Turm von Christoph Ingenhoven in Essen, die auf ähnliche Weise Glastürme mit der Transparenz von Schneewittchensärgen sind und dennoch der neuen Wärmeschutzverordnung mit einem Drittel an Energieeinsparung voll genügen.[7]

Den aktuellen technischen Stand repräsentiert die gemeinsam mit Architekten RKW und Norman Foster entwickelte ARAG Hauptverwaltung in Düsseldorf. Der 123 Meter hohe Bau mit 30 Etagen war ursprünglich als stadttorartiger, schmetterlingsförmiger Doppelflügel für 1.600 Mitarbeiter geplant und danach auf die Hälfte reduziert worden und wird in zwei Bauabschnitten realisiert.

Die parallel zur vielbefahrenen Münsterstraße aufgestellte Linse des ARAG-Gebäudes besitzt auch aus Gründen des Lärmschutzes eine hinterlüftete Doppelfassade. Die Frischluft tritt in die Klimafassade auf jeder Etage über Öffnungsschlitze in Fußbodenhöhe ein, wodurch der Effekt eines Glaskamines entsteht. Denn auf jeder siebten Ebene wird die Abluft der unteren sechs Etagen über Lamellen vor dem Technikgeschoß wieder herausgeblasen. Die Bürofenster lassen sich individuell öffnen, wodurch auch ein akustischer Kontakt zur Außenwelt entsteht. Nur bei Außentemperaturen von über 24 Grad tritt automatisch ein Kühlsystem in Kraft.

Auf der östlichen Seite öffnen sich vier jeweils zweigeschossige Loggien mit Bepflanzung, gleichsam hängende Gärten, die als Pausen-, Bewegungs- und Ruheräume dienen. Die außenliegenden Kombi- und Gruppenbüros werden von einem ellipsoiden Flur innen erschlossen, wobei jeweils drei Geschosse durch Verbindungstreppen – eine Seltenheit im Hochhausbau – auch vertikal geöffnet sind, damit neben dem Lifttransport auch Beinarbeit möglich wird. Daß zudem beim Bodenbelag anstelle von Teppichboden ein im Bürobau immer noch seltenes Hochkantlamellenparkett verwendet wurde, schlägt zwar mit Mehrkosten von insgesamt 2,2 Millionen Mark zu Buche. Aber durch die vielfach längere Haltbarkeit wie auch die angenehmere Raumatmosphäre ist dieser Aufwand mehr als gerechtfertigt. Solche Dauerhaftigkeit in der Materialwahl und Nutzungsflexibilität in der Raumorganisation hat auch einen besonderen Zukunftswert. Ausdrücklich forderte der Bauherr für sein neues Hochhaus, daß es nicht nur durch den zweiten Bauabschnitt erweiterbar, sondern umgekehrt bei nachlassendem Eigenbedarf auch für Fremdvermietungen geeignet ist.

Die Möglichkeit zu Umnutzungen und gar die Konvertierbarkeit von Büroarchitektur ist derzeit ein neues Betätigungsfeld für Architekten. Die typologischen Grenzen zwischen Verwaltungs-, Gewerbe oder auch Wohngebäuden sind noch

ARAG Hauptverwaltung (headquarters), Düsseldorf

outer skin that regulates the internal climate and allows wind and weather to be felt even on the inside. An important prototype in this respect was the Commerzbank tower in Frankfurt by Sir Norman Foster and Partners (1992-97). This was followed by the Rheinisch-Westfälisches Elektrizitätswerk tower in Essen by Christoph Ingenhoven, the City Gate in Düsseldorf by Karl-Heinz Petzinka, and the Viktoria insurance building by Hentrich - Petschnigg & Partner in Düsseldorf. All these structures are glass towers that possess the transparency of Snow White's coffin and yet comply fully with the requirements of the new thermal insulation regulations and show a saving of energy amounting to a third in comparison with that used in traditional high-rise buildings.[7]

In collaboration with Norman Foster's office, Rhode, Kellermann, Wawrowsky and Partners developed a glazed tower block for the ARAG administration in Düsseldorf. The 123-metre-high, 30-storey building was originally planned as a city-gate structure in the form of two butterfly "wings" to accommodate some 1,600 employees. Later, the volume was reduced by half. The erection of the other half of the building is still possible in the future.

The ARAG building is laid out to a lens-shape plan set parallel to Münsterstrasse, which is a busy traffic route. The ventilated double facade provides acoustic screening and internal climate control. Fresh air enters the facade on every storey via open slits at floor level, creating the effect of a glazed stack. On every seventh floor, the exhaust air from the six floors below is extracted via louvred openings on the outside face of a services storey. The office windows can be individually opened, allowing acoustic contact with the outside world. When external temperatures rise above 24 °C, the cooling system automatically comes into operation.

As in Norman Foster's Commerzbank, there are conservatories up the face of the ARAG building. On the east face, four two-storey planted loggias, resembling hanging gardens, serve as leisure, activity and rest zones. Access to the combination and group offices on the outer face of the building is via an elliptical internal corridor. In addition to the lifts, there are internal staircases that link groups of three floors – a rare feature in high-rise buildings. As well as creating vertical spatial links, the stairs allow a certain amount of physical exercise. The floors are finished with strip parquet laid on edge instead of fitted carpeting. This is also a rarity in office building and resulted in additional costs of DM 2,200,000; but the much greater durability of this form of flooring and the more pleasant spatial atmosphere it creates more than justify the increased expenditure. Durability of materials and flexibility of use in the spatial organization of office buildings will assume a special importance in the future. For their new tower block, the clients expressly demanded that it should not only be extendible in a second phase of construction, but that conversely, in case of declining needs on the part of the company, it should also be suitable for leasing to third parties.

The need to provide for changes of use makes the convertibility of office architecture a new field of activity for architects at

extrem starr, nicht zuletzt aufgrund der rigiden Bauvorschriften. Hier ist die nächste Flexibilisierungsoffensive gefragt, um die städtebaulichen Scheinzyklen von abwechselnden Büroleerständen und Wohnraumhalden endlich zu überwinden. Ein weltberühmtes Beispiel für wandelbare Büro-Architektur steht übrigens in Florenz. Dort hatte der Architekt Giorgio Vasari im 16. Jahrhundert einen damals vielbestaunten Büroklotz zwischen Rathaus und Arno gesetzt. Die Beamten der Stadtverwaltung waren mit ihren neuen Büros überaus zufrieden, und dem Bauherrn gefiel sein neues Offizium so sehr, daß er die obere Loggia zur privaten Kunstgalerie ausbauen ließ. Als die Sammlung immer größer wurde und die Familie keinen männlichen Erben mehr hatte, wandelte sie den ganzen Bau in ein öffentliches Ausstellungshaus um. So wurde aus der Verwaltungsburg der Medici bereits Ende des 16. Jahrhunderts eines der schönsten Museen der Welt: die Uffizien zu Florenz.

present. The typological boundaries between administration and commercial uses and even housing are still extremely rigid, not least because of rigid building regulations. It is here that the next campaign for flexibility needs to be fought in order finally to overcome the urban planning pig cycles of alternating unoccupied office space and excessive stocks of housing.

Interestingly enough, a world-famous example of convertible office architecture can be found in Florence, where, in the 16th century, the architect Giorgio Vasari built an astonishing, massive office block between the city hall and the River Arno. The public servants who worked in the city administration were well satisfied with their new offices, and the client was so pleased with his premises that he had the upper loggia converted into a private art gallery. The collection became larger and larger, and since the family had no male heirs, they converted the entire building into a public gallery for the exhibition of art. By the end of the 16th century, therefore, the administrative stronghold of the Medicis had been turned into one of the finest museums in the world – the Uffizi Palace in Florence.

1   Nicolaus Pevsner, A History of Building Types, London 1976, S. 213 ff.

2   Hans-Joachim Fritz, Menschen in Büroarbeitsräumen. Über langfristige Strukturwandlungen büroräumlicher Arbeitsbedingungen mit einem Vergleich von Klein- und Großraumbüros. Heinz Moos Verlag, München 1983.

3   Wrights erster Großraum war 1904 das Larkin-Gebäude in Buffalo in New York, sein bekanntester der für die Johnson Wax Company 1936. Mies van der Rohe hatte erstmals 1923 in einem Wettbewerb für ein Berliner Verwaltungsgebäude einen Arbeitssaal ohne Blickbeziehung nach außen entworfen.

4   So die Göttinger Industriesoziologen Horst Kern und Michael Schumann in ihrem gleichnamigen Buch von 1984.

5   Vgl. M. Mönninger: „Die bewohnbare Fabrik: Das Verlagshaus von Gruner + Jahr in Hamburg"

6   Vgl. Bauwelt Nr. 16/1995, S. 902 ff.

7   Vgl. Hochhäuser in Alpik, in : Berliner Zeitung v. 14.02. 1998, S. 11

1   Nikolaus Pevsner, A History of Building Types, London 1976, pp. 213 ff.

2   Hans-Joachim Fritz, Menschen in Büroarbeitsräumen. Über langfristige Strukturwandlungen büroräumlicher Arbeitsbedingungen mit einem Vergleich von Klein- und Großraumbüros. Heinz Moos Verlag, Munich 1983

3   Wright's first large-scale office space was created in 1904 in the Larkin building in Buffalo, New York. His best-known space of this kind was in the Johnson Wax Company building, 1936. In 1923, in a competition for an administration building in Berlin, Mies van der Rohe designed for the first time a working hall without visual links with the outside world.

4   According to the Göttingen industrial sociologists Horst Kern and Michael Schumann in their book of the same name, published in 1984

5   Cf. Michael Mönninger: "Die bewohnbare Fabrik: Das Verlagshaus von Gruner + Jahr in Hamburg"

6   Cf. Bauwelt no. 16/1995, pp. 902ff.

7   Cf. Hochhäuser in Alpik, in: Berliner Zeitung, 14 February 1998, p. 11

Das Haus am Seestern
Düsseldorf

Das „Haus am Seestern" ist eines der jüngsten Baudenkmäler der Landeshauptstadt. 1959/1960 von Helmut Rhode als Großraumbüro erbaut, wurde das Gebäude 1997 im Sinne des ursprünglichen Entwurfes in ein modernes, flexibel nutzbares Bürozentrum umgewandelt. Die neue Fassadenkonstruktion ermöglicht mit ihrem feingliedrigen Rhythmus, unter Wahrung des Großrasters, vielfältige Raumteilungen und damit die Einrichtung unterschiedlichster Büroeinheiten. Die Erschließung des Gebäudes erfolgt über die ehemaligen Innenhöfe, die auf Erdgeschoßebene nach außen geöffnet wurden. Mechanisch zu öffnende Lüftungsflügel ersetzen die veraltete Klimaanlage. Im Zusammenwirken mit wärmedämmenden Sonnenschutzgläsern sorgen sie für ein angenehmes Raum- und Arbeitsklima.

The „Haus am Seestern" is one of the latest building monuments of the state capital. Built in 1959/60 by Helmut Rhode as open plan office, the building was changed in 1997 to a modern, flexibly useable office centre following the original design. The new facade structure, with its delicately proportioned rhythm, with retention of the basic grid, allows multiple room arrangements and, therefore, provision of different sized office units. Building access is through former courtyards opening to the outside on ground floor level. Mechanically-operated ventilation wings replace the outdated air conditioning system, guaranteeing an agreeable working environment in conjunction with thermally insulated glass.

„Büro im Park", die ehemalige Hauptverwaltung Horten im Jahr 1960

"Office in the Park" the former Horten Head Office in 1960

Neuorganisation der Innenbereiche im Schnitt und im Grundriß Erdgeschoß

New organisation of interior area as section and ground floor plan

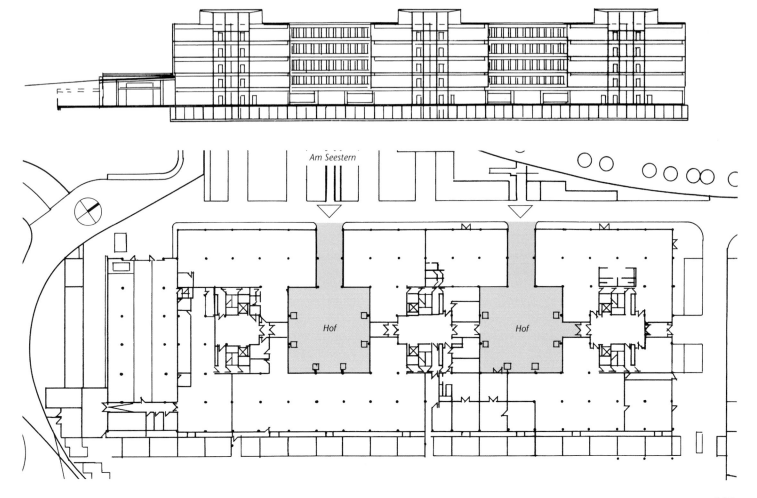

Neugestaltete Fassade unter Beibehaltung der ursprünglichen Proportionen

Newly designed facade – maintaining the original proportions

Bemusterung der neuen Fensterelemente mit
länglichen Flügeln und Sonnenschutzglas

*Example of the new fenestration in thermally insu-
lated glass with vertical casement windows*

Rückbau der Innenhöfe auf Erdgeschoßniveau
und funktionale Neuordnung als Vorplatz der
Eingänge

*Rear side of inner courtyards on ground floor
level and new functional arrangement as entry
plaza*

Foyer zum Innenhof

Foyer towards the inner courtyard

Umgestaltete Innenbereiche unter Erhalt des ursprünglichen Charakters

Redesigned interior areas maintaining the original character

KPMG

Frankfurt a. M.

Im Mertonviertel, einem Bürostandort in Frankfurt-Niederursel, entstand 1993 das Verwaltungszentrum der KPMG. Drei parallel angeordnete Büroriegel werden in den oberen Etagen überspannt von einem langen Erschließungsgang. Zusammen mit der großen Eingangsrotunde mit spitzem Glasdach prägen sie die markante Form des Gebäudekomplexes. Die funktionale Grundrißorganisation orientiert sich an dem streng geordneten horizontalen und vertikalen Wegesystem zwischen den Büroeinheiten und den Sonderfunktionsflächen Casino, Cafeteria, Konferenzbereich und Bibliothek. Funktionalität und Flexibilität in der Nutzung bestimmen die Innenarchitektur der Gebäudeteile.

The administration centre KPMG was built in 1993 in the Merton district, the new administration centre of Frankfurt-Niederursel. Three parallel office wings are overspanned on the upper floors by a long access corridor. Together with the large entrance rotunda with pointed glass roof, they characterize the striking shape of the building complex. The functional floor plan organization is oriented by a strict horizontal and vertical circulation system between office units and service areas of casino, cafeteria, conference facilities and library. Functionality and flexibility determine the interior architecture of the building elements.

Dachbegrünung auf dem Längsbau

Rooftop planting on the longitudinal structure

Grundriß Erdgeschoß

Ground floor plan

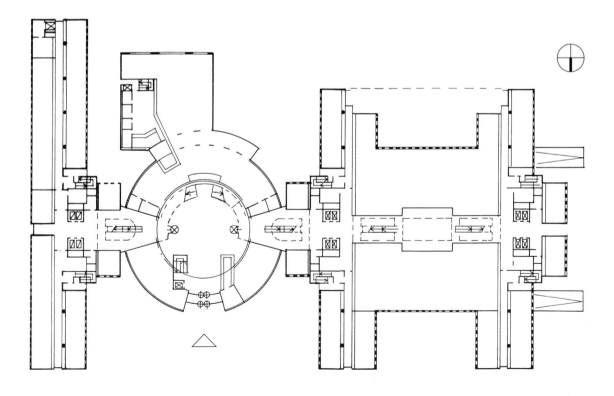

Rotunde mit Haupteingang

Rotunda with main entrance

Ein durchgängiges Landschaftskonzept bindet das Gebäude in die umliegende Landschaft ein

A comprehensive landscape concept integrates the building into the surrounding landscape

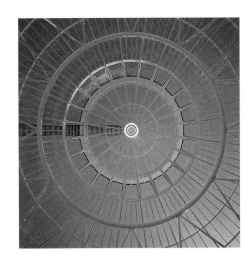

Treppenaufgang in der Rotunde

Staircase in the rotunda

Konferenzbereich der Vorstandsetage

Conference area on the executive floor

Empfangsbereich unter dem Glasdach der Rotunde

Reception area under the glass roof of the rotunda

Hansaring

Köln

Der Standort Hansaring ist geprägt von mehreren, sich überlagernden städtebaulichen Parametern. Hinter dem Gebäude verläuft eine der verkehrsreichsten Bahnlinien Europas, vor dem Gebäude die innerstädtische Verkehrsachse Kölner Ring. Der Neubau ist Bestandteil eines Sanierungsgebietes mit heterogener Bebauung und steht in direkter Nachbarschaft zu dem stadtbildbeherrschenden Hansa-Hochhaus aus den 20er Jahren. Auf dessen Kompaktheit und Schwere antwortet der Neubau mit einer transparent wirkenden und dynamischen Formensprache. Die Fassade zum Hansaring schwingt in einer Kurve aus der Straßenflucht, dreht dann ein in den Straßenraum der Hamburger Straße. Hier endet der Schwung in einem flachen Baukörper, der den vorhandenen Blockrand schließt. Im Sockel beider Bauteile befinden sich Läden, darüber Büros und in den Obergeschossen der Blockanschlußbebauung zusätzlich Wohnungen.

The Hansaring site is dominated by several superimposing city planning parameters. One of Europe`s busiest railway lines runs behind the building, the inner-city traffic axis Kölner Ring in front. The new building is part of a redevelopment with heterogeneous construction; the dominating Hansa-Hochhaus dating back to the twenties, is located in the immediate neighbourhood. The new buildings reacts to its compactness and heaviness with transparency and vitality. The facade towards Hansaring swings in a curve out of the road line and turns into the street space on Hamburger Straße. At this point the swing ends in a flat building structure, which closes the existing block edge. Shops are located in the base of both building elements, with offices above and additionally apartments on the upper floors of connecting block construction.

Fassade an der Hamburger Straße mit Blick auf das Hansa-Hochhaus

Facade on Hamburger Straße with view towards the Hansa-Hochhaus

Grundriß Erdgeschoß

Ground floor plan

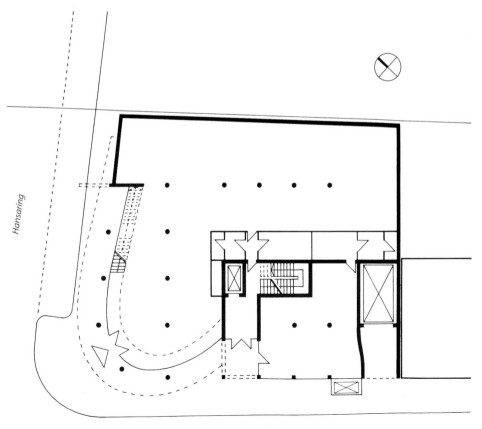

Kopfbau Hansaring an der Ecke Hamburger Straße

Hansaring building on the corner of Hamburger Straße

Hamburger Straße

Park Office Ruhrallee
Essen

Strenge Formensprache und funktionale Gebäudeorganisation bestimmen das 1995 realisierte „Park Office" an der Ruhrallee in Essen. Grundlage der Gesamtgestaltung, von der Anlage der Baukörper über die Grundrißaufteilung bis zur Fassade, ist das Quadrat. Drei würfelförmige, unabhängig voneinander nutzbare Bürokuben umschließen eine kreisförmige, gläserne Eingangshalle. Die konsequente Formen- und Materialsprache, wie die mit hellem Putz versehene Lochfassade, setzt sich in der Innenarchitektur und der Gestaltung der Außenanlagen fort.

Stringent formal language and functional building organization dominate the „Park Office" on Essen's Ruhrallee, constructed in 1995. Basis of the overall design is the square, from the layout of the building structure through the floor plans to the facade. Three cube-shaped, independently useable office cubes enclose a circular, glass entrance hall. The consequent form and material language, such as the punctuated light-coloured plaster facade, is continued in the interior architecture and the design of exterior the landscape.

Blick zur Rotunde mit Haupteingang und angrenzenden Flügeln

View of the rotunda with main entrance and adjacent wings

Lageplan mit Grundriß Erdgeschoß

Site plan with ground floor plan

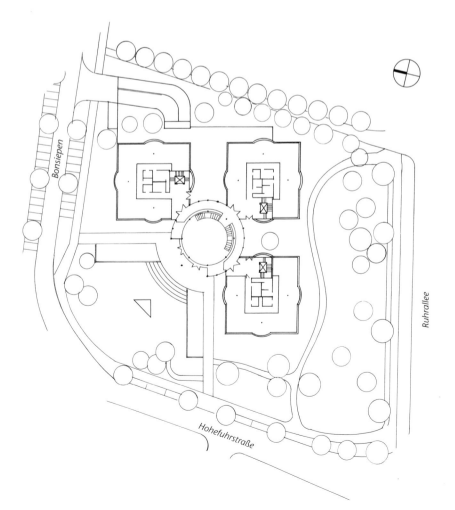

Fassadengestaltung und -gliederung entsprechen der klaren Entwicklung des Grundrisses mit Quadrat und Kreis

Facade design and formal arrangements of the floor plan based upon the square and circle

Geschwungene Freitreppe und Galerie in der
großzügigen Eingangshalle

*Curved cantilevered stair and gallery in the
generous entrance hall*

Hochwertige Materialien und transparente
Fassaden kennzeichnen die Atmosphäre in
der Rotunde

*High quality materials and transparent facades
characterize the atmosphere in the rotunda*

Himmelgeisterstraße

Düsseldorf

Im Süden Düsseldorfs entstand inmitten des von historischen Industriebauwerken geformten Jagenberggeländes ein Stück moderner Büroarchitektur. Die additive Gliederung des Gebäudekomplexes reagiert auf die traditionelle Entwurfsweise der gegenüberliegenden Industriebauten aus dem späten 19. Jahrhundert. Wie bei den historischen Baukörpern sind durch Zäsuren in der Gesamtanlage die unterschiedlichen Funktionen der Gebäudeteile deutlich ablesbar. Die Einzelbaukörper heben sich durch die Kombination kubischer Formen und den Materialwechsel aus Klinker, Putz, Naturstein und Glas voneinander ab. Sie unterstreichen die funktionale Teilung des Bürokomplexes in unterschiedlich große Mieteinheiten.

An outstanding example of modern office architecture has been created in the south of Düsseldorf at the heart of Jagenberg, an area marked by historical industrial buildings. The additive configuration of the building complex is a reaction to traditional design methods for industrial buildings of the late 19th century located opposite. As in the case of similar historical building structures, compartmentation in the overall facility allow a clear comprehension of the different functions of the building. The combination of cubic forms and material variety, consisting of exposed brick, plaster, natural stone and glass, emphasize the individual structures and highlight the functional division of the building into differently dimensioned lease units.

Scharfe Konturen und eine differenzierte Materialität grenzen die kubischen Baukörper gegeneinander ab

Strict contours and differentiated materiality delineate the cubic structures

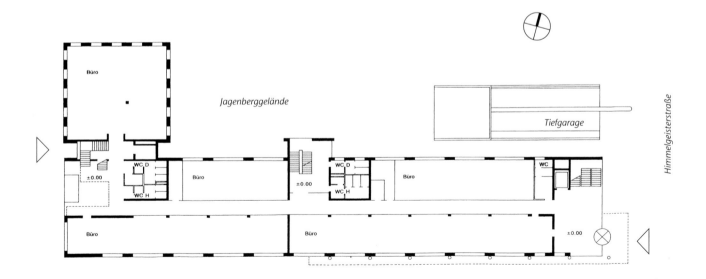

Grundriß Erdgeschoß

Ground floor plan

Ansicht der Fassaden in Richtung Himmelgeisterstraße

Elevation of facades towards Himmelgeisterstraße

Einfache Stahlträger prägen die Struktur der transparenten Glasfassade zum Hafenbecken (links) und zur Kaistraße

Simple steel beams dominate the structure of the transparent glass facade towards the harbour basin (left) and towards Kaistraße

Haus am Handelshafen

Düsseldorf

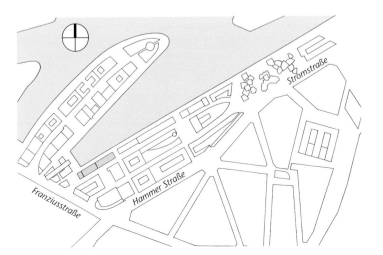

Entlang der Kaimauer des Düsseldorfer Hafens entsteht die „Medienmeile", die den ehemaligen Handelsplatz mit neuen Nutzungen beleben wird. Gemäß der Ansiedlung von Medienschaffenden, Architekten und Künstlern verleiht die Reihung einzelner, von prominenten Architekten individuell entworfener Bauwerke dem Ort eine einmalige urbane Gestalt. Im Haus Kaistraße 4 wird unter dem modernen Tonnendach ein denkmalgeschütztes Lagerhaus in die Büronutzung integriert, erkennbar an den massiven Fassadenteilen. Haus 6 bietet Platz für unterschiedliche Büronutzungen. Sein Erscheinungsbild wird geprägt von einer geradlinigen Stahl-Glas-Konstruktion in der Fassade und einem als weiche Welle geformten Dach.

To inject new life into this one-time bustling commercial district a "media mile" is being created along the waterfront of the Düsseldorf harbour. In line with the new tenancy by media professionals, architects and artists, the terrace style of buildings, individually designed by prominent architects, lends a distinctive urban flair. A warehouse at Kaistraße 4, under monument preservation, recognizable by the solid facade elements, accommodated under a modern arched roof, will be converted for office use. The building on Kaistraße 6 offers space for diverse office needs. Its appearance is characterised by a straight steel-glass facade structure and the soft wave of the roof

Modell vom Haus Maassen (Kaistraße 4, 4a) und dem Bürohaus Kaistraße 6 (im Hintergrund)

View of Haus Maassen (Kaistraße 4, 4 a) and the office building Kaistraße 6 (in the background)

Grundriß Erdgeschoß Bürohaus Kaistraße 6

Ground floor plan of office building Kaistraße 6

Ansicht vom Hafenbecken Kaistraße 6

View from harbour basin Kaistraße 6

Bebauungsplan der geplanten und realisierten Hafenbebauung; grau hinterlegt die Bürohäuser Kaistraße 4, 4a und 6

Masterplan of the planned and completed harbour construction; office buildings Kaistraße 4, 4 a and 6 with grey background

209

Tersteegenstraße

Düsseldorf

Fassadenausschnitt des Mittelbaues

Facade section of the middle building

Das Gebäude in der Tersteegenstraße 30 ist seit 1995 Sitz des Hauptbüros der Architekten RKW. Die Konzeption des Bürohauses verbindet die funktionale Gebäudeorganisation mit einer kontrastreichen Fassadengestaltung. Zwei massive Flügelbauten, in denen sich kleinteilige Büroeinheiten, Nebenräume und Erschließungen befinden, flankieren einen transparenten, von offenen Großstrukturen geprägten Mittelteil. Hier liegt auch das großzügige Foyer mit einer geschwungenen Freitreppe, die alle Ebenen miteinander verbindet. Die unterschiedlichen Raumqualitäten und die differenzierte Anwendung von Tageslicht spiegeln sich in der Fassadengestaltung. Heller Sandstein prägt die Lochfassaden der Flügelbauten und leichte Stahl-Glas-Konstruktionen kennzeichnen den Mittelteil.

Tersteegenstraße 30 has been the head office of architects RKW since 1995. Its building concept combines functional space organisation with highly contrasting facade design. Two mighty wings housing smaller office units, ancillary rooms and access, flank a transparent centre section dominated by large open structures. Also located here is the handsome foyer with a curved open stairway connecting all levels. Different room quality and the differentiated treatment of daylight are reflected in the facade design. Light sandstone characterizes the punctuated facades of the wings, light steel-glass-structures the centre.

Fassadenausschnitt des Mittelbaues

Facade section of the middle building

Grundriß Erdgeschoß (rechts);
Grundriß 4. Obergeschoß (rechts außen)

Ground floor plan (right);
floor plan of 4th floor (extreme right)

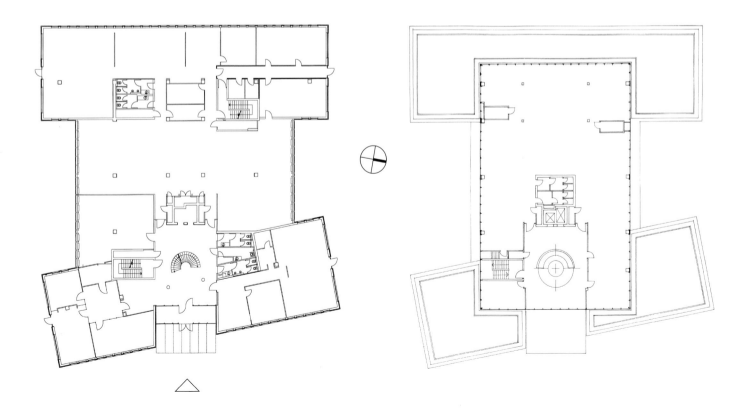

Ansicht Tersteegenstraße

Elevation Tersteegenstraße

Seitenfassade mit rückwärtigem Flügel

Side facade with rear wing

Haupteingang an der Tersteegenstraße mit der markanten Achsenverschiebung zwischen transparentem Mittelbau und massiven Seitenflügeln

Main entrance on Tersteegenstraße with a significant shift of the axis, between the transparent central building and mighty side wings

Freitreppe aus Edelstahl und Buchenholz im Foyer

Open staircase in foyer, of stainless steel and beech wood

Büro am Hof

Düsseldorf

Das Denken in städtischen Bildern und das Einfügen in bestehende Strukturen waren die Entwurfsgrundlagen für das H-förmige Verwaltungsgebäude. Während sich Kubatur, Fassadengestaltung und Materialität der beiden unterschiedlich hohen Seitenriegel an die Gestaltung der Nachbarbebauung anlehnen, setzen die verglasten Gebäudeköpfe zur Straße individuelle Akzente. Zugang und Bindeglied zwischen den massiven Flügeln des Verwaltungsbaues ist der zurückgesetzte, transparente Mittelteil. Die filigrane Glasfassade und das schwebende Vordach markieren den Eingang, erreichbar über den von Riegeln eingefaßten langgestreckten Hof. Die Ausformung der Eingangssituation akzentuiert den Übergang vom städtischen in den privaten Raum.

Thinking in urban images, integrating into existing structures formed the design quintessence of this H-shaped administration building. Whereas cubature, facade design and material make-up of the two side wings with different heights, match those of their neighbouring buildings, the glazed main streetside buildings set individual accents. Entrance and link between the massive wings of the administration building is the centrepiece, which is set back from the street. The filigree glass facade and the suspended canopy roof mark the entrance, accessible via the long-stretched courtyard encompassed by the wings. The design of the entrance situation accentuates the transition from municipal to private space.

Fassade zur Tersteegenstraße

Facade on Tersteegenstraße

Grundriß Erdgeschoß

Ground floor plan

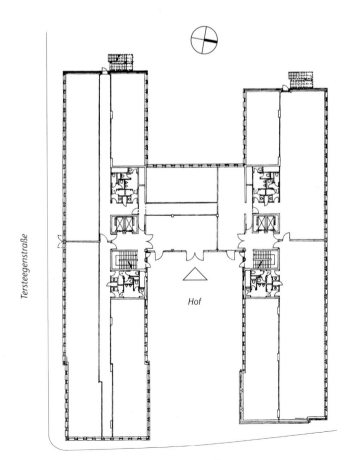

Hof mit Haupteingang an der Tersteegenstraße

Inner courtyard with main entrance on Tersteegenstraße

Haupteingang am Johannisberg mit der Glashalle zwischen „Riegel" und „Sichel"

*Main entrance on Johannisberg with glass hall
between "Beam" and "Sickle"*

Stadtsparkasse
Wuppertal

Dachgarten vor den Konferenzräumen im Staffelgeschoß des „Riegels"

The roof garden in front of conference rooms on the stacked floor of the „Beam"

Die kompakte Komposition der drei unterschiedlichen Baukörper antwortet in Form und Materialität auf die exponierte Hanglage am Johannisberg. In Nord-Süd-Richtung staffeln sich von unten nach oben drei unterschiedlich gestaltete Gebäudeteile. Die „Sichel" mit Spiegelfassade auf der Talseite und der „Riegel" mit einer großflächigen Lochfassade auf der Bergseite umschließen eine transparent wirkende Halle. Die von einer horizontal und vertikal gebogenen Stahl-Glas-Konstruktion eingefaßte Halle fungiert als Haupteingang. Sie ist zugleich auch multifunktional genutzter Mittelpunkt und Veranstaltungsraum. Weite Ausblicke auf die Stadt und auf die historische Nachbarbebauung unterstreichen den städtischen Kontext des Verwaltungskomplexes. Die einheitliche Gestaltung der Außen- und Innenfassaden, dominiert von hellem Sandstein, führt zu einer Verschmelzung von halböffentlichem Innenraum und Stadtraum.

Verspiegelte Glasfassade der „Sichel" zur Innenstadt Elberfeld

Mirror glass facade of the „Sickle" towards the city of Elberfeld

The compact composition of three different building structures responds in form and material to the exposed hillside location of the Johannisberg. Three differently designed building elements are stacked from bottom to top in north-south direction. The „sickle" with mirror facade on the valley side and the „beam" with a large-surface punctuated facade on the hillside, encompass a transparent hall. Main entrance is the hall, enclosed by a horizontally and vertically curved steel-glass structure. It also functions as multifunctional focus and meeting room. Wide views over the city and the historical neighbouring buildings underline the urban context of the administration complex. The uniform design of inner and outer facades, dominated by light sandstone, blend the semi-public interior with the cityscape.

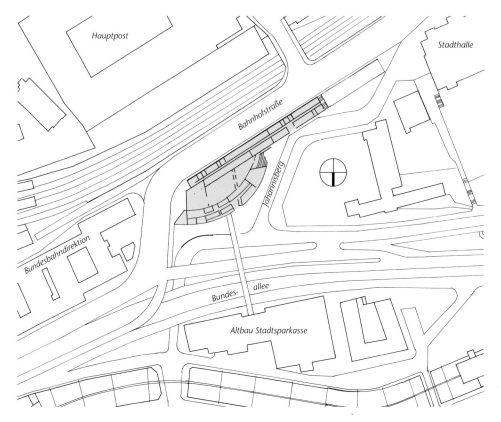

Lageplan der Stadtsparkasse mit Altbau und Erweiterungsbau am Johannisberg

Site plan with Stadtsparkasse with existing building and extension on Johannisberg

Städtebauliche Ordnung der Baukörper zum Altbau (Hochhaus)

City planning grouping of buildings towards the existing building (highrise)

Zentrale Glashalle mit außergewöhnlicher Dachkonstruktion und differenzierten Innenfassaden

Central glass hall with extraordinary roof structure and differentiated interior facades

Bahnhofstraße

Grundriß Erdgeschoß

Ground floor plan

Über das Kunstobjekt „Zufuhr" von Tony Cragg wird die Klimaanlage mit Frischluft versorgt

The air-conditioning system is supplied with fresh air through „Supply", a piece of art by Tony Cragg

Leipzig Park

Leipzig

Mit dem Büro- und Businesscenter Torgauer Straße erhält die Handelsmetropole Leipzig ein modernes Dienstleistungs- und Handelszentrum. Das Quartier am nordöstlichen Stadtrand ist geplant für zehn Einzelgebäude, die sich um einen zentralen Platz gruppieren. Die Formensprache der fertiggestellten Gebäude A und B ist eine Reminiszenz an die Architektur der 50er Jahre, zitiert und interpretiert durch kubische Formen, weiße Putzfassaden mit horizontalen Fensterbändern, vorgehängten Betonbalkonen und „fliegenden" Dächern auf den Technikgeschossen. Aktualität erhält die Baukörpergestaltung durch die kontrastreiche Verwendung von Metall-Glas-Fassaden und schwarzem Naturstein. Großzügige Alleen, Teichanlagen, Grünflächen sowie kleinere und größere Plätze schaffen vielfältige Erholungsräume für die Nutzer des Zentrums.

The Torgauer Straße office and business centre bestows the commercial metropolis of Leipzig with a modern service and trade complex. The quarter on the north-eastern city boundary is designated for 10 individual buildings grouped around a central plaza. The formal language of the completed building A and B is a reminiscent of fifties architecture, reinterpretated in cubic forms, white plaster facades with horizontal window bands, projecting concrete balconies and cantilevering roofs of the plant rooms. The use of contrasting metal-glass facades and black natural stone, adds actuality to the design. Generous boulevards, water, green areas and small and large plazas create multiple recreational space for the users of the centre.

Fassadenausschnitt im Quartier

Facade section of the quarter

Lageplan mit realisierten und geplanten Bauabschnitten

Site plan with existing and planned construction phases

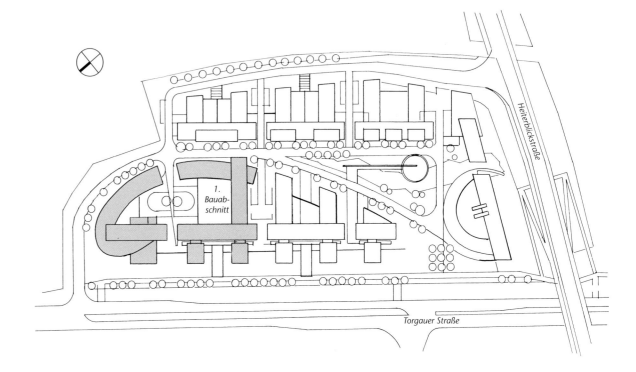

Sachlichkeit, formale Strenge und zurückhaltende Materialität prägen das Erscheinungsbild der Fassaden und Baukörper

Formal stringency and restraint dominate the appearance of facades and buiding structures

Kammartig angeordnete Vorbauten gliedern
die langgestreckten Kuben der Bürobauten
zur Straße

*Combwise arrangement of projecting buildings
articulate the long-stretched cubes of office
buildings towards the street*

Ansicht des ersten Bauabschnittes an der Torgauer Straße; der elliptisch geschwungene Baukörper links markiert den Eingang zum Business-Park

View of the first construction phase on Torgauer Straße; the elliptically curved building structure, left, marks the entrance to the Business-Park

Service-Park
Gelsenkirchen

Das Dienstleistungszentrum am Emscherschnellweg in Gelsenkirchen bietet hochwertige Flächen für Gewerbe, Büro und Dienstleistungsbetriebe. Die beiden Baukörper der fertiggestellten Bauabschnitte sind axial ausgerichtet und um einen Innenhof gruppiert. Die innere Organisation der Gebäude ermöglicht unterschiedlich große Betriebseinheiten, die flexibel und individuell aufgeteilt werden können. Das klassisch anmutende Erscheinungsbild wird geprägt durch die vorgehängte Sandsteinfassade, das umlaufende Stahl-Glas-Band im Staffelgeschoß, markanten Kranzgesimsen und eindeutig ausgewiesenen Säuleneingängen. Die Erhaltung des Baumbestandes, Neuanpflanzungen, Gründächer und Wasserflächen sind Bestandteile des integrativen Gestaltungskonzeptes im Service-Park.

The service centre located on Gelsenkirchen's Emscherschnellweg offers high quality space for trade and office use. Both building elements of the completed construction phases are axially aligned and grouped around an inner courtyard. The internal organisation of the buildings allows differently-sized operating units, which can be divided flexibly and individually. The classical, elegant appearance is dominated by the natural sandstone veneer facade, the peripheral steel-glass band on the stacked floor, dominat cornices and clearly emphasized columned entrances. Preservation of existing trees, new planting, landscaped roofs and fountains are elements of the integrative design concept in the service park.

Lageplan des Service-Parks

Site plan of the Service-Park

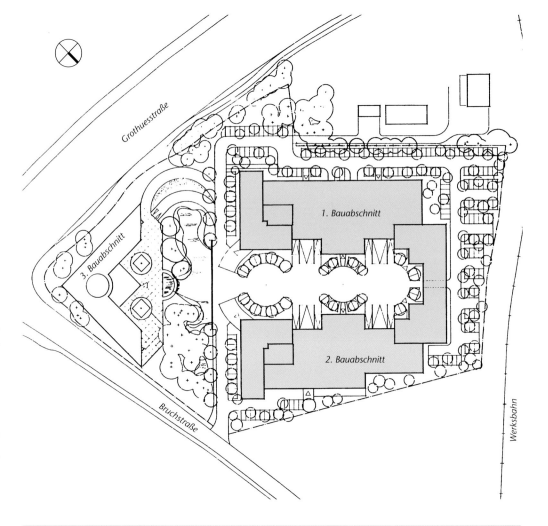

Klassische Gliederung der Baukörper und Fassaden (links und rechts) mit Fensterband, Kranzgesims und Eckeingängen

Classical design of building elements and facades (left and right), with window band, cornice and corner entrances

Strabag Bau AG
Hauptniederlassung Berlin-Brandenburg
Berlin

Der neue Verwaltungskomplex der Strabag Bau AG vereinigt alle Betriebseinheiten der Hauptniederlassung Berlin/Brandenburg in der Bessemerstraße in Berlin-Schöneberg. Der Neubau folgt dem Typus des Berliner Hofgebäudes. Die Verwendung von Klinker in den Fassaden spiegelt das Bauverständnis des Unternehmens, gleichzeitig ist sie eine Reminiszenz an die historischen Klinkerbauten in der näheren Umgebung, allesamt Baudenkmäler der gründerzeitlichen Industriearchitektur.

Strabag Bau AG's new administration complex incorporates all operating divisions of the head office Berlin/Brandenburg on Bessemerstraße in the district of Berlin-Schöneberg. The new building follows Berlin courtyard building architecture. The use of brick in the facade reflects the architectural understanding of the company and is simultaneously reminiscent of the historical brick buildings in the neighbourhood – all historic monuments of 19. century industrial architecture.

Fassadendetail über dem Haupteingang

Facade detail over main entrance

Blick in das Foyer (oben) und den Konferenzraum (unten)

View into the foyer (above) and the conference room (below)

Klinker und Fassadengliederung lehnen sich an die Berliner Bautradition an

Brick and facade articulation are reminiscent of Berlin traditions

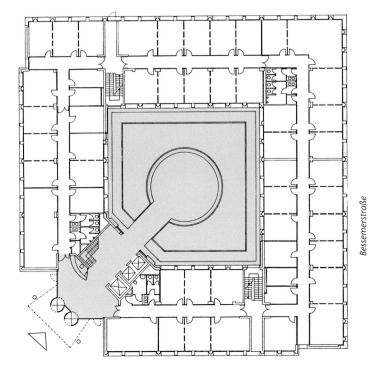

Bessemerstraße

Grundriß Erdgeschoß

Ground floor plan

OSE AG
Hauptverwaltung, Netzsteuerstelle und Regionalzentrum
Fürstenwalde

Die Weitläufigkeit der Landschaft am Rande der Stadt und die Darstellung der regional bezogenen Unternehmensidentität sind die Grundlagen für das Baukonzept der OSE Oder-Spree-Energieversorgung AG. Der Gebäudekomplex besteht aus mehreren Gebäudeteilen, in denen die Hauptverwaltung, eine Netzsteuerstelle und das Regionalzentrum untergebracht werden. Alle Funktionseinheiten sind so angeordnet, daß die äußeren Gebäudeköpfe einen Bogen spannen, der sich zur Spree öffnet und damit vielfältige Sichtbeziehungen zur Altstadt im Norden des Verwaltungszentrums gewährt. Auf der anderen Seite, im Süden, wird aus den bestehenden Grünflächen und Neuanpflanzungen ein Landschaftspark angelegt. Die Verwendung von traditionellen Bauelementen wie Klinker und hellen Putzflächen dokumentiert die Ortsverbundenheit des Energieversorgers.

The spaciousness of the landscape on the periphery of the city and the presentation of regionally emphasised corporate identity are the design principles behind the construction concept for the OSE – Oder-Spree-Energieversorgung AG. The building complex, accommodating head office, network control and regional centre, consists of several building elements. The office wings are arranged to open towards the Spree river and reach over the outer wings, which offer a variety of views to the old town in the north. A new park, composed of existing green areas and new landscaping, is being created in the south, on the other side of the office complex. Use of traditional building elements such as brick and light plaster areas document adherence to the regional traditions of the energy supplier.

Grundriß Erdgeschoß; in der Mitte das gemeinsame Foyer, im linken Gebäudeflügel die Kantine

Ground floor plan; the joint foyer in the centre, the dining room in the left building wing

Ansicht von Süden auf den verglasten Haupteingang

View from the south to the glazed main entrance

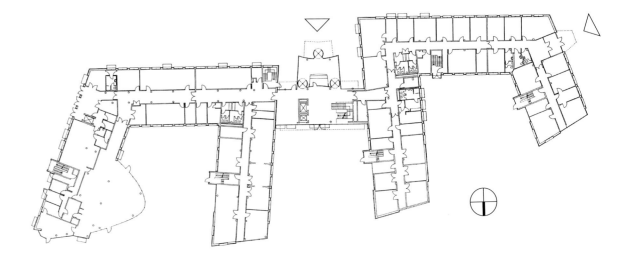

Nordansicht von der Spree

Northern view from the river Spree

Sichel und Rotunde am Schnittpunkt der Straßen- und Parkfassade

Sickle and rotunda at the intersecting point of road and park facade

Am Albertussee
Düsseldorf

Die Architektur des großflächigen Verwaltungsgebäudes beruht auf einem interdisziplinären Gesamtkonzept, das Funktionalität, Ökonomie, Kunst und Natur miteinander verbindet. Eingebettet in eine großzügig mit Kunstobjekten gestaltete Parklandschaft, bieten die vielfältigen Außen- und Innenräume hohe Aufenthalts- beziehungsweise Arbeitsplatzqualitäten. Rückgrat des Baukörperensembles ist ein leicht geschwungener Längstrakt, an den eine Rotunde und drei lineare Quergebäude angeschlossen sind. Parallel zum Schwung des Haupttraktes durchdringt eine Glaspassage, Erschließungsgang und transparente Kommunikationszone, die Quergebäude. Die Stahl-Glas-Fassaden der Quertrakte und der Rotunde sowie der helle Naturstein des Längstraktes stehen im formalen Kontrast untereinander, aber auch zur frei arrangierten Landschaft.

The architecture of the large-area administration building is based upon an inter-disciplinary overall concept combining functionality, economy, art and nature. Embedded in a park landscape generously designed with pieces of art, multiple external and internal spaces offer first-class leisure and workplace attributes. The spine of the construction element assembly is a slightly curved longitudinal portion with connected rotunda and three linear transverse buildings. Parallel to the curved main building section, a glass arcade - access corridor and transparent communication zone - penetrates the transverse buildings. The steel-glass facade of transverse building sections and the rotunda, as well as the light natural stone of the longitudinal portion, are in formal contrast to each other and also to the openly arranged landscape.

Blick vom Park auf die Gebäudeflügel

View from park to building wings

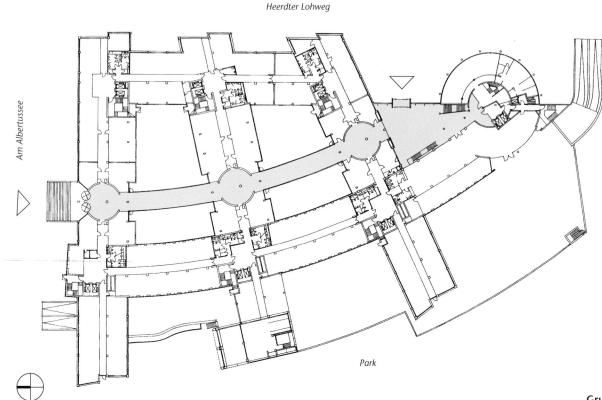

Heerdter Lohweg

Am Albertussee

Park

Grundriß Erdgeschoß

Ground floor plan

Außen- und Innenräume sind in ein Konzept
künstlerischer Objekte eingebunden

*External and internal rooms are artistically
integrated*

Haupteingang am Heerdter Lohweg

Main entrance on Heerdter Lohweg

Anger Park

Ratingen

Am Stadtrand von Ratingen, verkehrsgünstig zur Innenstadt und zur Autobahn gelegen, wurde 1996 der erste Bauabschnitt des neuen Büro- und Gewerbezentrums Anger Park fertiggestellt. Die beiden Gebäude bilden ein aufeinander abgestimmtes Ensemble. Ihre Hauptfronten verlaufen in einer Flucht parallel zur Zufahrtsstraße, auf der Rückseite umschließen die winkelförmigen Gebäude einen gemeinsamen Innenhof. Den Basisbauten, gestaltet mit vorgehängten Granitplatten, wurden jeweils Baukörper mit Metall-Glas-Fassaden vorgestellt. Die Farbgebung der verschiedenartigen Materialien ist aufeinander abgestimmt. Variationen der auf wenige Elemente reduzierten Formensprache führen zu unterschiedlichen Gebäudeansichten.

The first section of the new office and commercial park on the fringe of Ratingen, favourably located for city and autobahn-bound traffic, was completed in 1996. Both buildings form a compatible ensemble. Their main fronts run in alignment parallel to the access road, at the rear the angled office buildings surround a joint courtyard. Building structures with metal-glass facades were arranged in front of the basic structures, designed with granite cladding. The colour schemes of different materials are in harmony. Variations of the form language, reduced to only a few elements, repeatedly open different building views.

Ansicht Haus B von der Zubringerstraße

View of house B on the access street

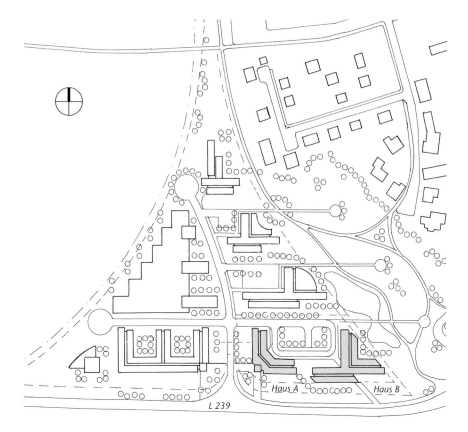

Lageplan des Büro- und Gewerbeparks mit den bisher realisierten Gebäuden A und B (grau hinterlegt)

Site plan of the office and commercial park with previously completed buildings A and B (grey background)

Haus A mit dem gemeinsamen Innenhof

House A with the joint courtyard

235

Tricom B
Ratingen

Das „Tricom Center" in Ratingen, ein Büro- und Gewerbe-park vor den Toren Düsseldorfs, soll durch einen dritten Bau-abschnitt erweitert werden. Tricom B ist ein Komplex aus drei Gebäuden, die zwar unterschiedlich genutzt werden, formal und konstruktiv aber miteinander verbunden sind. Auf dem östlichen Teil des Baugrundstückes ist ein Z-förmiges Büroge-bäude mit einem vorgelagerten „Büroturm" geplant. In der Verlängerung der Gebäudefront an der Borsigstraße soll ein viergeschossiger Riegel mit Service-, Großgewerbe- sowie Büroflächen folgen. Der dritte Bauteil wird aus drei Lagerhal-len für Kleingewerbe bestehen, die über ein gemeinsames Servicegebäude verbunden sind.

The Tricom Centre in Ratingen, an office and commercial park adjacent to Düsseldorf, is to be extended in the course of a third construction phase. Tricom B is a complex of three buildings used for different purposes, but connected formally and structurally. A Z-shaped office building with an „office tower" in front is planned on the eastern portion of the construction site, followed by a four-storey wing with service, commercial and office areas as extension of the building front on Borsigstraße. The third building element will comprise three warehouses for small businesses, connected via a joint service building.

Bürogebäude und Lagerhalle an der hinteren Zufahrtsstraße

Office building and warehouse on the rear access road

Modell der Gesamtanlage an der Borsigstraße

Model of the complete development on Borsigstraße

„Glasturm" am Entree zum Bürotrakt Ost (linke Seite)

„Glass Tower" at the entry to the eastern office portion (left)

DB Cargo KundenServiceZentrum
Duisburg

Wettbewerb Erster Preis

Competition First Prize

Office 21 Award 1998

Auf dem Gelände des ehemaligen Ausbesserungswerkes in Duisburg-Wedau entstand das neue KundenService-Zentrum der DB Cargo. Grundlage der Architektur ist ein integratives Bau- und Nutzungskonzept. Mäanderförmig verzahnt sich das Gebäude mit der Landschaft. Form und Organisation des Baukörpers folgen dem Vorbild der Natur. An einem Rückgrat, der inneren Verbindungsstraße, reihen sich die einzelnen Glieder als modulare und überschaubare Einheiten. In den gläsernen Abschnitten wurden flexibel nutzbare Bürostrukturen eingerichtet, die individuelles und gruppenorientiertes Arbeiten erlauben. Umfangreiche natürliche Belichtungs- und Klimatechnik runden das ganzheitliche Gebäudekonzept ab und erhöhen die Aufenthaltsqualität.

Deutsche Bahn Cargo built its new CustomerServiceCentre on the site of a former repair plant in Duisburg-Wedau. The architectural concept is based upon an integration of the functional requirements with the surrounding landscape. The building is integrated with landscape contours. Form and organization of the building follows the example of nature. Individual limbs, as modular clear units, are arranged along a backbone, the internal connecting road. Flexibly useable office structures are arranged in glazed sections, which allow individual and group-oriented working. Extensive natural lighting and air handling technologies round off the overall building concept and increase the habitable quality.

Modell aus der Vogelperspektive; deutlich erkennbar die Verzahnung des Gebäudes mit der Landschaft

The model, seen from bird`s eye view, illustrates how the building integrates with the landscape

Modulares Baukonzept im Modell (links) und im Grundriß Erdgeschoß (rechts): die Büroeinheiten an der zentralen Erschließungsachse lassen sich einzeln nutzen oder bei entsprechendem Bedarf zu größeren Einheiten kombinieren

Modular building concept as model (left) and ground floor plan (right); office units along the internal road can be used individually and expanded as required

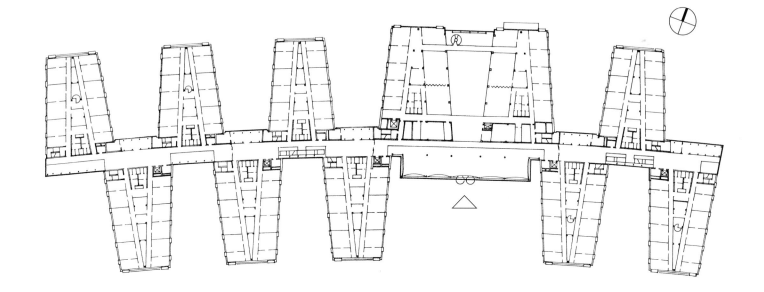

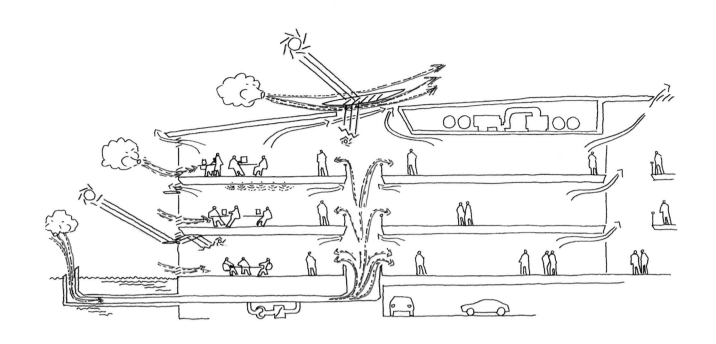

Tageslicht und natürliche Lüftung sind die Grundlage für die Klimatisierung des Gebäudes

Daylight and natural ventilation form the basis of the air-conditioning of the building

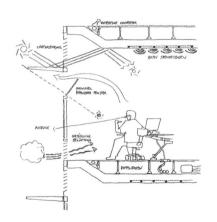

Hohe Arbeitsplatzqualität durch konsequente architektonische Einbeziehung natürlicher Voraussetzungen

Pleasant working atmosphere as a result of attention to natural ventilation and daylighting

Verbindung der Innenräume mit der Landschaft über großzügige Verglasungen; Direktionsebene (oben) und innere Straße (unten)

Connection of interior spaces to the landscape via generous glazing: boardroom level (above) and internal street (below)

Eingangsplaza vor dem großen Foyer,
dahinter das zentrale Atrium

Entry plaza in front of large foyer, with the
central atrium behind

DB Netz Geschäftsgebäude
Berlin

Auf einem Gelände zwischen weitläufigen Gleisanlagen und der Ecke Granitzstraße/Prenzlauer Promenade entstand das neue Verwaltungsgebäude „Netz" der Deutschen Bahn AG. Im weitläufigen Sockel aus Unter- und Erdgeschoß befindet sich eine funktional selbständige und abgeschirmte Steueranlage für den Zugverkehr. Drei langgestreckte Zeilenbauten optimieren den Verdichtungs- und Nutzungsgrad der Anlage. Zwei parallel verlaufende Riegel fassen die Steueranlage ein. Der dritte Riegel wurde als Reaktion auf die Nachbarbebauung an der östlichen Grundstücksgrenze schräg versetzt. Die streng horizontale Gliederung der Baukörper und die Reduktion auf die Fassadenmaterialien Glas und Putz unterstreichen die sachlich-elegante Gebäudefiguration.

On an area between extensive railway sidings and the corner of Granitzstraße/Prenzlauer Promenade, Deutsche Bahn AG built its new networks administration building in Berlin-Pankow. The functionally independent and safeguarded control system for rail operations is located in the extensive base, consisting of sub-base and 1. Floor. Three elongated building rows optimize the degree of densification and utilization. Two parallel wings encompass the control system. As reaction to neighbouring construction, the third wing was diagonally placed on the eastern boundary of the building. The stringent horizontal articulation of the building element and the reduction of facade materials to glass and plaster emphasize the functionally elegant building configuration.

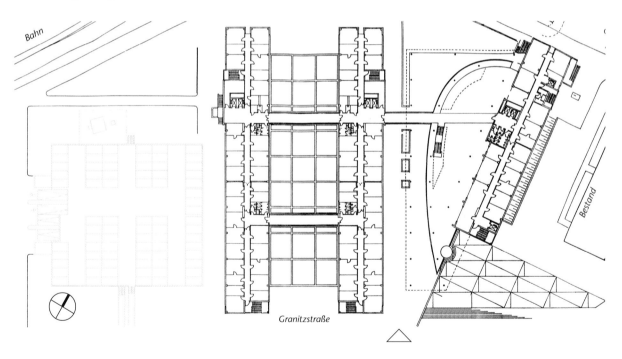

**Grundriß 1. Obergeschoß,
Brücken verbinden die Büroetagen der
Zeilenbauten**

*Floor plan 1. floor,
bridges connect the office floors of building rows*

Modell der Büroriegel mit Eingangshalle

Model of office wing with entrance hall

243

DB Cargo Verwaltungsgebäude

Mainz

In Zusammenarbeit mit INFRA, Mainz

In collaboration with INFRA, Mainz

In unmittelbarer Nähe zur Altstadt und zum Südbahnhof Mainz, mit regionalen und überregionalen Verkehrsanschlüssen, bezog die DB Cargo ihre Geschäftsbereichszentrale. Neben der historischen Bastion Franziskus folgt der 220 Meter lange Riegel mit einem leichten Schwung dem Lauf des Rheines und der parallel geführten Rheinallee. Fünf kammartige Quergebäude erstrecken sich in die Tiefe des Grundstückes. Ein aufgeständerter Kopfbau mit schräg geschnittener Fassade markiert den Haupteingang. An die große Eingangshalle grenzt eine glasüberdachte Freifläche. Sie ist die Verbindung zwischen dem Neubau und der Bastion, die als Kantine in die Zentrale integriert wurde.

In direct proximity to the old town and the south railway station of Mainz and enjoying regional and pan-regional traffic links, Deutsche Bahn Cargo moved into its new divisional headquarters in Mainz. Adjacent to the historic Franziskus fortress, the slightly curved 220m wing follows the course of the Rhine river and the parallel Rheinallee. Five comb-like transverse building sections reach deep into the building site. The main entrance building with slanting glass facade stands on piles. The lobby which is extended by a glass-roofed open foyer, functions both as a dinig room and as a connection of the old to the new building.

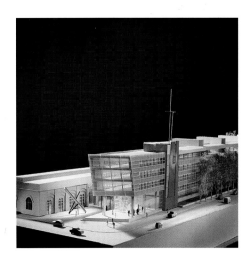

Kopfbau mit Haupteingang und historischer Bastion

Model of apex building with main entrance and historic fortress

Hauptfassade zur Rheinallee und Grundriß Erdgeschoß

Main facade towards Rheinallee and ground floor plan

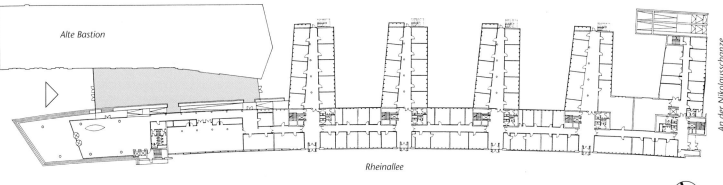

Glasüberdachter Platz mit Haupteingang zwischen Neubau und restaurierter Bastion (links)

Glass-roofed plaza with main entrance between new building and restored fortress (left)

245

Kreissparkasse
Melsungen

Wettbewerb Erster Preis

Competition First Prize

Die Kreissparkasse Melsungen soll durch umfassende Modernisierung ein neues Erscheinungsbild erhalten. Gleichzeitig sollen mit den Baumaßnahmen Kundenkomfort und Arbeitsbedingungen der Angestellten verbessert werden. Der Entwurf schlägt vor, das historische Gebäude mittels eines gläsernen, lichtdurchfluteten Erweiterungsbaues zur Fußgängerzone hin zu öffnen. Die neue Glashalle wird als durchgehend geöffnete Selbstbedienungshalle eingerichtet. Sie ist über eine transparente Zwischenwand an die zentrale Kassenhalle angeschlossen. Hier wird ein üppig bepflanzter Lichthof die offene Raumstruktur der Kundenbereiche und die angrenzenden Arbeitsräume über zwei Geschosse mit zusätzlichem Tageslicht versorgen.

Extensive modernization will facelift the Kreissparkasse Melsungen. The construction measures will also upgrade customer comfort and working conditions for personnel. The design proposes to open the historical building by means of a glazed, light-flooded extension towards the pedestrian area. The new glass hall will be designed as a continuously open self-service foyer connected to the central cashier hall via a transparent partition. A densly planted courtyard provides added daylight for the open space customer areas and adjacent offices over two floors.

Die transparente Halle verbindet die Sparkasse mit der Fußgängerzone

The transparent hall connects the savings bank with the pedestrian area

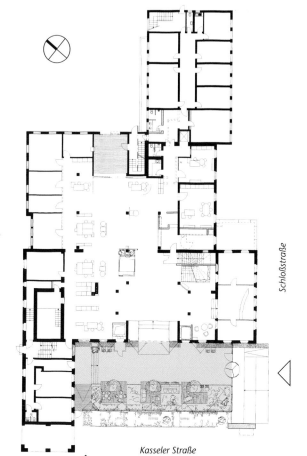

Grundriß Erdgeschoß

Ground floor plan

Schloßstraße

Kasseler Straße

Modell des historischen Gebäudes mit gläsernem Erweiterungsbau an der Kasseler Straße

Model of the historical building with glazed extension on Kasseler Straße

ARAG Hauptverwaltung

Düsseldorf

In Zusammenarbeit mit Foster & Partners

In collaboration with Foster & Partners

Ansicht der Türme von der Brehmstraße

View of towers from Brehmstraße

Mit dem Konzepttitel „Türme im Park" nahmen die Planungen für das Verwaltungshochhaus der ARAG – Allgemeine Rechtsschutzversicherungs AG im Norden Düsseldorfs ihren Anfang. In einem ersten Bauabschnitt wird zunächst eine funktional und technisch autarke Hochhaus scheibe errichtet. Der Standort, unweit des Flughafens an einer Hauptverkehrsachse gelegen, ist signifikanter Ausgangspunkt für einen neuen Stadtpark. Das in Zusammenarbeit mit Foster & Partners entwickelte Nutzungskonzept sowie die innovative Gebäudetechnik sind Grundlage für Form und Struktur des ersten Turms. Mehrere übereinanderliegende „Stapel" aus jeweils acht Geschossen bilden sich durch die doppelschaligen Abluftfassaden nach außen ab und bestimmen den Rhythmus der vertikalen Gebäudegliederung. Im Wechsel mit Bürogeschossen stellen „Gartengeschosse" attraktive Kommunikations- und Erholungszonen dar.

Standort Mörsenbroicher Ei mit neuer (unten) und alter (darüber) ARAG-Hauptverwaltung

Location on Mörsenbroicher Ei with new (below) and existing (above) ARAG headquarters

"Towers in the Park" was the title of the initial planning concept for the administrative headquarters of the ARAG concern, a company specializing in the insurance of legal costs. The first stage of the development comprises a functionally and technically independent high-rise slab. Located in the north of Düsseldorf on a main traffic artery not far from the airport, the complex creates a striking entrance situation to a new civic park. The form and structure of the first tower were the outcome of the utilization concept for the building – drawn up in collaboration with Foster and Partners – and the application of innovative constructional technology. The two-layer ventilation-facade is divided into a series of eight-storey "stacks" that establish a rhythmic vertical articulation of the building externally. Between the floors for office use are "garden storeys" that provide attractive zones for communication and recreation.

Technik- und Gartengeschosse bestimmen den Rhythmus der Fassaden

Service and garden storeys determine the rhythm of the facades

Grundrisse der verschiedenen Geschoßtypen
von oben nach unten:
Regelgeschoß, 1. Obergeschoß, Gartenge-
schoß und Technikgeschoß

*Floor plans of various floor types from top to
bottom*
*Standard floor, 1. floor, garden deck and
technology floor*

Schnitt durch beide Türme

Section through both towers

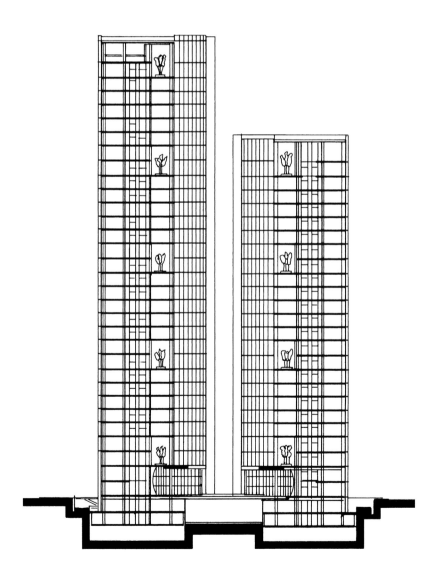

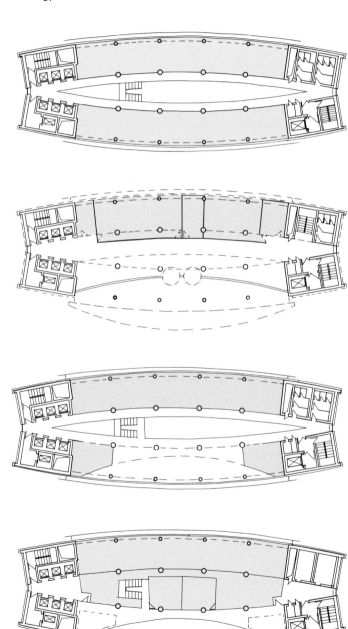

**Modellfoto 1. Bauabschnitt
(aktueller Planungsstand)**

*Photo of model 1. construction phase
(present design status)*

Gebäudeensemble an der Twardastraße

Ensemble in Twardastraße

Hochhaus Grzybowskiplatz / Shalom Stiftung
Warschau

Im Stadtzentrum von Warschau, im südlichen Teil des ehemaligen Ghettos, soll ein multifunktionaler Baukomplex errichtet werden. Im direkten Umfeld liegen verschiedene Einrichtungen der jüdischen Gemeinde, die alte Synagoge sowie das jüdische Theater. Größe und Form der Baukörperkomposition wurden unter Berücksichtigung der nachbarschaftlichen Sicht- und Wegebeziehungen festgelegt. Das Ensemble besteht aus zwei primären Bauteilen mit unterschiedlichen Nutzungen. Ein 16geschossiges Hochhaus ist nach Süd-Osten und Süd-Westen ausgerichtet. Seine Form entwickelt sich aus der Bewegung des Platzes. Als sanfter Übergang vom Theater zum Hochhaus dient ein viergeschossiger Baukörper. Er mündet in einen gestalteten Innenhof, der die Neubauten mit dem Bestand räumlich bindet. Am Übergang Twardastraße und Grzybowskiplatz stellt ein zweigeschossiger Vorbau die historische Raumkante wieder her. Die bislang unbefriedigende Raumsituation wird durch den neu gewonnenen direkten Dialog zum Platz verbessert.

Plans have been made for the erection of a multi-purpose complex in the centre of Warsaw, in the southern part of what was formerly the Ghetto. Various facilities belonging to the Jewish community exist in the immediate vicinity such as the old synagogue and the Jewish theatre. The scale and form of the new development were designed to take account of sight lines and linking routes within the neighbourhood. The ensemble consists of two primary structures that accommodate different uses. The form of the 16-storey block oriented to the south-east and south-west is generated from the lines and movement of the public open space. A four-storey volume creates a gentle transition from the theatre to the high-rise block and defines a carefully designed courtyard that forms a spatial link between the new structures with the existing fabric. At the junction between Twardastraße and Grzybowskiplatz, a two-storey projecting tract reinstates the historical edge of this urban space. The unsatisfactory spatial situation that existed at this point is mitigated by the newly activated dialogue with the public realm.

Baukörperentwicklung am Übergang Twarda und Grzybowskiplatz

Formation of buildings at the transition from Twarda to Grzybowskiplatz

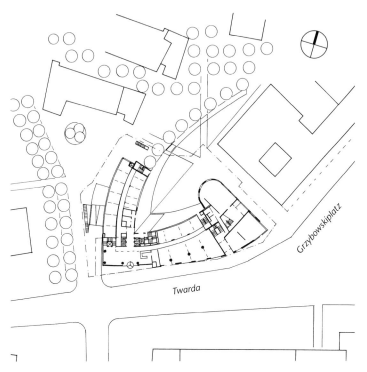

Grundriß Erdgeschoß

Ground floor plan

Raumbildung mit schallgeschützten Innenhöfen; Blick von Süden

*Creation of spaces with acoustically screened
courtyards; view from south*

Telekom Verwaltungsgebäude

München

Wettbewerb

Competition

Östlich der Münchener Innenstadt plant die Telekom ein repräsentatives Verwaltungsgebäude. Die „Grundstücksrestfläche" aus Dreieck und Quadrat wird begrenzt von orthogonalem Straßenraster, ungeordneten Gewerbeflächen und an der westlichen Dreiecksseite von einer breiten Bahntrasse. Bei der Konzeption des Gebäudes waren die hohen Schallpegel aus der Umgebung besonders zu berücksichtigen. Die geschlossene Riegelformation bildet ruhige Hofräume aus. Zur Bahntrasse bildet die geschlossene Bebauung eine Schallschutzwand. Für den Zugreisenden stellt sich diese als großstädtische Bebauung dar. Als Rückgrat verbindet sie die weiteren Baukörper und unterschiedlichen Funktionsbereiche des Telekom-Unternehmens: einen gebogenen Riegel, der einen grünen Innenhof begrenzt, einen Turm als abgesetzte Landmarke innerhalb der flacheren Blockbebauung sowie durch die Überleitung auf die quadratische Teilfläche des Grundstücks ein freistehendes Gebäudeoval mit weiteren Flächen für moderne Bürokommunikation.

To the east of the city centre of Munich, Telekom proposes to build an imposing administration building. The residual site on which the development was planned consists of a triangular and a square area. The site is enclosed within an orthogonal grid of streets and is bordered by unstructured commercial areas and, on the western flank of the triangle, by a broad railway strip. The design had to take special account of the high noise levels from the surrounding areas. The linear, closed block layout led to the creation of a number of quiet courtyard areas. An elongated structure along the railway line forms an acoustic screen that shields the site to the rear and presents itself to railway passengers as a development on a metropolitan scale. The structure also forms a spine that links the different functional realms of the Telekom organization in the other sections of the development. These include a curved strip enclosing a planted courtyard; a tower that creates a distinct landmark among the lower block developments; and a free-standing oval structure realized at the transition to the square part of the site and containing further spaces for modern communications offices.

Modellaufsicht; Gebäudekonfiguration zwischen Bahntrasse und orthogonalem Straßenraster

View of model from above, showing layout of buildings between railway lines and orthogonal street grid

Ansicht von der Dingolfinger Straße

View from Dingolfinger Straße

Ländervertretung Hessen

Berlin

Wettbewerb Ankauf

Competition: „Purchase" Prize

Das Land Hessen präsentiert sich im Berliner Bezirk Mitte mit einem „grünen" Haus. Das Gebäude stellt sich als diagonal aufgeschnittener Kubus dar. Das transparente Leuchtband wird im Innern von Pflanzungen begleitet. Idee ist, den traditionellen Berliner „Ministergarten" an der Südseite in das Gebäude hinein zu verlängern. Die grüne Diagonale ist übergeordnetes, raumbildendes Element der Landesvertretung. Sie dient als großzügiges Foyer und erschließt mit ihrer zentralen Freitreppe die öffentlichen Bereiche auf zweiter Ebene, wie die Bibliothek „Hessen im Buch". Die oberen Treppenstufen werden von Sitzrängen flankiert. Von hier aus hat man einen hervorragenden Blick zurück in den fließenden Raum von innen- und außenliegendem Garten. Die Dramaturgie von Weite und Höhe wird verstärkt durch die Eingeschossigkeit des Eingangsbereichs. Erst nachdem der Besucher im hinteren Gebäudeteil angelangt ist, erschließen sich ihm überraschende Dimensionen.

The representation of the federal state of Hessen in Berlin is housed in a "green building" situated in the city centre – a cubic structure cut open on the diagonal. The cut line – complemented by internal planting – is in the form of a transparent strip of fenestration in a solid facade that is otherwise perforated by rectangular window openings. The concept was to extend the traditional Berlin "ministerial garden" along the south side by drawing it into the building. The green diagonal line is the primary space-defining element of the building. It led to the creation of a spacious foyer, from where, via a central open staircase, access is provided to a second level with public facilities such as the library ("Hessen in book form"). The upper steps are flanked by tiers of seating, from where one has a superb view back to the spatial continuum of the internal and external gardens. The dramatic play of breadth and height is accentuated by the constriction of the single-storey entrance area. Only when the visitor reaches the rear part of the building do its unsuspected dimensions reveal themselves.

Diagonal aufgeschnittener Gebäudekubus von der Garten- bis zur Straßenseite, Ansicht

View of building with diagonal "cut" from garden to road

Gartenfoyer mit zentraler Treppe

Garden foyer with central staircase

Grundriß 3. OG

Third floor plan

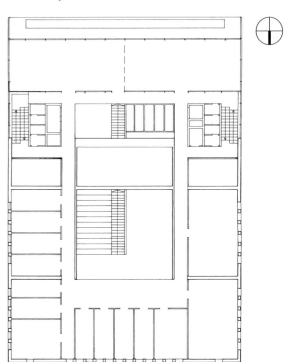

Gewerbe- und Verkehrsbauten
Buildings for Commerce and Transport

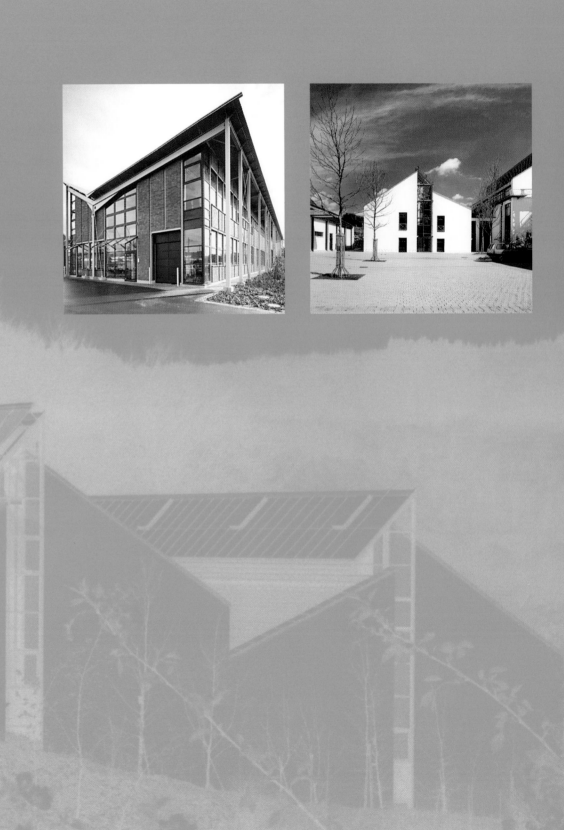

Paradigmenwechsel:
Vom allmählichen Verschwinden der Architektur zur „poetischen Maschine"

Change in Paradigms:
From the Gradual Evanescence of Architecture to the "Poetic Machine"

Frank Werner

Walter Gropius' Faguswerke, Alfeld, 1911

Blickt man auf das trostlose Einerlei heutiger Industrie- und Gewerbebetriebe, dann werden allenfalls wehmütige Erinnerungen daran geweckt, daß es in der Architekturgeschichte des frühen zwanzigsten Jahrhunderts doch mal so etwas wie eine „heroische" Phase des Industriebaus gegeben hat. Längst vergessen scheinen die Zeiten, in denen ein Peter Behrens mit seinen Fabrikbauten für die Berliner AEG, darunter nicht nur die bahnbrechende Turbinenhalle aus dem Jahre 1909, die „corporate identity" eines ganzen Konzerns durch höchst anspruchsvolle Architektur zum Ausdruck brachte. Passé scheinen die Zeiten, in denen ein Gewerbebau wie die 1911 fertiggestellten Faguswerke in Alfeld an der Leine, erbaut von Walter Gropius und Adolf Meyer, als regelrechter „Befreiungsschlag" gegen verkrustete Architekturtraditionen galt. Aber weiß heute noch jemand, wie sehr Hans Hertlein mit seinen zahllosen Werksbauten in Berlin-Siemensstadt, aber auch in vielen anderen Städten Deutschlands und Europas während der zwanziger Jahre das avantgardistische Erscheinungsbild des Siemenskonzerns geprägt hat? Selbst an Persönlichkeiten wie Fritz Schupp, denen es gelang, zumindest einen Teil dieser innovativen Vorreiterrolle des Gewerbebaus in die Zeit nach dem Zweiten Weltkrieg hinüberzuretten, werden sich nur wenige erinnern.

Daß periphere wie zentrale Industrie- und Gewerbegebiete heute größtenteils so aufregend wirken wie Containerstapelplätze an Häfen oder Bahnhöfen, hat freilich eine Vielzahl von Gründen. So war in den letzten Jahrzehnten nicht von ungefähr ein regelrechtes Hinsiechen der europäischen Groß- und Schwerindustrie zu registrieren. Aspekte verschärften Wettbewerbs, Konzernübernahmen und die Suche nach dem jeweils ökonomischsten Standort waren für die zunehmend global vernetzten Holdinggesellschaften bei der Aufgabe traditioneller Standorte ebenso ausschlaggebend wie verschärfte Umweltauflagen, mangelhafte Expansionsmöglichkeiten sowie zu hohe Personalkosten und Steuerlasten. Das hatte zur Folge, daß die „Dinosaurier" des Industriebaus hierzulande nahezu ausgestorben sind. Wenn neue Fabrikanlagen derzeit überhaupt noch gebaut werden, dann fast ausschließlich in Osteuropa oder in sogenannten Schwellen- beziehungsweise Drittweltländern. Was uns geblieben ist, sind meist mittlere bis kleine Gewerbebetriebe. Aber selbst deren Produktionsbedingungen haben sich grundlegend gewandelt. Rationalisierung, Automatisierung und Digitalisierung haben mitunter bereits zu beinahe „menschenleeren" Produktionsstätten geführt. Große Maschinenkolosse wird man dort vergeblich suchen. Auch

Any contemplation of the cheerless monotony of today's industrial and commercial buildings arouses at the most wistful memories that, in the architectural history of the early 20. century, something akin to a "heroic" phase of industrial construction once prevailed. Long forgotten are the times in which a certain Peter Behrens, with his factory buildings for the Berlin AEG, including not only the pioneering turbine hall of the year 1909, applied highly demanding architecture to communicate corporate identity for an entire concern. Past are the times in which a commercial building like the Faguswerke in Alsfeld, built by Walter Gropius and Adolf Meyer, was regarded as a bold "blow of liberation" against stick-in-the-mud architectural traditions. And who today is aware of just how much Hans Herlein stamped the avant-garde corporate image of the Siemens concern during the twenties with his numerous works buildings in Berlin-Siemensstadt, as well as in many other cities of Germany and Europe? Very few of us too will recall personalities like Fritz Schupp who managed to save at least part of the innovative pioneering role of commercial construction in the period following World War II.

There are naturally many reasons for the phenomenon that both peripheral as well as central commercial parks of today appear about as attractive as container collection points at ports and railway stations. Not by chance has European large-scale and heavy industry undergone an outright shrivelling process over last decades. Aspects of intenser competition, company takeovers and the search for the most economic location were, for the increasingly globally interlinked holding companies, just as decisive for the relinquishment of traditional locations as were sharpened environmental stipulations, inadequate expansion potentials, hand-in hand with too high personnel costs and tax burdens. The consequence is that the "dinosaurs" of industrial construction in this country are virtually extinct. When new factories are built today, if at all, then almost exclusively in eastern Europe or in the so-called emerging or third-world countries. What we are left with are, for the most part, middle-sized to smaller businesses. But even their production environment has experienced dramatic evolution. Rationalization, automation and digitalization have also played their part in creating plants virtually void of people. Here, one can search for mammoth machine complexes in vain. Contemporary

veränderte Unternehmensstrategien wie „lean management", „lean production" oder „just-in-time-supply" haben sich insofern nachhaltig auf das bauliche Erscheinungsbild solcher Anlagen ausgewirkt, als man häufig nur noch fensterlose, stützenfreie Großcontainer ohne separate Personal-, Lager-, Energieversorgungs- oder Verwaltungsbauten benötigt. Während die alten innerstädtischen Industriereviere inzwischen fast gänzlich brachliegen und einer Revitalisierung für neue Zweckbestimmungen harren, drohen die Wüsteneien neuer, gesichtsloser Gewerbegebiete, die sich unkontrolliert wuchernd wie bleischwere Ringe um die Stadtzentren gelegt haben, das schon lange gestörte Stadt-Land-Gleichgewicht gänzlich auszuhebeln. Gleichwohl sollte nicht verschwiegen werden, daß einige Firmen inzwischen längst den Wettbewerbsvorteil einer auch wieder architektonisch zum Ausdruck gebrachten „corporate identity" erkannt haben, so daß es dadurch vereinzelt zu einer Revitalisierung des anspruchsvollen Gewerbebaus gekommen ist. Namhafte Architekten, deren Arbeit in der Regel der etwas diffusen Rubrik „High-Tech-Architektur" zugeordnet wird, betätigen sich inzwischen sogar wieder mit Vorrang auf diesem Sektor. Und seit einiger Zeit werden hierzulande sogar spezifisch auf den Gewerbebau zugeschnittene Auszeichnungen ausgelobt, wie etwa der „Constructec Preis" für besonders gelungene internationale Beispiele. Zur Verbesserung des bislang dennoch reichlich unterkühlten Klimas für diese eminent wichtige Bauaufgabe der Zukunft haben auch Architekten RKW Wesentliches beigetragen.

So errichteten sie bereits Anfang der achtziger Jahre auf dem weitläufigen Fabrikgelände der Firma Steinmüller in Gummersbach ein Ausbildungszentrum, das noch heute als vorbildlich zu bezeichnen ist. Das zur Verfügung stehende Restgrundstück an der Peripherie des Firmenareals war auf drei Seiten von einem Turbinenhaus, einem Blechlager sowie einer Montagegerätehalle eingeschnürt. Die Belichtung konnte also nur von einer Seite, nämlich der Westseite her erfolgen. Daher entstand der Gedanke, alle wichtigen Bereiche des Neubaus über Sheddach-Konstruktionen zusätzlich von oben zu belichten. Zwischen Turbinenhalle und Blechlager sollte der Bau werksintern erschlossen werden, extern dagegen über einen Eingang von der Rospestraße am Westrand des weitläufigen Fabrikgeländes. Auf drei Nutzungsbereiche verteilt waren eine Lehrwerkstatt, eine Lehrschweißerei sowie ein Schulungszentrum für etwa 197 Lehrlinge aus gewerblichen, technischen und kaufmännischen Abteilungen der Firma unterzubringen. Aus diesem Grund wurde der Baukörper

corporate strategies like "lean management", "lean production" and "just-in-time delivery" have also exerted an on-going influence on the constructional appearance of such plants insofar that frequently only windowless, support-free large containers are required without any need for separate personnel, storage, energy supply or administration buildings. Whereas the old inner city industrial areas now lie virtually fallow awaiting revitalization for new purposes, we are threatened by wastelands of modern, faceless commercial estates which uncontrolled and rampant now strangle city centres like leaden nooses and completely disfigure the already long-destroyed urban-rural balance. Nonetheless, the fact should not be disguised that several companies have meanwhile spotted the competitive edge offered by architecturally expressed corporate identity and thereby precipitated, in part, a revitalization of high-grade commercial architecture. Renowned architects, whose work as a rule was slotted into the somewhat diffuse category of "hightech architecture", are meanwhile even giving this sector precedence. Moreover, for some time now, awards have been available specifically for commercial buildings, for example, the "Constructor Prize" for especially good international architecture. in upgrading the nonetheless still highly undercooled climate for this eminently important building task of the future, the RKW architects have also made substantial contributions.

At the start of the eighties, for example, on the sprawling industrial property of the firm Steinmüller in Gummersbach, RKW built a training centre which is still regarded as paradigmatic today. The available plot on the periphery of the company property was hemmed in on three sides by a turbine house, a sheet metal warehouse and an assembly equipment hall. Lighting could only come from one side, namely the west. This gave rise to the idea of additionally lighting all key areas of the new building from above by sawtooth roof constructions. Between the turbine house and the sheet metal warehouse the building was to be accessed works-internally, externally, however, via an entrance from the Rospestraße on the west side of the sprawling property. Three usable areas were to accommodate a training workshop, a training welding plant and a schooling centre for 197 apprentices from the company's industrial, technical and commercial divisions. For this reason, the structure was also staggered in three sections to the rear on

denn auch an der Rospestraße dreiteilig hintereinandergestaffelt, so daß die unterschiedlichen Funktionen hier an der einzigen Schaufassade ablesbar sind. Lediglich der mittlere Trakt verfügt über zwei Geschosse. Im unteren wurden alle Toiletten-, Wasch- und Umkleideräume in Verbindung mit einem von der Straße her belichteten Aufenthaltsraum zusammengefaßt, während das obere ausschließlich Zeichen- und Schulungsräume beherbergt. Die Erschließung des Obergeschosses erfolgt über zwei geschlossene Treppenhäuser von den Stirnseiten her. Wohl um die Silhouette vor der Monotonie gleichförmig aneinandergereihter Dachkörper zu bewahren, wurden die Sheds über der Lehrwerkstatt sowie den Schulungsräumen nach Norden ausgerichtet, wohingegen sich diejenigen über der inzwischen anderweitig genutzten Lehrschweißerei nach Süden orientieren. Auch fünfzehn Jahre nach seiner Fertigstellung hat das Bauwerk kaum etwas von jener sorgfältig gefügten, maßstabsgerechten Einfachheit eingebüßt, für die es wiederholt ausgezeichnet wurde. Der tektonische Wechsel von ziegelverkleideten Wandflächen und Pfeilern zu grün lackierten Stahl-Glas-Aufachungen für Fensterflächen überzeugt außen noch genauso, wie innen der Dialog zwischen intimen, vom Rotbraun der Ziegel dominierten Raumzonen und hoch aufsteigenden Sheddächern. Die sorgfältig dimensionierten und aufeinander abgestimmten Stahlträger der Dachschrägen lagern oberhalb der Ziegelwände auf sehr viel kräftigeren, aber kaum weniger fein strukturierten, horizontalen Stahl-Fachwerk-Bindern vor den Fensterbändern der Sheds. Die entfernt an Mies van der Rohes Bauten erinnernde tektonische Konkordanz gleichförmig „gefügter" Strukturelemente, die Maßstäblichkeit verwendeter Raumhöhen und Materialien und das Gespür für disziplinierte Selbstbehauptung inmitten eines heterogen verbauten Industriekonglomerats zeichneten den Bau damals wie heute aus; verkörperte er doch seinerzeit schon annähernd all das, was man im Einerlei gestaltloser Gewerbeareale architektonisch so schmerzlich vermißte.

Ein gutes Jahrzehnt später errichtete RKW in Heusenstamm bei Frankfurt einen Erweiterungsbau für den deutschen Hauptsitz des Textilunternehmens Levi Strauss. Gewünscht wurde ein neues Warenverteilzentrum in Kombination mit einem Bürogebäude. Es entstand eine weitläufige, geschlossene Verteilerhalle, welche nach Osten von einem winkelförmigen Bürotrakt eingefaßt wird. Der relativ niedrige Hallenkörper wurde gegen das viergeschossige Bürogebäude leicht verdreht, so daß sich der Strenge eines autonomen Containers trotzend eine differenzierte Abstufung der Baukubatur ergab. Die Anlieferung für das Verteilzentrum in der Halle erfolgt über große, diagonal angeordnete LKW-Rampen und Tore im Erdgeschoß durch einen der beiden Büroflügel hindurch. Städtebaulich akzentuiert wurde aber vor allem die östliche Eckausbildung der beiden hohen Gebäudeschenkel. Neben einem geschlossenen Turm, von dem eine schräg angeschnittene Wand auskragt, befindet sich hier die in voller Gebäudehöhe verglaste, leicht konvex vorgewölbte Eingangshalle. Außer Verwaltungsräumen beherbergt der Bürotrakt noch ein Atrium mit Kantine, welches für Modeschauen und Präsentationen genutzt wird. Die Dachflächen des Gesamtkomplexes sind größtenteils begrünt und als begehbare Terrassen zu nutzen. Nahezu alle der am Außenbau verwendeten Materialien entstammen dem Industriebau. Sie wurden hier allerdings sehr sorgfältig aufeinander abgestimmt eingesetzt, um ein im Prinzip sehr einfaches Nutzgebäu-

Steinmüller Ausbildungszentrum *(training center)*, **Gummersbach**

the Rospestraße, so that the various functions are manifested here and on the only display window. Only the middle section has two floors. The lower floor incorporates all toilets, washing and changing rooms in conjunction with a communal room illuminated from the street, whereas the upper floor is devoted solely to drawing offices and classrooms. Access to this floor is via two self-contained stairways from the gable sides. To spare the silhouette the monotony of uniform contiguous roof structures, the sawtooth roofs of the training workshop and the classrooms face north, whereas those covering the training welding plant, now serving other purposes, face south. Even fifteen years after completion the building has hardly forfeited any of its meticulously applied, true-to-scale simplicity, for which it has won repeated awards. The tectonic alternation of brickwork walls and columns with green lacquered steel-glass window panels, highlights both externally and internally the dialogue between the intimate room areas dominated by russet brickwork and the steeply rising sawtooth roofs. The carefully dimensioned and mutually harmonizing steel girders of the roof tilts lie above the brickwalls on much more substantial but no less finely structured horizontal steel lattice trusses in front of the window beams of the sawtooth structures. The tectonic concordance of uniformly "inserted" structural elements - vaguely calling to mind buildings by Mies van der Rohe, the scale gradation of the room heights and the materials, plus the feeling for disciplined self-assertion amid a heterogeneous misconstructed industrial conglomerate are still characteristic for the building today; even upon completion it already incorporated virtually all that which, lamentably, was so architecturally lacking in the monotony of amorphous commercial areas.

More than a decade later, in Heusenstamm near Frankfurt, RWK built an extension for the German headquarters of the textile concern Levi Strauss. Required was a new merchandise distribution centre in combination with an office complex. A spacious, self-contained merchandise distribution hall was created, enclosed to the east by an angled office structure. The relatively low hall structure was angled slightly to the four-storey building, thereby challenging the severity of an autonomous container landscape and resulting in a differentiated gradation of the building cubature. Deliveries to the distribution centre in the hall are via large, diagonally arranged truck ramps and doors in the ground floor through one of the two office wings. Town planning accents, however, were set above all on the eastern corner of the two high building wings. In addition to a self-contained tower protruding from an obliquely designed wall, this is essentially the glazed, slightly convex pre-arched entry lobby soaring to the full height of the building. Apart from offices, the office structure also accommodates an atrium with canteen, a facility also popular for fashion shows and presentations. Practically all materials used for the exterior stem from industrial construction. Here, however, they have been scrupulously matched with each other, to enrich what is in fact a simple utility building by an interestingly layered facade texture plus an unmistakable silhouette, unusual for such buildings.

RKW architects were confronted by a completely different

de anzureichern durch eine interessant geschichtete Fassadentextur sowie eine für solche Bauwerke ungewöhnliche, weil unverwechselbare Silhouette.

Vor einer ganz anderen Problematik standen die Architekten von RKW, als sie den Auftrag erhielten, für das Energieversorgungsunternehmen Gasgesellschaft Aggertal in Gummersbach gegen Ende der achtziger Jahre ein Betriebsgebäude nebst Lager sowie eine repräsentative Hauptverwaltung zu errichten. Bei der baulichen Ausformung dieser anscheinend kaum kompatiblen Einzelnutzungen verstanden es Architekten RKW mit großem Geschick, die steile Hanglage des vorgefundenen Terrains auszunutzen. In der Folge enstand, den Hang hinaufgestaffelt, ein kleiner, regelrechter Gewerbepark, dessen Einzelfunktionen sich trotz des beinahe schon städtisch wirkenden Ensemblecharakters deutlich ablesen lassen. Den höchsten Punkt des Geländes besetzen das repräsentative Verwaltungsgebäude und – seitlich etwas abgerückt – das kleine Hausmeisterhaus. Die Grundidee für die Konzeption des Verwaltungsgebäudes, die darin bestand, ein Satteldachhaus im First „aufzuspalten", die beiden Hälften voneinander abzurücken und die dadurch enstandenen Zwischenräume als Glasfassaden und Glaspultdächer auszubilden, wurde konsequent auch auf alle übrigen Bauabschnitte des Gesamtensembles übertragen. Die vor allem in der großen Halle des Verwaltungsgebäudes exemplarisch präsentierte Energieeinsparung durch die intensive Nutzung des über das gläserne Pultdach einfallenden Tageslichts unterstreicht die umweltbewußte Grundhaltung des Unternehmens. Diese gebäudehohe und sehr breite Halle, um die sich beidseitig Kundenräume, Cafeteria, Vortrags- und Sitzungssäle sowie im Obergeschoß Büroräume gruppieren, erinnert aufgrund der frei gespannten Sonnensegel, des Brückenstegs, der im Obergeschoß ringsum verlaufenden Laubengänge und den darüber wuchernden „Pflanzenbalkonen" eher an einen einladenden Marktplatz als an das unterkühlte Foyer eines Hauptverwaltungsgebäudes. Vor allem diese Grundhaltung ist es, welche als „corporate identity" der Firma architektonisch eingänglich widergespiegelt wird, allenfalls noch sanft unterstrichen durch den gezielten Einsatz der Firmenfarben Grün und Blau. Blau lackiert sind alle leichten Stahl-Glas-Konstruktionen. Im Kontrast hierzu steht das massive Kalksandstein-Sichtmauerwerk der Außenwände. Das Äußere wird von einem Dialog zwischen sparsam eingesetzten Attributen (Balkongalerien und Fluchttreppen, „Kamin-Turm", Kunst etc.), High-Tech-Materialien und Gründächern bestimmt. Deutlich den Hang hinuntergestaffelt und über einen Zwischentrakt mit dem Verwaltungsbau verbunden, schließt sich der nach den gleichen Prinzipien strukturierte, jedoch räumlich etwas bescheidener ausgefallene, zweite Bauteil an. Selbst hier gibt es für die dort untergebrachten Mitarbeiter eine kleinere, lichtdurchflutete Halle nebst Glasdach und eingestellter Galerie. Noch einmal abwärts gestaffelt und fast schon den tiefsten Punkt des Hanggeländes einnehmend, trifft man auf den längsten Baukörper der parallel zueinander ausgerichteten Gesamtanlage, der wiederum den gleichen, nur bescheidener ausgebildeten Strukturprinzipien unterliegt. Es handelt sich um ein zweigeschossiges Gebäude, welches hangabwärts den Fuhrpark nebst dessen Pflegeeinrichtungen aufnimmt und hangaufwärts, ebenerdig mit dem Gruppenbürogebäude verbunden, als weitläufige Lagerhalle fungiert. Selbst hier wurde die Gestaltung konstruktiver Details des Glasdachs oder der

problem when, at the end of the eighties, they were awarded the contract to design a plant building with warehouse as well as a representative administration complex for the utility Gasgesellschaft Aggertal in Gummersbach. In the architectural concept of the seemingly incompatible individual utilization requirements, the RKW architects well understood how to apply their skills to optimally use the steeply sloping topography of the site. In graded succession up the slope was built a fully operational commercial park whose individual functions can be clearly recognized despite its municipal-like ensemble character. The highest point of the terrain is occupied by the representative administration building and – somewhat laterally displaced – the small caretaker house. Basic idea for the concept of the administration building, to "split" a gable-ended construction at the roof ridge, move the two halves apart and contain the space thereby created by glazed facades and a glass monopitched roof, was applied consistently to all other building sections of the entire complex. The environmental tone of the project is exemplified above all by the energy-saving in the large lobby of the administration building, where the glass monopitched roof allows the intensive use of available daylight. With its building height and extreme width, around which are grouped on two sides the client reception rooms, cafeteria, presentation and conference rooms and offices on the upper floor, it resembles more an inviting market place than the functional lobby of an administration building, especially due to the soaring sun sails, the bridgeway, the surrounding pergolas on the upper floor crowned by the lush proliferation of "flower balconies". It is this principle above all which initially reflects the architectural corporate identity of the company, which at the most is gently accented by the purposeful use of the corporate colours green and blue. All light steel-glass constructions are lacquered in blue. Contrasting are all supporting walls in face masonry of massive calcium silicate brick. The exterior is defined by a dialogue between sparingly used attributes (balcony galleries and escape stairways, "chimney tower", art etc.), hightech materials and green roofs. Clearly graded down the slope and linked subterraneously with the administration building is the second building complex, following the same structural principles but somewhat more modest in proportions. Even here, however, the group heads accommodated in this building enjoy a small brightly daylit foyer with glass roof and installed gallery. In further declivity and occupying almost the lowest point of the slope one encounters the longest building structure running parallel to the entire complex and also underlying the same architectural principles, albeit on more moderate lines. This is a two-storey building housing in descending direction the vehicle fleet and its ancillary equipment, in ascending direction it functions as spacious storage hall and is connected at ground level to the group head building. Even here, the design of constructive details of the glass roof or the structural framework with its steel girders and trapeze metal sheeting, were given the same care as the design of the exterior with its sophisticated divisional elements. Laterally staggered and occupying the lowest point of the site, the hall abuts onto the unroofed pipe

Levi Strauss Warenzentrum (merchandise hall), Heusenstamm

Tragstruktur mit ihren Stahlträgern und Trapezblechen mit der gleichen Sorgfalt bedacht wie die Ausstattung des Äußeren mit seinen ungewohnt anspruchsvollen Gliederungselementen. Seitlich versetzt und gleichsam den tiefsten Punkt des Areals einnehmend, schließt sich an die Halle noch ein ungedeckter Rohr-Lagerplatz an. Landschaftsgestalterisch wie architektonisch gleichsam „aus einem Guß" überformt, scheint dieser „Gewerbepark" programmatisch all jene Defizite zu beheben, welche man landläufig in Gewerbegebieten beklagt: Er präsentiert sich weder „overdesigned" noch banal, weder futuristisch noch rustikal. Gewerbearchitektur wurde hier ganz im Gegenteil umgemünzt zur Schaffung freundlicher, transparenter Arbeits- und Verwaltungswelten, die von der Öffentlichkeit längst dankbar akzeptiert und deshalb auch für außergeschäftliche kulturelle Nutzungen in Beschlag genommen sowie mit fachlichen Auszeichnungen honoriert worden sind. Vor allem überzeugt jedoch der Denkansatz, Gewerbegebiete nicht länger als „Nowhereland", sondern als wesentlichen, sprich innovativ zu gestaltenden Bestandteil peripheren Städtebaus zu begreifen.

Noch eine Spur deutlicher trat dieser Denkansatz beim Bau eines Lager- und Betriebsgebäudes zutage, das Architekten RKW als Preisträger eines vorausgegangenen Gutachterverfahrens vor wenigen Jahren in Dormagen errichten konnten. Die mittelständische GWF (Gas, Wasser und Fernwärme GmbH), bis dahin im Vorort Nievenheim ansässig, wünschte sich zu Expansionszwecken nachdrücklich ein „architektonisch anspruchsvolles Gebäude" auf einer ebenen Parzelle inmitten eines der Gewerbegebiete am Rande Dormagens. Von dem neuen Gebäudekomplex sollten nach dem Wunsch der Bauherren Impulse gegen die Gestaltungsarmut in Gewerbegebieten ausgehen; keine schlechten Voraussetzungen also für innovative Gewerbearchitektur. Aufgabe war es, neben einem Hallenkomplex zur Lagerung und Verarbeitung von Leitungsnetzmaterialien sowie deren An- und Abtransport einen Verwaltungsbau sowie einen Öffentlichkeitsbereich mit Schulungsräumen und Ausstellungsflächen zu errichten. In einem ersten Bauabschnitt konnten bislang aber lediglich zwei Lager- und Betriebshallen errichtet werden. Abweichend von allen anderen Baulichkeiten der Umgebung, ordneten die Architekten auf dem schmal-rechteckigen Grundstück Baukörper für Baukörper diagonal hintereinandergestaffelt an. Mit Hilfe dieses „Tricks" war es möglich, die Hallen stärker in die Länge zu ziehen, den weniger attraktiven Betriebshof nebst Rohrlager im hinteren Winkel des Grundstücks zu verstecken sowie den geplanten Verwaltungstrakt mit seinem dreieckigen Eingangspavillon (mit Räumen für die Geschäftsleitung) näher an die Straße und so in eine Flucht mit dem benachbarten Technischen Rathaus zu rücken. Des weiteren wurde für alle Bauteile ein durchgängiges Grundraster von 1,40 Metern festgelegt, das auch an den Außenwänden ablesbar sein sollte. Die Ausgestaltung aller Fassaden und Wandbereiche war abhängig von den zugrundeliegenden Funktionen und führte dementsprechend zu einem spannungsreichen Wechsel zwischen massiven und transparenten Teilen. Die ruhig lagernden Gehäuse der Hallen, im wesentlichen bestehend aus Stahl, Glas und Ziegeln, werden überformt von den markanten Silhouetten der weit überstehenden Dächer. Konstruktiv erforderliche Knotenpunkte erscheinen durch eine Fülle fast schon skulptural wirkender, demonstrativ zur Schau gestellter Details zeichenhaft aufgewertet. Die bestehenden Lager-

Gasgesellschaft Aggertal, Betriebsgebäude
(*plant building*), Gummersbach

storage yard. Harmonizing in both landscape and architectural design as if "from the same mould", this commercial park seems to programmatically rectify all those drawbacks commonly bemoaned in commercial estates: it appears neither "overdesigned" nor banal, neither futuristic nor rustic. On the contrary, commercial architecture has been put to use to create a friendly, transparent working environment which, having been long accepted by a grateful public, is also used for private cultural functions and which has also been lauded by professional awards. Convincing above all is the concept of no longer regarding commercial parks as "nowhere land", but as integral, or innovatively designed components of peripheral city planning.

The concept was taken one step further in the construction of a warehouse and plant building which the RKW architects, as winners of a foregoing expert survey, built a few years ago in Dormagen. The medium-sized utility GWF (gas, water, district heat), until then domiciled in a downtown location, was in the process of expanding and expressly wished an "architecturally high-grade building" on a planar site at the centre of a commercial estate bordering Dormagen. At the wish of the client, the building complex was to set impulses against the paucity of design prevalent in commercial parks – no inauspicious platform for innovative commercial architecture. Further to the construction of a hall complex for storing, processing, receiving and consigning pipe network components, the project entailed the construction of an administration complex and public area with training classrooms and exhibition space. In a first construction phase to date, only two storage and plant halls have been built. Digressing from all other buildings in the vicinity, the architects prescribed structures arranged diagonally one behind the other on this narrow rectangular site. With the help of this "trick" it was possible to give the halls an elongated design, to conceal the rather unattractive works yard and pipe stockpile in the far corner of the site and to situate the planned administration complex with its triangular entry pavilion (with rooms for management) nearer to the street and thus into alignment with the neighbouring Technical Town Hall. Moreover, a global basic module of 1.40 metres was fixed for all parts of the building, which was also to be evident on the exterior walls. The configuration of all wall and facade sections was dependent on their underlying function and resulted in an exciting variation between solid and transparent parts. The apparent lightweight housings of the halls, consisting mainly of steel, glass and brickwork, are dominated by the striking silhouettes of the overhanging roofs. Constructively necessary nodal points are given symbolic intensity by a wealth of almost sculpture-like details placed demonstratively into perspective. The existing storage and plant buildings were thereby planned as skeleton steel constructions with outer supports. "Butterfly roofs" (whereby meant is not a roof lying with its ridge above the eaves, but such with a ridge situated substantially below) lie on angled massive double T-girders. The latter are supported on the one side by externally visible struts in colossal arrangement, on the other by the lower and upper boom of a several metre high

und Betriebshallen wurden dabei als Stahl-Skelett-Konstruktion mit außenliegenden Stützen konzipiert. „Schmetterlingsdächer" (worunter keine Dächer mit über der Traufe liegendem First, sondern solche mit einer deutlich darunter liegenden Knicklinie zu verstehen sind) liegen auf geknickten, schweren Doppel-T-Trägern auf. Letztere lagern zum einen auf außen sichtbaren Stützen in Kolossalordnung, zum anderen auf dem Unter- und Obergurt eines zwischen den Hallen verlaufenden, mehrere Meter hohen und aus thermischen Gründen gleitend gelagerten Fachwerkträgers. Dieser gewaltige Träger ist Garant für einen nahezu stützenfreien Innenraum. Lediglich eine dünne Stütze ist im weiten Innenraum unter der Mitte des Fachwerkträgers justiert. Die Aussteifung der auch außen voll sichtbaren Stahlkonstruktion wurde mit Hilfe von Zugseilen, Druckstäben und Knotenblechen vor allem an den Knickpunkten der Giebelseiten, aber auch vereinzelt zwischen den Stützen der Längsseiten bewerkstelligt. Zwischen den horizontal ausgesteiften Trägern der Dachflächen sind innen tragende Trapezbleche aus Stahl sichtbar, außen ebensolche aus Aluminium. Aus Brandschutzgründen konzipierte man alle innenliegenden Geschoßdeckenträger als Stahlverbundträger. Und aus den gleichen Gründen mußten die unterschiedlichen Funktionsbereiche durch Stahlbetonwände getrennt werden. Die zweischaligen Umfassungswände hingegen präsentieren sich außen in rotem, alle Einmetervierzig durch senkrechte, stählerne U-Profile unterbrochenen Ziegelmauerwerk. Je nach Nutzung wurden die Innenwände in Stahlbeton, Mauerwerk oder Trapezblech ausgeführt. Allein schon aus der langatmigen strukturellen Beschreibung heraus dürfte deutlich geworden sein, daß es sich bei diesem Komplex mitnichten um eine Wiederholung jener belanglosen Container ringsum handeln kann. Stattdessen wird der Besucher mit einer regelrechten Maschine konfrontiert, bei welcher jedes einzelne Detail mit der Präzision eines Uhrwerks auf das nächste überzugreifen scheint; mit einer „poetischen Maschine" freilich, deren komplexes Räder-, sprich Stabwerk sich nach Art eines kreativen Baukastensystems zu einem ebenso transparent und dynamisch wirkenden wie skulptural alle zugrundeliegenden Zweckbestimmungen überhöhenden Wunderwerk fügt. Allein mit diesem Torso, der ja seiner Komplettierung noch harrt, dürfte RKW ein weit über das Dormagener Gewerbegebiet hinausreichender Impuls gelungen sein. Ein Impuls, der beweist, daß es selbst unter den erschwerten Bedingungen ja nicht von ungefähr verhunzter Nachbarschaften eines Gewerbegebiets durchaus möglich ist, strukturell und formalästhetisch außerordentlich anspruchsvolle Architektur anzusiedeln; ein Impuls freilich auch, der uns einmal mehr deutlich macht, wie sehr es einer verantwortungsbewußten Bauherrenschaft bedarf, die dergleichen auch in die Tat umzusetzen und den urbanen „Mehrwert" tatsächlich zu alimentieren bereit ist. Bei diesem Lichte besehen, darf man das Lager- und Betriebsgebäude mit Fug und Recht als ausgesprochenen Glücksfall für Dormagen, für die GWF, für den Gewerbebau im allgemeinen, vor allem aber auch für seine engagierten Urheber bezeichnen.

latticed girder running between the halls which is slidingly supported for thermal reasons. This mammoth girder is the guarantee for a virtually support-free interior. Only a thin supplementary support is fitted below the middle of the latticed girder. Bracing of the steel construction, which is fully visible from the outside, is accomplished by traction cables, struts and gusset plates, above all at the bending points of the gable ends, but also at individual points between the supports of the longitudinal sides. The horizontally braced latticed girders of the roof areas are clad internally with trapezoidal metal sheets, externally with their counterparts in aluminium. For fire safety reasons all interior floor supports are conceived as composite steel supports. For the same reason, the various functional areas must be divided off by reinforced concrete walls. The collar-jointed perimeter walls on the other hand are presented in red brickwork masonry subdivided every 1.40 m by vertical steel U-channels. According to function, the interior walls are installed as reinforced concrete, face masonry or trapezoidal metal sheets. Alone this lengthy structural description makes clear that this complex is by no means a duplication of the meaningless containers located roundabout. Instead, visitors are confronted by a veritable machine in which each and every detail seems to dovetail with the next with the precision of clockwork: With a "poetic machine" indeed, whose complex wheels, i.e. framework submit in the manner of a modular assembly system transparently, dynamically as well as sculptural to an over-riding wonder work fulfilling all underlying purposes. With the torso alone, which is still awaiting completion, RKW will undoubtedly have attained an impulse which will extend way beyond the Dormagen commercial park. An impulse which demonstrates that, even under the difficult conditions imposed by the neighbourhood of a commercial area which has been devastated not by chance, it is still possible to locate structural form, aesthetic and extremely discriminating architecture. An impulse which indeed also clearly shows once again, the importance of a clientele ready to shoulder responsibility and actually endorse "added value" in urban conglomerations. Seen from these aspects, the storage and plant building can aptly be described as an exceptional stroke of luck for Dormagen, for the GWF and commercial construction per se, above all, however, for its committed originators.

evd energieversorgung dormagen, Betriebsgebäude *(plant building)*, Dormagen

Steinmüller Ausbildungszentrum
Gummersbach

Die Formfindung für das Ausbildungszentrum der Firma Steinmüller resultiert aus den Bedingungen des Grundstücks. Von drei Seiten durch Produktionsanlagen begrenzt, blieb zur Belichtung der Innenräume nur das Dach. Die geeignete und symbolträchtigste Form für den traditionellen Industriebetrieb war das Sheddach. Das Raumprogramm des Zentrums umfaßt eine Lehrwerkstatt, eine Lehrschweißerei sowie Schulungs- und Aufenthaltsräume für 197 Auszubildende aus dem kaufmännischen sowie gewerblich-technischen Bereich. Den unterschiedlichen Nutzungen folgend, staffeln sich drei in den Fassaden unterscheidbare Trakte entlang der Rospestraße. Die in den äußeren Gebäudeteilen untergebrachten Werkstätten auf den beiden Seiten sind eingeschossig, nur der mittlere Teil hat zwei Geschoßebenen. Hier befinden sich im Erdgeschoßbereich Umkleiden und Aufenthaltsräume und im Obergeschoß die Verwaltung und Zeichenschule.

The design of the Steinmüller training centre stems from the site conditions on the property. Enclosed on three sides by production facilities, only the roof was available for admitting daylight to the building. The best and most symbolic solution for a traditional industrial plant was the shed roof. The centre's room configuration comprises a training workshop, a training welding shop as well as dayrooms for 197 trainees from the administration and the commercial-technical departments. In line with the diverse areas of utilization, three different facades are arranged along Rospestrasse. Workshops, accommodated in peripheral building sections on both sides, are single-storey units, only the middle section has two storeys. On the ground floor level it houses locker and common-rooms and on the upper floor the administration and drawing school.

Innenansicht Lehrwerkstatt (oben);
Blick von Süden auf die Fassade an der Rospestraße (links)

Internal elevation of the training workshop (above); View from south to the facade on Rospestraße (left)

Grundriß Erdgeschoß und Lageplan (unten)

Ground floor plan and site plan (below)

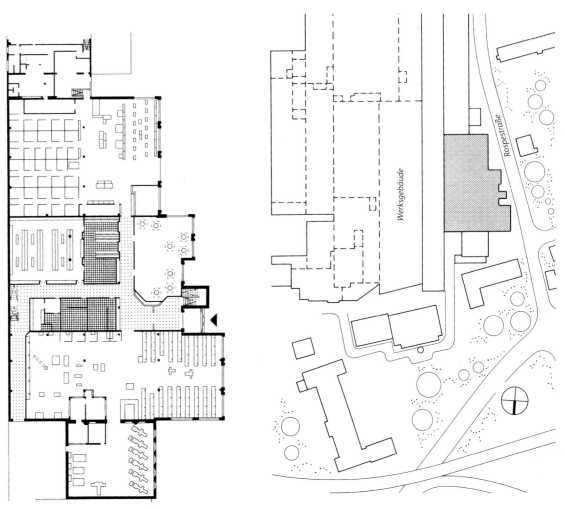

Westfassade an der Rospestraße, Blick von Norden

West facade on Rospestraße, seen from the north

Gasgesellschaft Aggertal
Gummersbach

Auszeichnung „Vorbildliches Bauwerk im Lande Nordrhein Westfalen" 1989

Prize for "Exemplary Structure in Nordrhein Westfalen" 1989

Haupteingang am oberen Haus, dem Kunden-zentrum des Energieversorgers

Main entrance in upper building, the customer centre of the energy supplier

Gebäudekonstellation als Reaktion auf die Topographie (unten)

Building arrangement as related to topography (below)

Der Neubau der Gasgesellschaft Aggertal symbolisiert die zukunftsorientierte und wertbeständige Firmenphilosophie des regionalen Energieversorgers. Drei Häuser mit drei Betriebseinheiten am Hang – Corporate Identity durch ein-heitliche, einfache Formensprache mit innovativen Akzenten prägt die Gestaltung der Baukörper. Die einzelnen Sattel-dachhäuser lösen sich durch verglaste Mittelteile in jeweils zwei massiv wirkende Pultdachbaukörper auf. Durch die Ver-schiebung der Satteldachhälften entstehen differenzierte Raumfolgen; transparente Giebelseiten und Glasdächer opti-mieren den Tageslichteinfall. Die differenzierte Anwendung von Licht und Schatten schaffen angenehme Arbeitsbe-dingungen in der Verwaltung und den Betriebshallen.

The new building of the Gasgesellschaft Aggertal symbolises the future-oriented and prudent company philosophy of this regional energy supplier. Three buildings with three operational units on the slope – corporate identity, marked by a uniform, simple form language with innovative accents, characterises their design. Glazed centre sections break-up the hip roof buildings into two solid looking monopitch roof structures. Shifting of the hip roof sections results in differentiated space arrangements; transparent gable sides and glass roofs optimise admission of daylight. A varied application of light and shade creates agreable working conditions in administration and operational facilities.

Grundriß Erdgeschoß

Ground floor plan

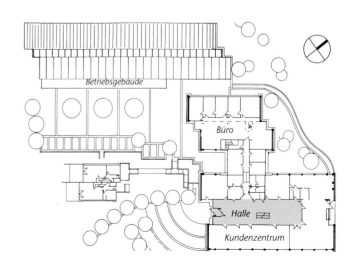

Hof mit dem Bürogebäude, rechts oben das Kundenzentrum, am linken Bildrand das Lager (links)

Courtyard with office building, the customer centre, right above, the storage facility on the left edge of the picture (left)

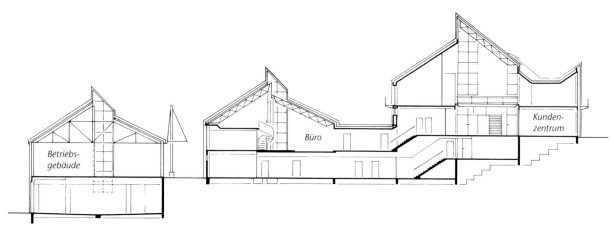

Schnitt durch die Gebäude; offene Raumstrukturen im Kundenzentrum und im Bürogebäude

Section through the building; open room structures in the customer centre and in the office building

Ansichten der am Hang gestaffelten Gebäude; von der Talseite (oben) und von der Bergseite (unten)

Elevations of buildings staggered on the slope; from valley side (above) and the hillside (below)

Betriebs- und Lagerhalle (unten)

Operational and storage facility (below)

Eingangshalle im Kundenzentrum, Blick von der Cafeteria zum Eingang (oben)

Entrance lobby in customer centre, view from cafeteria to the entrance (above)

Vortragssaal mit Fenster zur Eingangshalle (links)

Lecture hall with window to entrance hall (left)

evd energieversorgung dormagen

Dormagen

Auszeichnung „Vorbildliche Gewerbebauten" in Nordrhein-Westfalen 1997

Prize for "Exemplary Commerce Buildings" in Nordrhein-Westfalen 1997

Der Auftrag für den Neubau der evd (ehemals GWF) resultierte aus einem Gutachterverfahren. Im ersten Bauabschnitt wurden zunächst eine Lager- und eine Betriebshalle errichtet. Die Gebäude sind nach einem vervielfältigbaren Raster geplant. Die parallele Anordnung der Baukörper erlaubt Erweiterungen sowohl in Längs- als auch in Querrichtung. Die Gestaltung der bisher realisierten Bauten benutzt Elemente einer modernen Industriearchitektur, geprägt durch außenliegende Tragkonstruktionen aus Stahl sowie Fachwerk aus Ziegelstein. Der Wechsel von transparenten und massiven Bauteilen sowie die asymmetrischen Schmetterlingsdächer verleihen den Baukörpern ihren eigenwilligen Charakter. Zugleich sind sie die Grundlage für das großzügige und differenzierte Tageslichtkonzept in den Hallen.

The new building of the evd (formerly GWF) is the result of an intensive programme analysis. Construction during the first phase comprised a warehouse and an operations building. The buildings are planned on the basis of a extendible grid. The parallel arrangement of the structures allows extension in longitudinal and cross direction. The design of previous buildings uses elements of modern industrial architecture dominated by external support structures of steel and brick framework. The alternation of transparent and massive building elements and the asymmetrical butterfly roofs lend the structures their individual character, simultaneously serving as basis for the generous and differentiated daylight concept in the halls.

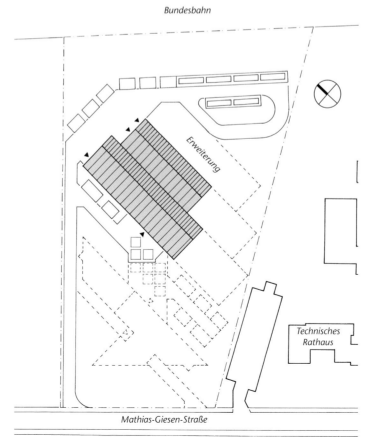

Bundesbahn

Erweiterung

Technisches Rathaus

Mathias-Giesen-Straße

Lageplan mit den realisierten und geplanten Bauabschnitten

Site plan with completed and planned construction phases

Blick vom Betriebshof auf die Hallen 1 und 2 des ersten Bauabschnitts

View from courtyard to the halls 1 and 2 of the first construction phase

Sorgfältige Detailausbildungen der sichtbaren Stahlkonstruktionen mit Tragwerk und Fachwerk

Carefully detailed exposed steel structures with structural system and framework

Senkrechtverglasungen bestimmen im Wechsel mit massiven Bauteilen den Rhythmus der Fassaden

Vertical glazing alternating with massive building elements determines the rhythm of the facades

Schmetterlingsdächer ermöglichen eine großzügige Belichtung der Hallen über Oberlichtbänder

Butterfly roofs allow generous lighting of warehouses via transom light bands

Levi Strauss Warenzentrum

Heusenstamm

In der Nähe von Frankfurt/Main liegt der Hauptsitz der Firma Levi Strauss für den deutschsprachigen Raum. Unmittelbar neben dem bisherigen Firmengebäude wurde 1994 ein neues Warenverteilzentrum errichtet. Den größten Teil des Baukomplexes nimmt die Warenhalle ein. Auf der Süd- und Ostseite wird sie von einem winkelförmigen Büroriegel umschlossen. Die funktionale Trennung wird deutlich durch eine leichte Verdrehung und die unterschiedlichen Höhen der beiden Baukörper. Zentrum des Büroteils ist die gebäudehohe Eingangshalle, gekennzeichnet durch eine nach außen gewölbte Glashülle. In unmittelbarer Nähe zum Foyer liegt ein Atrium mit Kantine, das auch für Präsentationen und Modeschauen genutzt werden kann.

The head office of Levi Strauss for the German-speaking market is located near Frankfurt/Main. A new distribution centre was constructed adjacent to the original building in 1994. The majority of the building complex serves as warehouse. On the south and east side it is encompassed by an angular office section. The functional separation is identified by a subtle shift and height difference between both buildings. Centre of the office section is the entrance hall, characterised by a full height convex glass facade. An atrium with dining hall, which can also be used for presentations and fashion shows, is located directly next to the foyer.

Ostansicht des Verwaltungstraktes

Eastern view of administration section

Geschwungene Glasfassade des Haupteinganges (linke Seite)

Curved glass facade of main entrance (left page)

Nordansicht des Bürotraktes und Warenlagers

Northern elevation of the office section with warehouse

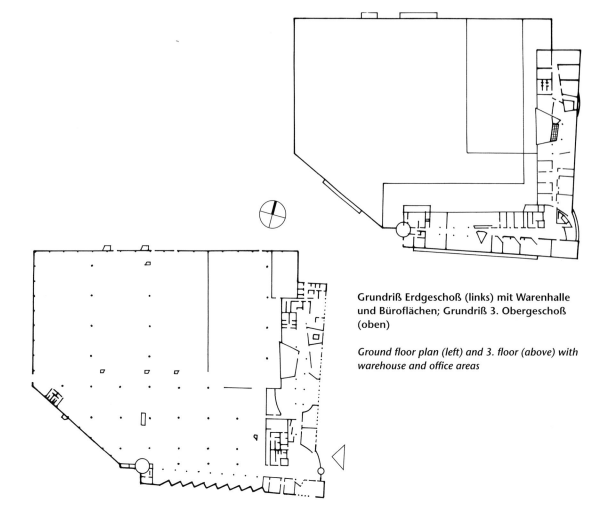

Grundriß Erdgeschoß (links) mit Warenhalle und Büroflächen; Grundriß 3. Obergeschoß (oben)

Ground floor plan (left) and 3. floor (above) with warehouse and office areas

Zentrales Treppenhaus am Haupteingang

Central staircase at main entrance

Sechsgeschossige Spindeltreppe im Bürotrakt

Six-floor-high spiral staircase in office section

Besprechungszone im offenen Bereich der
Bürogeschosse (links) und großer Konferenzraum (unten)

*Meeting zone in open area of office floors (left)
and large conference room (below)*

Showroom (oben) und Kantine (links) im
Atrium des Erdgeschosses

*Show room (above) and dining hall (left) in
ground floor atrium*

BMW Niederlassung ProCar

Bottrop

Die Betriebsgebäude des Autohandels, bestehend aus einer Verkaufshalle und einem L-förmig angeschlossenen Werkstattgebäude, entstanden im Rahmen der Internationalen Bauausstellung (IBA) Emscherpark. Formale Kontraste bestimmen die Gestaltung der unterschiedlich genutzten Betriebseinheiten, deren Funktionen nach außen deutlich ablesbar sind. Das kundenfreundliche Erscheinungsbild des Autohauses wird geprägt von der offen und transparent wirkenden Verkaufs- und Ausstellungshalle, unterstützt von der außen und innen sichtbaren Dachkonstruktion aus Trapezblech und geschwungenen Trägern aus Brettschichtholz.

The operations buildings of a car dealership, consisting of sales rooms and an L-shaped workshop, were constructed in the course of the International Building Exhibition (IBA) Emscherpark. Formal contrasts determine the design of these differently used operational units, clearly reflecting their functions to the outside. The customer-friendly ambience of the dealership is dominated by the open and transparent sales and display room. This impression is reinforced by a roof structure of corrugated metal and curved glue-lam beams, visible externally and internally.

Haupteingang an der Ecke Gladbecker Straße und Kardinal-Hengsbach-Straße

Main entrance on the corner of Gladbecker Straße and Kardinal-Hengsbach-Straße

Verkaufs- und Ausstellungshalle bei Tageslicht und bei Nacht

Sales and exhibition rooms in daylight and at night

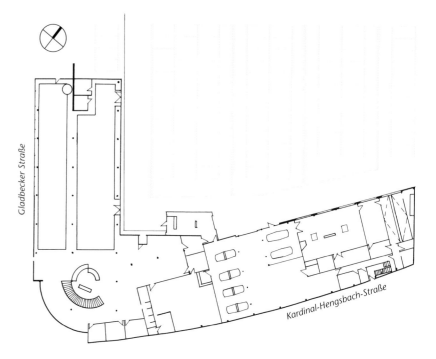

Grundriß Erdgeschoß

Ground floor plan

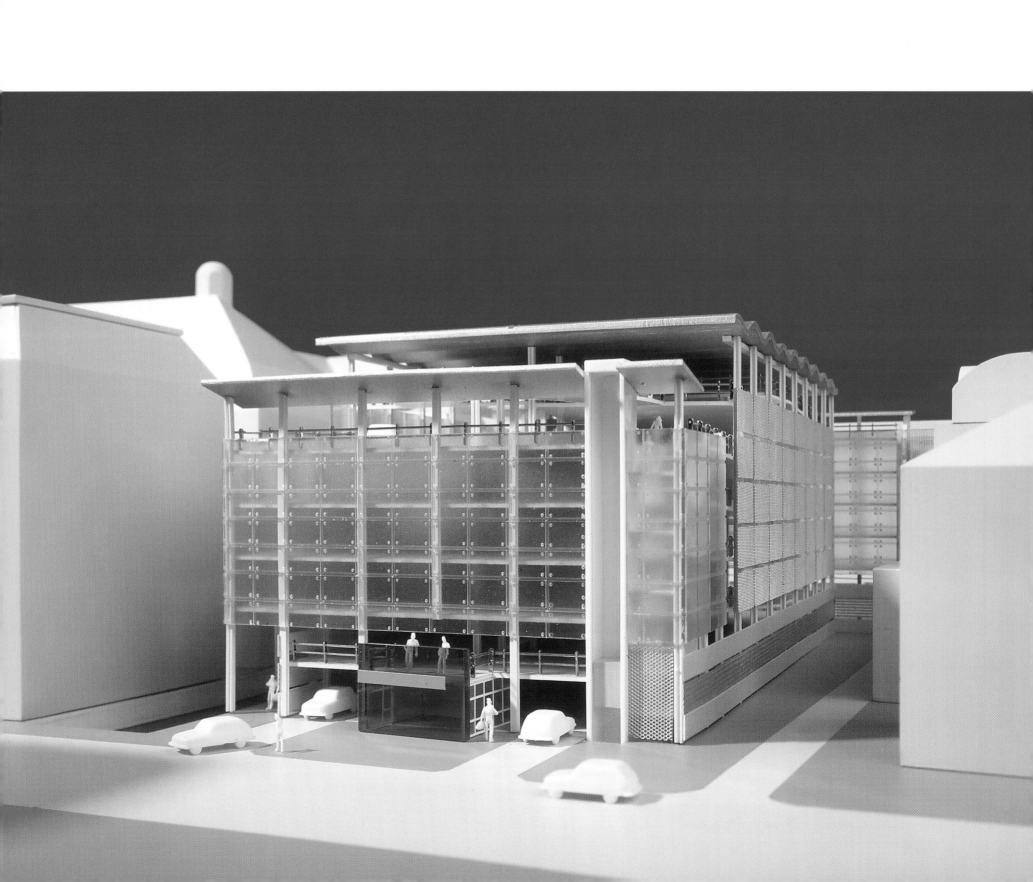

Parkhaus Leipzig Mitte
Leipzig

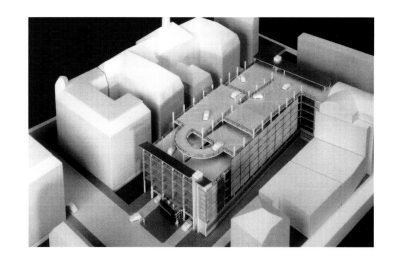

Das geplante Parkhaus liegt im Zentrum von Leipzig mit direktem Anschluß an den Verteilerring und Fußwegverbindungen zum Markt. Zwischen Parkhaus und benachbartem Lipanum soll der lange Zeit verrohrte Pleiße-Mühlgraben wieder offengelegt werden. Ein in das Gebäude integrierter Arkadengang formuliert den Fußweg entlang des Wassers aus. Vor der anderen Gebäudelängsseite wird durch die trichterförmige Öffnung der Moritzgasse Platz für Bepflanzungen des Straßenraumes geschaffen. Das Parkhaus ist geplant als Geschoßvollrampenanlage mit acht Ebenen. In der Höhenentwicklung folgt es den Traufkanten der Nachbarbebauung. Die offene Glas-Metall-Fassade gewährleistet den visuellen und akustischen Kontakt nach außen.

The planned car park is located in the centre of Leipzig with direct connection to the ring road and pedestrian access to the market. The previously piped Pleisse-Mühle canal will be reopened between the car park and the adjacent Lipanum. An arcade integrated in the building forms the walkway along the waterside. The funnel-shaped opening of Moritzgasse in front of the longitudinal side of the building creates space for landscaping. The car park is planned as an eight level ramp system. The built volume follows the eaves of adjacent buildings. The open glass-metal facade guarantees visual and acoustical contacts to the outside.

Blick von der Otto-Schill-Straße in die Moritzgasse (oben)

View from Otto-Schill-Straße to Moritzgasse (above)

Grundriß Dachgeschoß und Schnitt

Floor plan of attic and section

Zufahrten an der Otto-Schill-Straße (linke Seite) und am Alten Amtshof (rechts)

Access on Otto-Schill-Straße (left page) and on Alter Amtshof (right)

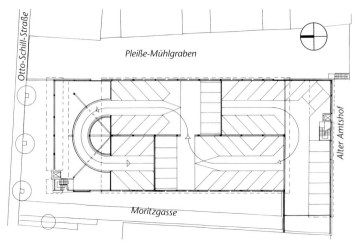

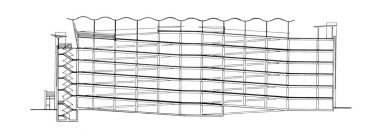

Die Seufzerbrücke über dem wieder geöffneten Pleiße-Mühlgraben (rechts)

The Seufzerbrücke across the reopened Pleiße-Mühlgraben (right)

Zentrale Eingangshalle mit neuem Kuppelbau

Central entrance hall with new dome structure

Hauptbahnhof

Mannheim

Blick auf das Empfangsgebäude Ende des 19. Jahrhunderts

View of station building at the end of the 19th century

Der Hauptbahnhof Mannheim, einer der größten ICE/IC Verknüpfungspunkte im deutschen Bahnnetz, soll seinen zeitgemäßen Anforderungen entsprechend umgestaltet werden. Entwurfsgrundlage für die Neugestaltung ist die Geometrie des historischen Gebäudes, einem Baudenkmal aus dem Jahr 1876. Neben der Rekonstruktion der Kuppel erhalten auch die Gebäudeflügel durch Stahl-Glas-Konstruktionen ihre ursprüngliche Form und Höhe zurück. So werden sich über die gesamte Länge des Bahnhofes, getragen von massiven, sichtbaren Stützenreihen, Glasdächer spannen. Die großzügige Mall bietet ein umfangreiches Serviceangebot für die Reisenden aus Gastronomie, Dienstleistungsunternehmen und Einzelhandel. Büroflächen in den Kopfbauten ergänzen das breite Nutzungsspektrum. Markante Zeichen der Modernisierung sind ein Warteraum und ein Café, die als gläserne Baukörper in die Eingangshalle eingehängt werden.

Central Station Mannheim, one of the largest ICE/IC junctions in the German rail network, is designated for redesign to meet today's requirements. Basis for redesign is the geometry of the historic building, a monument dating back to the year 1876. In addition to a modern reconstruction of the dome, the wings of the building will regain their original shape and height. A large hall, stretched under wide spanning glass roofs, supported by new massive rows of columns, accommodates various use categories: restaurants, service companies and shops. Office spaces in overhead buildings complete the wide-use spectrum. Striking signs of modernisation are a waiting room and a café, which are suspended in the entrance hall as glass structures.

Mall unter Stahl-Glas-Dach

Mall beneath glazed steel roof

Ansicht Kaiser-Ring und Grundriß EG

Ground floor plan and elevation from Kaiser-Ring

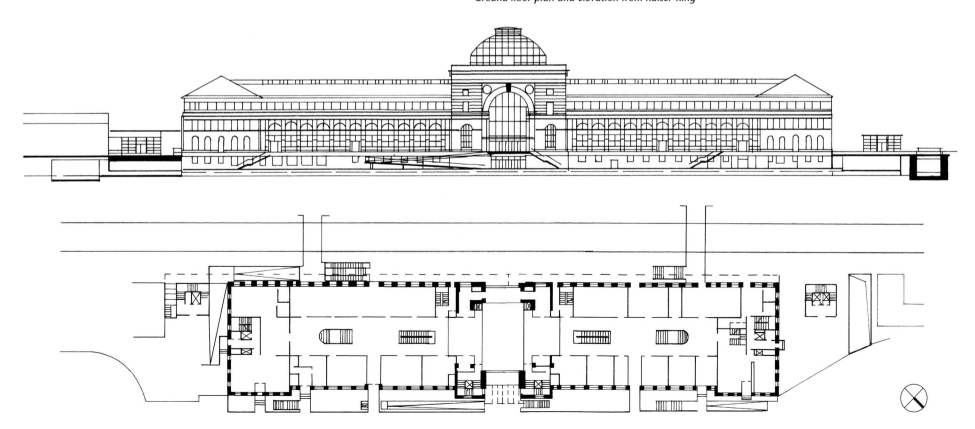

Hauptbahnhof
Leipzig

Wettbewerb Fünfter Preis
Competition Fifth Prize

Im Rahmen einer Wettbewerbsbeteiligung entstand der Entwurf zum Umbau des Leipziger Hauptbahnhofes. Er umfaßt neben der Innenraumgestaltung wesentlich die städteplanerische Einbindung des Verkehrsknotenpunktes. Um eine bessere fußläufige Verbindung zwischen dem Hauptbahnhof und der Leipziger Innenstadt zu ermöglichen, sollen die Hauptverkehrsströme neu geordnet werden. So ergeben sich neue Räume für den öffentlichen Personennahverkehr, Radfahrer und Fußgänger. Ein Passagensystem verbindet alle Funktionsbereiche und Verkehrssysteme auf sinnvolle Weise. Die quer zu den Gleisen angeordnete Bahnsteighalle mit ihren historischen Fassaden wird mit großem Respekt und unter Verzicht auf zusätzliche Einbauten behandelt. Eingriffe beschränken sich auf eine große ellipsenförmige Öffnung, die Licht und Luft ins Basement bringt und das Raumerlebnis um eine zusätzliche Dimension erweitert.

The proposal for rebuilding the main railway station at Leipzig arose in the course of participation in a design competition. The assignment included not only the design of the interior but also integrating this transportation hub into the overall urban planning concept. The main traffic arteries are to be redirected to forge a pedestrian path between the station and the downtown Leipzig area. This will free up space which can be dedicated to public transit, cyclists and pedestrians. A system of passageways joins all the functional areas and transit modes in a logical fashion. The terminal area, which lies perpendicular to the tracks, and its historic facades were treated which great respect; no interior structures were added. The only intervention was in the form of a large, elliptical opening which lets light and air into the underground level and extends the spatial sensation by developing an additional dimension.

Haupteingang

Main entrance

Querschnitt

Cross-section

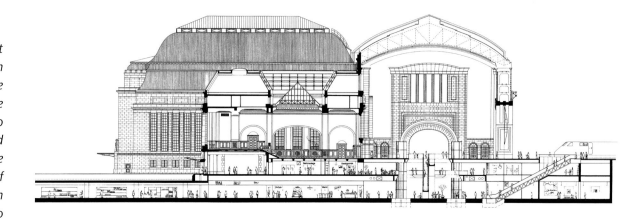

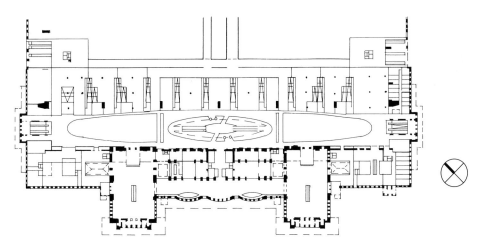

Tageslichttransport durch gläserne Dachwelle

Ingress of daylight through glass "light wave"

S-Bahn-Station Wilhelm-Leuschner-Platz

Leipzig

Wettbewerb Dritter Preis
Competition Third Prize

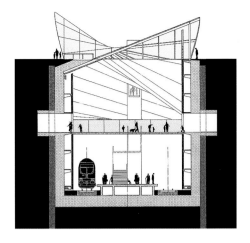

Die Welle, Symbol von Geschwindigkeit und Dynamik, wird zum stadträumlichen Zeichen. Im Zuge der Planung für einen neuen S-Bahn-Tunnel zwischen Hauptbahnhof und Bayerischem Bahnhof soll die unterirdische Station Wilhelm-Leuschner-Platz neu errichtet werden. Südlich des Martin-Luther-Ringes unter dem früheren Königsplatz gelegen, erreicht man von dieser Haltestelle das Zentrum mit Fußgängerzone, Rathaus und in entgegengesetzter Richtung die Südstadt. Der Platz ist momentan nicht bebaut, soll aber durch Rekonstruktion der östlichen und südlichen Blöcke in seinen Vorkriegszustand zurückversetzt werden. Schwerpunkt des Entwurfs für die Station ist die Ausformulierung der Übergänge zwischen Stadtniveau und Untergrund. Das transparente gewellte Dach ist signifikante Platzskulptur, aus dem Untergrund auftauchend verweist sie bereits auf die verborgene Verkehrsfunktion. Umgekehrt bringt sie Tageslicht in die Station und dient durch Betonung der Ausgänge als Orientierungshilfe. Vom Haupteingang aus entstehen Blickbeziehungen in die Fußgängerzone. Als Element der Platzgestaltung verbindet sich das Verkehrsbauwerk S-Bahn mit dem städtischen Raum und schafft einen unverwechselbaren Ort.

The wave-like, curving line of the station roof, a symbol of speed and dynamic movement, here becomes an emblem in the public realm. In the process of planning the new tunnel for the rapid suburban railway (S-Bahn) between the main station and the Bayerischer Station, it was decided to reconstruct the underground station at Wilhelm-Leuschner-Platz. Situated beneath what was formerly Königsplatz to the south of the Martin-Luther-Ring road, the station is connected with the city-centre pedestrian zone, the city hall and, in the opposite direction, with the southern part of the city. The public open space is at present still undeveloped, but there are plans to restore it to its pre-war state by reconstructing the blocks along its eastern and southern edges. The articulation of the transitions between urban ground level and the underground levels is a central aspect of the station design. The transparent curving roof forms a striking sculpture in the square. Rising out of the ground, it signals the unseen transport facilities below; and conversely, it allows daylight to penetrate to the underground levels of the station. Through the accentuation of the exits, it also serves as a means of orientation. From the main entrance, visual links are created to the pedestrian zone. As part of the urban design of the square, the station structure is integrated into the public realm and helps to create a unique sense of place.

Querschnitt

Cross-section

Grundriß Bahnsteigebene und Längsschnitt

Plan of platform level and longitudinal section

Deckengestaltung über Bahnsteigebene

Soffit over platform

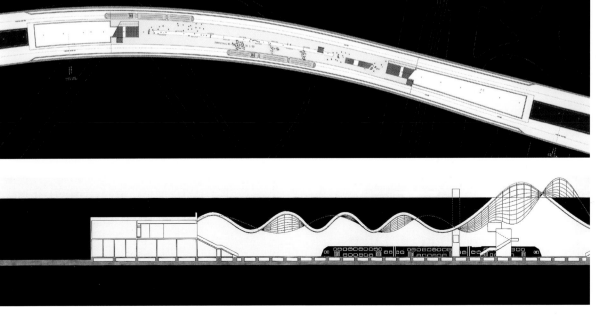

Wohnungsbauten
Residential Buildings

Stubengasse, Wohn- und Geschäftsviertel
Münster

Wettbewerb Erster Preis

Competition First Prize

Mit der Durchführung des Wettbewerbes Stubengasse hat die Stadt Münster einen wichtigen Schritt getan, um die letzte große Brache in ihrer Altstadt zu schließen. Nach dem preisgekrönten Entwurf, einer neuzeitlichen Interpretation der historischen Bebauung am nahegelegenen Prinzipalmarkt, soll hier ein Ensemble aus unterschiedlich großen Baukörpern in einem System von Gassen und Plätzen entstehen. Die Großformen der einzelnen Gebäude gliedern sich in viele „Einzelhäuser". Kompakte kubische Formen bestimmen den großflächigen Rhythmus der Fassaden. Ein differenzierter Nutzungsmix aus Handel, Gastronomie, Dienstleistungen, Kinderhort, Büros und Wohnungen wird die urbane Dichte des zukünftigen Stadtviertels gewährleisten.

With the building competition "Stubengasse", the city of Münster took an important step in filling the last major building gap in its old town. The award winning design, a contemporary interpretation of the historical buildings on the adjoining Prinzipalmarkt, plans a composition of differently dimensioned structures in a system of alleyways and squares. The basic shapes of individual buildings break down into numerous "single houses". Compact cubic forms determine the expansive rhythm of facades. A differentiated utilization mix of commerce, restaurants, services, childcare facilities, offices and dwelling units, guarantees the urban density of this future district.

Modell mit Blick auf den zentralen Platz

Model with view of the central plaza

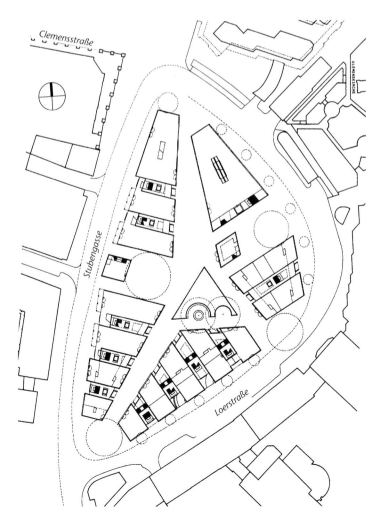

Lageplan mit Grundriß Erdgeschoß (links) und Dachaufsicht der Bebauung im Modell

Site plan with ground floor plan (left) and plan view of overall construction as model

Groß-Zschocher

Leipzig

Wettbewerb Erster Preis

Competition First Prize

Der Leipziger Vorort Groß-Zschocher wird geprägt von einer Mischung aus dörflicher Bebauung und städtischen Großformen aus den 20er Jahren und der Nachkriegszeit. Mit der neuen Wohnbebauung, hervorgegangen aus einem Wettbewerb, wurden die heterogenen städtebaulichen Strukturen gefaßt. Als Antwort auf die Plattenbauten im Norden und die Blockbebauung im Süden sind L-förmige Baukörper entstanden, die sich um zwei begrünte Mieterhöfe gruppieren. Die vier- und fünfgeschossigen Gebäude sind als Zwei- und Dreispänner mit Staffelgeschossen konzipiert. Balkone und Erker gliedern die langen Fassaden, setzen Akzente im Straßenraum und erhöhen die Wohnqualität.

Gross-Zschocher, a Leipzig suburb, is dominated by a mixture of village-type buildings and large urban forms from the twenties and the post-war period. Construction of new residential buildings, as a result of a competition, addressed heterogeneous city-planning structures. L-shaped buildings, the answer to flat-facade buildings in the north and block buildings in the south, are grouped around two landscaped tenant yards. The concept foresees four and five-storey buildings with staggered storeys. Balconies and bay windows divide long facades, accentuate the road space and improve the living quality.

Fassadenausschnitt mit Lichterker und Tonnendach des Staffelgeschosses

Facade section with bay window and barrel roof of staggered storey

Begrünter Innenhof mit Spiel- und Sitzbereich

Landscaped courtyard with playground and sitting area.

Lageplan der aufgelockerten Blockbebauung, im Innern geschützte Mieterhöfe

Site plan of off-set block construction with protected courtyards

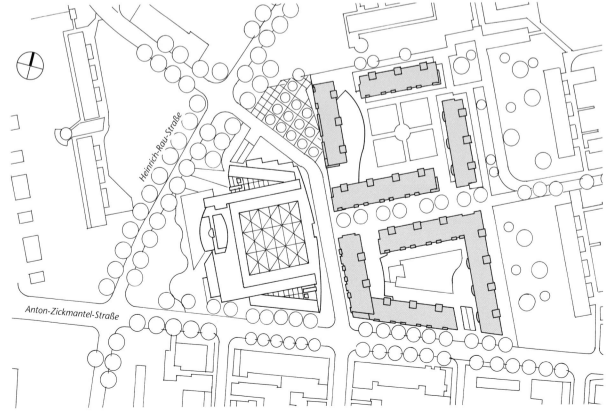

Straßenfassade an der Anton-Zickmantel-Straße

Street facade at Anton-Zickmantel-Straße

Wohnanlage Marienburg
Köln

Die Wohnanlage in Köln-Marienburg entstand auf einem außergewöhnlichen Grundstück. Ein schmaler Grünstreifen führt von der Parkstraße in einen sich aufweitenden Park . Die offene Bauweise durch sechs Villenhäuser schont den wertvollen Baumbestand. Thema der Gebäudefiguration ist die enge Verbindung zwischen Häusern und Parkraum. Großflächige Glasfassaden und Balkone bieten unverstellte Blicke in die Landschaft. Die Architektur der Neubauten bezieht sich in der Maßstäblichkeit auf die umliegende Bebauung des Villenviertels.

The residential area in Köln-Marienburg was constructed on an exceptional site: a small green strip leads from Parkstraße into a widening park. The open construction, consisting of six, villas protects precious trees. The theme of the building configuration is a close connection between buildings and park space. Large glass facades and balconies allow uninterrupted views of the landscape. The architecture of the new buildings refers to the scale of neighbouring buildings of this residential district.

Lageplan des Grundstückes mit Erschließung der Tiefgarage und des Privatweges von der Parkstraße

Site plan with access to the underground parking garage and the private walkway from Parkstraße

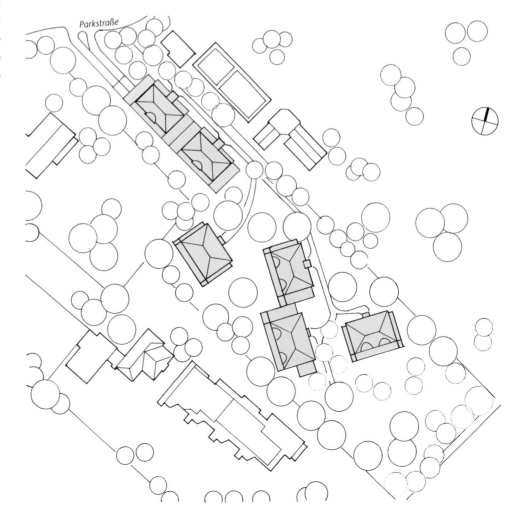

Stadtvillen, eingebunden in die großzügige Parklandschaft

City villas integrated into the spacious park landscape

Hans-Böckler-Straße

Düsseldorf

Wettbewerb Erster Preis

Competition First Prize

An der Hans-Böckler-Straße in Düsseldorf werden 110 Eigentumswohnungen entstehen. Der Standort ist geprägt durch die Blockrandbebauungen des Wohngebietes Derendorf einerseits und die Solitärbauten des Bürostandortes Kennedyallee andererseits. Die beiden winkelförmigen Baukörper vermitteln zwischen den unterschiedlichen Bauformen, indem sie klare Orientierungen zu diesen herstellen, aber auch eigene Raumqualitäten zur Straße und zum Innenhof schaffen. Die Wohngebäude stehen auf einem Plateau, das die Grenze zwischen Gartenzonen, Eingangshof und Straßenraum markiert. Konstruktionsprinzip der Gebäude sind nach außen sichtbare Skelettrahmen, die die eingestellten Wohnungen tragen. Großflächige Glasfassaden und Balkone prägen die Südseiten, während kleinteiligere Lochfassaden und verglaste Treppenhäuser die östlichen und nördlichen Erschließungsseiten gliedern.

110 freehold apartments are planned on Hans-Böckler-Straße in Düsseldorf. The site is dominated by peripheral block construction prevailing in the district of Derendorf on one hand and the solitary buildings of the office district on Kennedy Allee on the other. The two angular building structures mediate between the different forms by creating clear directions between them and producing a spatial quality towards road and inner courtyard. The structures are located on a plateau marking the boundary between garden zones, entry court and streetscape. The basic building concept comprises exposed skeleton frames, which support the apartments. Large glass facades and balconies dominate the south sides, whereas small-sectional punctuated facades and glazed staircases accentuate the eastern and northern access sides.

Lageplan/Grundriß Erdgeschoß

Site plan/Ground floor plan

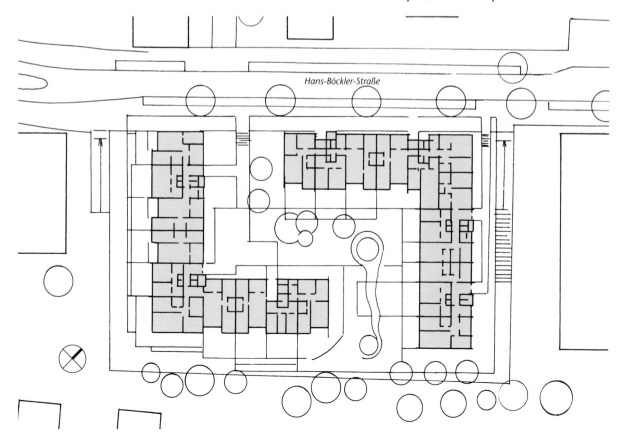

Modell des Entwurfs zwischen dem angrenzenden Wohngebiet und Bürostandort (linke Seite)

Model of the design between the adjacent residential area and the office site (left side)

Städtebauliche Entwürfe
City Planning

Zentralperspektiven

Central Perspectives

Oliver Hamm

Alexanderplatz, Berlin

Jeder architektonische und städtebauliche Entwurf bedingt zwangsläufig die Auseinandersetzung mit dem baulichen Umfeld. Die Komplexität vieler Bauaufgaben einerseits und das wiedergewonnene Bewußtsein für den städtischen Raum als Ganzes andererseits verlangen von den Architekten und Planern heute mehr denn je, „Spuren" lesen und aufgreifen zu können und neue mit alten Strukturen zu vernetzen. Während gleichzeitig die Peripherien zahlreicher Städte immer weiter ausufern, erfreuen sich die lange vernachlässigten Stadtzentren seit einigen Jahren wieder besonderer Aufmerksamkeit – von Bürgern, Investoren, Politikern und eben auch Architekten und Planern.

Architekten RKW haben hier mit verschiedenen Wettbewerbsbeteiligungen interessante Beiträge zur aktuellen Diskussion geleistet. Die Entwürfe zeichnen sich durch sensible und angemessene Vorschläge aus, die aus dem Spannungsfeld von Geschichte und Gegenwart neue Qualitäten entwickeln. In der Auseinandersetzung mit bestehenden und den Stadtraum prägenden, zum Teil denkmalgeschützten Gebäuden und Ensembles entsteht ein neuer städtischer Kontext. Erkennbare Orte, erlebbare Quartiere und städtebauliche Bilder bilden dabei die Ingredienzen der „Ressource Stadt".

Alexanderplatz, Berlin

Kaum ein Wettbewerb in der alten und neuen deutschen Hauptstadt nach der Vereinigung hat die Gemüter der Berliner so sehr erhitzt wie jener für die Neugestaltung eines ganzen Stadtquartiers rund um den Alexanderplatz. Der Griff westlicher Investoren nach dem heimlichen Zentrum des „annektierten" Ost-Berlin und der Versuch, es mit einer betont modernen Struktur westlicher Prägung zu überformen, hat Narben in der Befindlichkeit der wiederentdeckten Citoyens in der östlichen Stadthälfte hinterlassen.

Was sich drei Jahre später in der ersten Fassung des „Planwerks Innenstadt" ganz offiziell als „Kampfansage" an den DDR-Städtebau gerierte, nahm im Alexanderplatz-Wettbewerb erstmals konkrete städtebauliche Gestalt an – wenn auch zunächst nur im Modell und auf den Plänen der Investoren, die sich nach dem wenig glücklichen Versuch der Neubebauung entlang der Friedrichstraße längst wieder

All design work in the realm of architecture and urban planning requires a deep concern for the built environment. In view of the complexity of many briefs today and a renewed awareness of urban space as a whole, it is more than ever vital for architects and planners to be able to read and respond to existing "signs" and to integrate new structures into the historical fabric. While many cities continue to spill out at their edges, for some years now the long-neglected urban centres have again been enjoying the special attention of citizens, investors, politicians, architects and planners alike.

The architects Rhode, Kellermann, Wawrowsky and Partners (RKW) have made a number of interesting contributions to the present discussion in the form of their various competition schemes. Their designs are distinguished by the sensitivity and appropriateness of the proposals, which develop new qualities from the field of tension existing between past and present. In many cases, their involvement with the existing buildings and ensembles that dominate the urban space – some of which are protected by conservation order – has led to the creation of new urban contexts. In this respect, recognizable locations, the specific experience of a particular neighbourhood, and urban images represent some of the ingredients that go to make up "the city as a fund of resources".

Alexanderplatz, Berlin

Since the reunification of Germany, scarcely any other competition in the old and new capital of Berlin has caused such a heated debate as that for the redesign of the area around Alexanderplatz. Attempts on the part of Western investors to gain control of the unofficial centre of an "annexed" East Berlin and to reshape it by imposing on it an emphatically modern structure of Western character have left scars in the renewed self-awareness of the citoyens in the eastern half of that city.

What, three years later in the first version of the "inner-city master plan", was regarded as an official "declaration of war" on the urban planning of the former German Democratic Republic (GDR), assumed concrete form for the first time in the Alexanderplatz competition, Initially, this manifested itself in the model and plans made for the investors who, after a not very successful attempt at a new development along Friedrichstraße, had turned their attention to areas further west. The scheme by

weiter nach Westen orientierten. Der mit dem ersten Preis ausgezeichnete Entwurf von Hans Kollhoff, der eine dichte Blockbebauung mit sich daraus entwickelndem Hochhauskranz (in der „zweiten Reihe") vorsieht, wurde zwar zur Grundlage des Bebauungsplans, doch die Festschreibung einer konkreten – und nur in ihrer kompletten Fassung denkbaren – städtebaulichen Figur erweist sich nun unfreiwillig als Denkmal für das Scheitern einer ungezügelten Planungseuphorie der ersten Jahre nach der „Wende".

In dem nicht prämierten Wettbewerbsentwurf von RKW äußert sich das Bemühen, sich der Dichte und Lebendigkeit des Döblinschen Alexanderplatzes der zwanziger Jahre wiederanzunähern, ohne die Spuren des monumentalen DDR-Städtebaus der sechziger Jahre zu tilgen; im Gegenteil: die Hauptstraßenachsen sollen in ihrer repräsentativen Funktion durch Begrünung gestärkt und in der „Straße Alexanderplatz" zusammengeführt werden. Die Platzfläche selbst soll deutlich verkleinert und durch bewußt eng gestellte Neubauten räumlich klar gefaßt werden; nach dem Vorbild traditioneller europäischer Stadtzentren soll der Platz als räumliche Entspannung inmitten eines dicht bebauten („urbanen") Stadtquartiers erscheinen. Für die notwendige Belebung „rund um die Uhr" sollen Handelseinrichtungen im und am Bahnhof Alexanderplatz sowie in einer neuen Fußbebauung am bestehenden Kaufhaus an der Nordwestecke des Platzes sorgen, außerdem Freizeitangebote im Bereich des Hotelhochhauses und in Neubauten entlang der nordöstlichen Platzkante. Eine „Kultur-Arena" gegenüber der Kongreßhalle mit angeschlossenem „Haus des Lehrers" bindet über eine Passage die Karl-Marx-Allee und die durch eine Baumallee nachgezeichnete ehemalige Landsberger Allee an.

Eine Gruppe von vier Bürohochhäusern setzt ein stadträumlich sowohl von der Karl-Marx-Allee als auch über die großzügige innerstädtische Freifläche vom Schloßplatz bis zum Alexanderplatz wahrnehmbares Zeichen. Sie entwickelt sich aus einer „Sockelbebauung" mit der üblichen Traufhöhe der „in zweiter Reihe" anschließenden Wohnbauten, die ihrerseits die bestehenden Wohnquartiere der Spandauer Vorstadt anbinden. Ein zweiter Wohnschwerpunkt ist für die „Banane" zwischen Bahntrasse und Alexanderstraße vorgesehen; der

Hans Kollhoff, which won first prize, proposed a dense street block development with a group of high-rise buildings on one side. These proposals, in fact, formed the basis of the development plan. As it transpires, however, by laying down a fixed urban configuration that is conceivable only in its complete form, a monument has inadvertently been set to the failure of the planning euphoria that characterized the years immediately following the political change in Germany.

In RKW's competition design, which did not win a prize, one recognizes an attempt to recreate the density and liveliness of Alexanderplatz as it existed in Alfred Döblin's day in the 1920s – without eradicating the traces of the monumental GDR town planning of the 60s. On the contrary, the formal nature of the main street axes was to be accentuated by means of landscaping, and they were to merge in the "Straße Alexanderplatz". The square itself was to be considerably reduced in area and clearly defined by closely spaced new buildings. Following the model of traditional European city centres, the square was to represent a spatial relaxation of tension in the midst of a densely developed ("urbane") district. Trade facilities in and around the Alexanderplatz station and a new plinth structure to the existing Kaufhaus department store at the north-west corner of the square were to provide the requisite round-the-clock animation of the area, and there were to be leisure facilities in the hotel tower complex and in the new structures along the north-eastern edge of the public open space. A "cultural arena" opposite the Congress Hall and the adjoining "Teachers' House" creates a link, in the form of an arcade, between Karl-Marx-Allee and what was formerly Landsberger Allee with its distinctive avenue of trees.

A group of four high-rise office blocks form a signal element in the urban space. The ensemble is visible from Karl-Marx-Allee and from the generous central open area that extends from Schloßplatz to Alexanderplatz. The group of buildings rises from a plinth structure that takes up the standard eaves height of the adjoining housing to the rear. This, in turn, is linked to the existing residential neighbourhoods of the inner-city suburb of Spandau. A second housing focus is foreseen in the "banana"–shaped development between the railway lines and Alexanderstraße. The main block at the end, opposite the Behrens building with its new extension, is reserved for the district town hall.

Kopfbau, gegenüber dem durch einen Anbau ergänzten Behrens-Haus, ist für das Bezirksrathaus Mitte reserviert.

MDR-Zentrale (Alter Schlachthof), Leipzig, 1994/95, 1. Preis
(nach zwei Überarbeitungsphasen nicht weiterverfolgt)

Der denkmalgeschützte Alte Schlachthof mit seinen gelben Ziegelbauten, die zumeist zwischen 1886 und 1888 unter der Leitung des damaligen Stadtbaudirektors Hugo Licht entstanden, gehört zu den beeindruckendsten baulichen Zeugnissen Leipzigs aus der Zeit der Industrialisierung. Die Entscheidung des Mitteldeutschen Rundfunks, dort seine Zentrale zu errichten, eröffnete die Chance, das brachliegende Areal durch eine moderne Nutzung neu zu beleben.

Als einziges unter den 62 teilnehmenden Büros eines baulichen Realisierungswettbewerbs schlug RKW den Erhalt sämtlicher vorhandener Bausubstanz (nicht nur der denkmalgeschützten) vor; für Neubauten sollten lediglich frei verfügbare Flächen verwendet werden. RKW verzahnte die städtebauliche Grundstruktur der linear angeordneten Betriebshallen mit einer ähnlich strukturierten Folge von weitgehend transparenten Neubauten, die sich in Material und Farbigkeit vom Baubestand absetzten. Die Außenfassaden der Ziegelbauten wurden größtenteils zu Innenfassaden für die neuen Büroräume umgewidmet. Die galerieartige Anordnung der Geschoßebenen in den Neubauten gewährleistete eine ausreichende Belichtung auch der unteren Geschosse.

Im Zentrum der Anlage ist der Produktionsbereich mit den Fernsehstudios und einem größeren Freibereich (für Außenaufnahmen und Publikumsshows) vorgesehen, der von einem großflächigen Dach überspannt wird. Die Randbereiche des Areals werden durch regelmäßige Baumpflanzungen geprägt, die die künftige MDR-Zentrale in ein grünes Kleid einbetten sollen. Im südlichen Abschnitt, beiderseits der Kantstraße, die als Erschließungsstraße dient, reihen sich zahlreiche sanierte, baulich nicht weiter überformte Einzelbauten (Intendanz, Fernsehdirektion, Kantine usw.). Die große Halle nahe den Eisenbahngleisen im Südosten des Grundstücks ist dem Besucherparken vorbehalten. Im nördlichen Abschnitt soll durch das Entfernen der Dächer, Decken und Fenster von den Altbauten eine „Ruinenlandschaft" entstehen, die ihrerseits durch flexible Dachmembranen überformt werden kann. Dort sind Cafés, eine Bühne für Open-Air-Theater- und -Musikveranstaltungen und ein Skulpturengarten vorgesehen. Nach zwei Überarbeitungsphasen entschied sich der Mitteldeutsche Rundfunk, einen anderen Entwurf (von Gondesen, Piachnow und Staack, Dessau, mit Struhk & Partner, Braunschweig) zu realisieren, der „am besten den funktionalen Bedürfnissen des Auftraggebers" entspreche und „kostensparender zu errichten und zu betreiben" sei. Daß diesem Entwurf der Großteil der Altbauten zum Opfer fallen wird, nahm der MDR stillschweigend in Kauf. Mit der Preisgabe einer lokalen Identität (die sich gerade auch an der baulichen Umgebung ablesen läßt) zugunsten eines uneingeschränkt modernen, aber letztlich beliebig austauschbaren Erscheinungsbildes schickt der MDR ein falsches Signal in die so gar nicht „blühende Landschaft" seines Sendegebietes. Schade um die verpaßte Chance ...

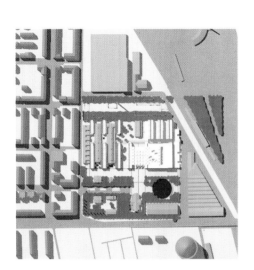

Mitteldeutscher Rundfunk, Zentrale
(Central German Broadcasting Company, headquarters), **Leipzig**

MDR Headquarters (Alter Schlachthof), Leipzig, 1994-95, 1. Prize
(after two phases of revision, the scheme was not executed)

The Alte Schlachthof – the former abattoir – with its yellow brick buildings was erected for the most part between 1886 and 1888 under the direction of Hugo Licht, head of urban construction and planning at that time. The ensemble is now protected by conservation order and is one of the most impressive building works in Leipzig dating from the period of industrialization. The decision of the Mitteldeutscher Rundfunk (MDR), a public broadcasting station in eastern Germany, to establish its headquarters on this site presented an opportunity to re-enliven a desolate urban area by inserting a number of modern uses.

Of the 62 participants in the competition for the design and construction of the scheme, RKW was the only office to propose the retention of the entire existing building fabric and not just those structures protected by conservation order. New buildings were to be erected on undeveloped areas. RKW interwove the basic urban layout of the linear works halls with a similarly structured sequence of new and largely transparent buildings. The latter are clearly distinguished from the existing development in their use of materials and coloration. To a large extent, the external facades of the brick buildings became the inner faces of the new offices. The gallery-like layout of the various storeys in the new structures ensures adequate daylighting even on the lower floors.

At the centre of the development is the production area, with TV studios and a large open space for outdoor scenes and live-audience shows. This space is covered with a large-area roof. The peripheral areas of the site are distinguished by linear and geometric tree plantings designed to envelop the future MDR headquarters in a green cloak. To the south, on both sides of Kantstraße, which serves as an access road, are a large number of refurbished detached buildings that were not otherwise re-designed and that were to accommodate the director general's office, the television management, canteen, etc. The large hall near the railway tracks to the south-east of the site was planned as a visitors' park. By removing the roofs, floors and windows from the existing structures in the northern part of the site, a "ruined landscape" was to be created that could be covered with flexible membrane roofs. Cafés, a stage for open-air theatrical and musical events, and a sculpture garden were also proposed for this area. After two revisions of the project, the MDF decided to realize a different scheme by Gondesen, Piachnow and Staack in Dessau, in collaboration with Struhk & Partner, Brunswick. The latter project was described as "best suited to the functional needs of the client" and "more economical to erect and operate". The fact that the majority of the existing buildings would have to be sacrificed in realizing this scheme was something the MDF tacitly accepted. With the abandonment of the concept of local identity - recognizable in the built surroundings - in favour of an unreservedly modern, but ultimately arbitrary appearance, the MDR is communicating the wrong signal to its broadcasting area, which is by no means a "flourishing landscape". One regrets a missed opportunity.

Kavalleriestraße, Düsseldorf, 1995, 1. Preis

Mehr als ein Vierteljahrhundert verging zwischen dem Ratsbeschluß zur Errichtung eines Regierungsviertels des Landes Nordrhein-Westfalen zwischen der Friedrichstadt und dem Rheinufer (1961) und der Fertigstellung des Landtagsgebäudes im Bereich des ehemaligen Zollhafens (1988); zwar waren bereits 1978 die kreuzförmigen Gebäude des Innenministeriums an der Haroldstraße bezogen worden, doch erst mit der Einweihung des Landtagsgebäudes, mit der 1993 abgeschlossenen Tieferlegung der Rheinuferstraße und der Fertigstellung der Rheinuferpromenade 1995 konsolidierte sich das Regierungsviertel im öffentlichen Bewußtsein. Für eine Erweiterung des Regierungsviertels im Bereich zwischen der Kniebrückenrampe, der Rheinuferpromenade und dem historischen Grüngürtel der Altstadt schrieb die Landeshauptstadt Düsseldorf 1995 einen beschränkten städtebaulichen Ideenwettbewerb aus, den das Büro RKW gewann.

Das Wettbewerbsgebiet ist zweigeteilt: der westliche Bereich wird vom kreuzförmigen Gebäudeensemble des Innenministeriums geprägt, das sich zu den angrenzenden Grünräumen, aber auch zur Auffahrtsrampe der Rheinkniebrücke öffnet, während der Bereich östlich der Kavalleriestraße von einem nahezu geschlossenen ringförmigen Häuserblock umgrenzt wird. Neben der städtebaulichen Neuordnung beider Teilareale war den Wettbewerbsteilnehmern das Thema „Stadtreparatur" zur Aufgabe gestellt: Gefordert war unter anderem, die im Zusammenhang mit dem Bau der Rheinkniebrücke aufgerissene Flanke des Baublocks an der Reichsstraße zu schließen, den Blockinnenbereich zugänglich zu machen und in das übergeordnete Grünkonzept einzubinden und den einbetonierten Fluß Düssel in diesem Bereich freizulegen.

Hintergrund des Wettbewerbs waren konkrete Bauabsichten sowohl privater Investoren (Büros und Wohnungen am Parkrand) als auch des Landes Nordrhein-Westfalen (zwei weitere Ministerien an der Haroldstraße). Das Büro RKW beschränkte sich im wesentlichen auf fünf bauliche Eingriffe. Zwei Hochhäuser sollen neue städtebauliche Akzente setzen: eine 75 Meter hohe, schlanke Bürohaus-Scheibe an der Brückenrampe markiert die Einfahrt in die Innenstadt, während ein 95 Meter hoher Büro-„Rundling" von der Innenstadt gesehen als Blickfang des Regierungsviertels dienen soll. Ein achtgeschossiger Neubau, der die Höhe und die Struktur der bestehenden Ministeriumsbauten aufnimmt, bildet den neuen baulichen Brückenkopf am westlichen Rand des Areals. Der Block auf dem östlichen Wettbewerbsgebiet soll hinter dem Scheibenhaus, mit dem er eine gläserne Halle und einen vorgelagerten Platz faßt, durch einen weiteren Büroriegel zur Brückenrampe neu gefaßt werden; im Blockinnenbereich sind unregelmäßig entlang der freigelegten Düssel gruppierte Wohnhäuser geplant.

Das Preisgericht hob besonders die Idee hervor, „die Linienführung der Blockkante an der südlichen Reichsstraße zu spiegeln" und „durch die Unterbauung der Brücke ... an die Bebauung der südlichen Reichsstraße anzuschließen". Sein

Kavalleriestraße, Düsseldorf, 1995, 1. Prize

In 1961, the city council of Düsseldorf decided to create a government district for the state of North Rhine-Westphalia between Friedrichstadt and the banks of the Rhine. More than a quarter of a century was to pass before the state parliament (Landtag) was completed in 1988 in the area of the former customs harbour. The cruciform Ministry of the Interior building in Haroldstraße had been taken into occupation as early as 1978, but it was only with the consecration of the parliament, the lowering of the Rhine embankment road (1993) and the completion of the promenade along the river in 1995 that the government district really registered itself in the public awareness. In 1995, Düsseldorf, the state capital, held a restricted urban planning ideas competition for the extension of the government district between the ramp to the bridge across the Rhine (known as the Kniebrücke), the Rhine promenade and the historical green belt around the old city centre. The competition was won by the RKW office.

The area covered by the competition is divided into two parts. The western section of the site is dominated by the cruciform ensemble of the Ministry of the Interior, which opens out to the adjoining landscape areas and to the approach ramp to the Kniebrücke. The area east of Kavalleriestraße is enclosed by an almost unbroken, peripheral housing development. In addition to the urban reorganization of the two areas, the competition brief called for a programme of "urban repair". Among other things, the participants were required to close the wound in the flank of the street block in Reichsstraße, which had been torn open with the construction of the Kniebrücke. The interior of the block was to be made accessible and integrated into the overall landscaping concept; and the River Düssel, which had been encased in concrete in this area, was to be opened up again.

Underlying the competition were a number of specific construction goals. Private investors were interested in an office and housing development on the edge of the park, and the state of North Rhine-Westphalia wished to erect two further ministries in Haroldstraße. The RKW office confined its proposals to five basic constructional measures. A new urban accent was to be set in the form of two high-rise blocks: a 75-metre-high slender office slab alongside the ramp to the bridge marks the entrance to the city centre, whilst a 95-metre-high circular tower was to form a landmark in the government district that would be visible from the centre of Düsseldorf. An eight-storey building, which adopts the height and structure of the existing ministerial buildings, forms a new bridgehead on the western edge of the area. The high-rise slab and the block on the eastern part of the competition site flank an open courtyard and a glazed hall. To the rear of the slab, the block development was to be redefined with the erection of a further office tract that would link up with the bridge approach ramp. In the interior of the block, irregularly grouped housing units were planned along the River Düssel, which was to be opened to view.

The jury praised the idea of "taking up the lines of the blocks along the southern section of Reichsstraße" and linking them with the existing development in that part of the street by

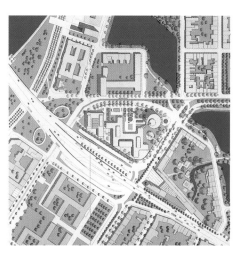

Regierungsviertel *(government district)*
Kavalleriestraße, Düsseldorf

Fazit: „Insgesamt überzeugt der Entwurf durch die Sensibilität, mit der er die vorhandenen städtebaulichen Elemente aufnimmt, weiterentwickelt, ergänzt und zu einer überzeugenden Lösung verknüpft."

In der weiteren Planung hat sich eine wesentliche Modifikation ergeben: Das Scheibenhaus wurde von 75 auf 45 Meter Höhe verringert; statt Büro- ist nun eine Hotelnutzung mit angeschlossenem Boardinghaus und Seniorenwohnungen vorgesehen.

Gutenbergplatz/Ludwigsstraße, Mainz, 1996, 3. Preis

In Mainz wurde wie in kaum einer anderen deutschen Stadt nach dem Zweiten Weltkrieg um die Prinzipien des Wiederaufbaus gestritten. Die Exponenten traditionalistischer und moderner Architektur blockierten sich so lange, bis zum Höhepunkt des „Wirtschaftswunders" am Ende der 50er Jahre der Rückstand gegenüber anderen Städten „politisch untragbar wurde" (Werner Durth). Hans Jacobi, seit 1957 Baudezernent in Mainz, setzte sich schließlich mit der Idee durch, die Stadtmitte vom Schillerplatz bis zum Rhein als „Folge festlicher Plätze" zu gestalten und die Ludwigsstraße als zentrale Einkaufsstraße durch kammartig angeordnete, zweigeschossige Pavillonbauten im Wechsel mit kleinen Platzanlagen zu gliedern. Doch der weiträumige, ab 1963 realisierte Stadtraum wurde schon bald durch gestalterische Eingriffe und die Aufweitung der Fahrbahnen zerrissen.

Im Kern hat die Ludwigsstraße den Charakter der frühen 60er Jahre (nach Werner Durth einer „oft noch ärmlichen Geschichte des Anfangs dieser Republik") behalten. Um dies zu ändern, lobte die Stadt Mainz bereits 1991 einen Realisierungswettbewerb aus. Es galt, nach Herausnahme des Individualverkehrs die sich ergebenden Freiräume als „Aktivzone" für die Bürger aufzuwerten. Die Pavillonbauten mußten damals erhalten werden, doch in einem von der Stadt Mainz und vier Investoren 1996 ausgelobten zweiten Wettbewerb wurden sie zur Disposition gestellt. Hintergrund für diesen zweiten Wettbewerb waren vor allem die Expansionsgelüste des Kaufhauses Karstadt.

Die Architekten RKW schlugen ein langgestrecktes Stahl-Glas-Dach über den Pavillons als raumprägendes Element der Ludwigsstraße vor, das von der östlichen Flanke des Schillerplatzes bis zur westlichen Flanke des Gutenbergplatzes reichen sollte (mit einer Unterbrechung im Bereich der Einmündung der Weißliliengasse). Die Pavillons sollten weitgehend erhalten, zum Teil aber umgenutzt und umgestaltet (im Bereich des Kaufhauses um ein Geschoß aufgestockt) werden. Die Flächen zwischen den Pavillons, die frei „möbliert" werden sollten, waren für vielfältige temporäre Nutzungen vorgesehen. Der Gutenbergplatz mit dem prägenden Bau des Staatstheaters sollte an seiner nordöstlichen Flanke durch einen schmalen Neubauriegel räumlich gefaßt werden.

Der Entwurf gewährleistete eine maximale Flexibilität und Anpassung an sich wandelnde Anforderungen: Lediglich der städtebauliche Rahmen in Form des den Straßenraum prägenden Daches (dessen relativ geringe Höhe die Sicht auf

Gutenbergplatz/Ludwigsstraße, Mainz

building under the bridge. The jury concluded its assessment with the words: "Overall, the design is convincing for the sensitivity with which it takes up the existing urban elements, develops and complements them and ties them into a convincing solution."

Further development of the scheme has led to a major modification, however. The high-rise slab was reduced from 75 to 45 metres in height. Instead of the office uses originally foreseen, it will contain a hotel together with an ancillary boarding house and housing for the elderly.

Gutenbergplatz/Ludwigsstraße, Mainz, 1996, 3. Prize

In Mainz, the principles of reconstruction after the Second World War were debated more vehemently than in almost any other German city. The advocates of traditional and modern expressions of architecture mutually succeeded in blocking developments for so long that by the end of the 1950s, at the height of the "economic miracle" in Germany, Mainz was so in arrears with its urban renewal compared with other cities that the situation became "politically untenable" (Werner Durth). Hans Jacobi, head of the city's construction department from 1957, finally succeeded in gaining acceptance for the idea of designing the city centre from Schillerplatz to the River Rhine as a "sequence of festive public open spaces" and to make Ludwigsstraße the central shopping street, articulated with a comb-like arrangement of two-storey pavilion structures alternating with small squares. The generous urban layout realized after 1963 was soon torn apart by design changes and road-widening schemes. Essentially, Ludwigsstraße has retained the character of the early 1960s, reflecting the "often poor history of the beginnings of this republic", to quote the words of Werner Durth. To change this image, in 1991, the city of Mainz held a competition for the design and realization of a new urban structure. The brief required the relocation of private traffic and the upgrading of these open spaces into a "zone of activity" for the inhabitants of the city. At that time, the pavilion structures were to be retained and did not form part of the brief, but in a second competition held jointly by the city and four investors in 1996, these buildings were also included in the scheme. One of the main reasons for this second competition was the wish of the Karstadt department store to expand its premises.

RKW proposed the erection of an elongated steel and glass roof over the pavilions as a space-defining element along Ludwigsstraße. It was to extend from the eastern edge of Schillerplatz to the western edge of Gutenbergplatz, with a break at the junction with Weißliliengasse. The pavilion structures were to be largely retained, but converted in part to house other uses, or redesigned. Those near the department store were to be raised in height by one storey. The areas between the pavilions, which were to be freely "furnished", were to accommodate a variety of temporary uses. Gutenbergplatz, with the imposing State Theatre building, was to be spatially enclosed on its northeastern edge with a narrow strip of new buildings.

The design guaranteed a maximum degree of flexibility and adaptability to changing needs. The only fixed elements were

den nahen Dom freigehalten hätte) und das Prinzip des Wechsels zwischen „untergeschobenen" Pavillons und variablen Freiflächen wurde festgeschrieben. Das Preisgericht lobte zwar die städtebauliche Grundidee, bezweifelte aber, ob die Alt- und Neubauten unter dem gemeinsamen Dach eine gestalterische Einheit bilden würden. Doch genau darum war es den Architekten gerade nicht gegangen: Statt den über einen langen Zeitraum entstandenen Stadtraum mit einer einheitlichen Neugestaltung zu überziehen, wollten sie die Spuren vorangegangener Planungsphasen erhalten und den Stadtraum lediglich soweit neu fassen, daß er sich künftigen Entwicklungen anpassen und durchaus auch mit unterschiedlichen Architekturen „bespielen" ließe. Mit ihrem Bekenntnis zum ordnenden Städtebau erwiesen sich die Architekten letztlich ungleich moderner als das Preisgericht, das an der veralteten Idee eines architektonisch gestaltenden Städtebaus festhielt.

those forming the urban framework: first, the roof, which was the dominant feature of the street space, yet which, because of its relatively low height, would not have obscured the view to the nearby cathedral; and second, the alternating sequence of pavilions "inserted" under the roof and variable open spaces. The jury praised the basic urban planning concept, but expressed its doubts whether the existing and new structures would fuse to create a unified design beneath a single roof. That was precisely what the architects did not want, however. Instead of drawing a new and uniform design over an urban space that had evolved over a long period of time, they wished to retain the traces of past planning periods and simply provide the urban space with a new framework that would allow it to adapt to future developments and provide a stage for different forms of architecture. With their commitment to a regulating urban planning structure, the architects proved themselves to be far more modern than the jury, with its adherence to an outdated concept of urban planning that determines the form of the architecture.

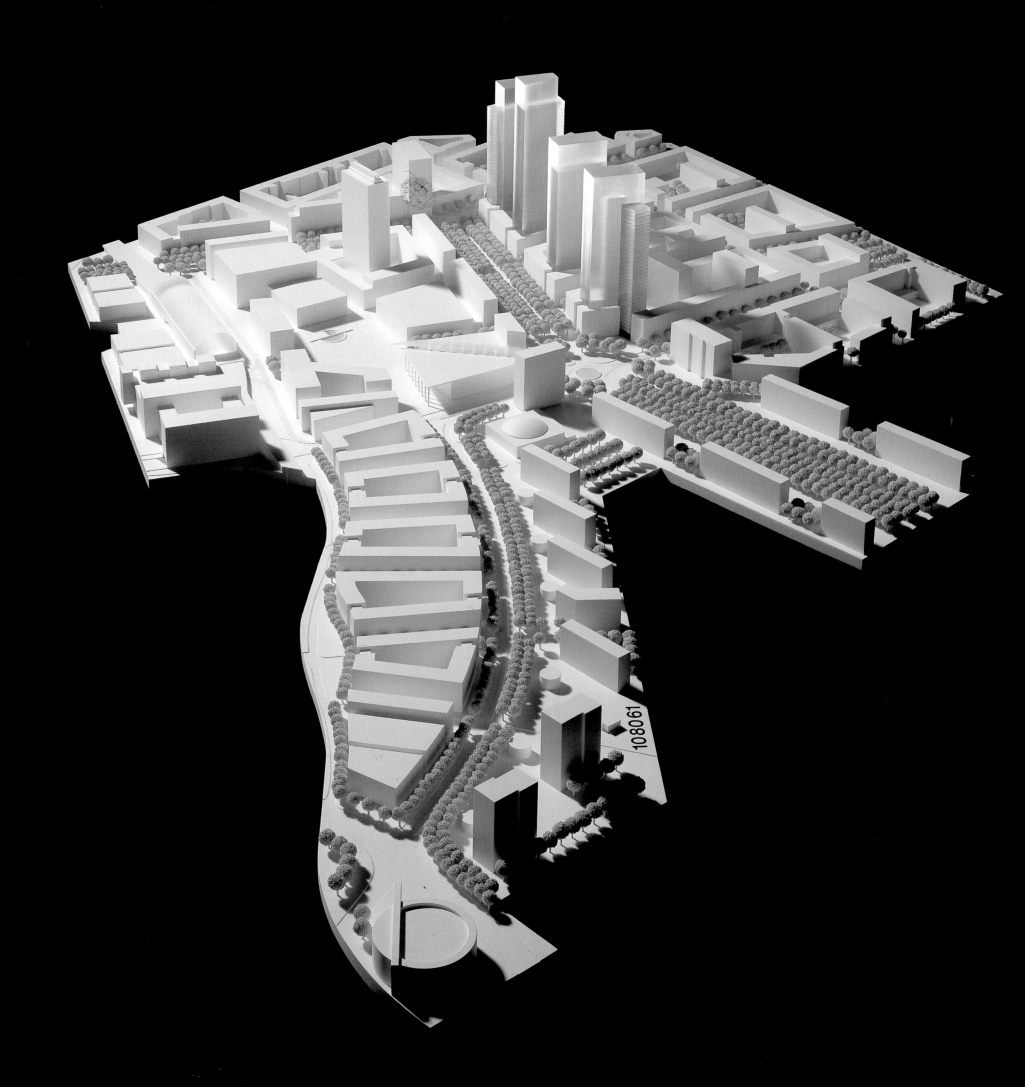

Alexanderplatz

Berlin

Geladener Wettbewerb

Invited Competition

Ziel des 1993 ausgeschriebenen Wettbewerbes war die Neuordnung des Alexanderplatzes durch eine Verdichtung der Bebauung und eine der Metropole angemessene Nutzungsmischung aus Dienstleistung, Einzelhandel und Wohnen. Der Wettbewerbsbeitrag empfiehlt eine neue, die historische Struktur und den Bestand einbeziehende und überlagernde Gesamtstruktur. Diese verknüpft die städtebaulich prägnante Ost-West-Achse mit dem großzügigen Straßenraum der Karl-Marx-Allee. Vier Hochhäuser bilden hier den Abschluß der Achse. Die überdimensionierte Platzfläche des „Alex" wird durch die vorgesehene mehrteilige Überbauung reduziert. Teil des städtebaulichen Gesamtplans ist die Überleitung in die angrenzenden Wohnquartiere mit verdichteter Blockstruktur.

The goal of the 1993 competition was the reorganization of Berlin's Alexanderplatz by compacted construction and a utilization mix appropriate for a capital city, comprising services, retail outlets and dwellings. The submitted design proposal recommends a new overall structure which integrates and superimposes the historical structure and dominant buildings in context. It links the east-west axis with the imposing streetscape of the Karl-Marx-Allee. Four high-rise buildings form the closure of the axis. The overdimensioned area of the "Alex" is reduced by overlapping multi-storey buildings. Part of overall city planning is a densification of the existing housing blocks.

Masterplan, ausgerichtet an der Ost-West-Achse, von links nach rechts; markanter Abschluß der Neubebauungen im Osten durch die Hochhäuser am Alexanderplatz, im Westen Anschluß an die Grünanlage um den Fernsehturm

Masterplan, orientation on east-west axis; from left to right, significant closure of new construction in the east by high-rise buildings on Alexanderplatz; in the west a connection to the landscaped area around the TV-tower

Modell des verdichteten Stadtgefüges um den Alexanderplatz

Model of compact cityscape around Alexanderplatz

Mitteldeutscher Rundfunk, Zentrale

Leipzig

Wettbewerb Erster Preis

Competition First Prize

Die neue Zentrale des MDR soll auf dem Gelände des ehemaligen Schlachthofs in Leipzig errichtet werden, einem historischen Ort mit drei denkmalgeschützten Schlachthallen. Diese bestimmen durch ihre Form und Lage die Staffelstruktur des Bebauungsentwurfes. Entlang einer querlaufenden zentralen Erschließungsachse, die alle Bereiche des Landesfunkhauses miteinander verbindet, folgen im Wechsel Innenhöfe, überdachte Zonen und offene Räume. Den Mittelpunkt der Anlage bildet das überdachte Foyer mit dem Haupteingang. Im anschließenden großen Neubau befinden sich die Fernsehstudios, Werkstätten, Lager und Technik. Kurze Wege und optimierte räumlich-funktionale Zuordnungen kennzeichnen die innere Struktur der Produktionsbereiche.

The new headquarters of the MDR radio station is to be constructed on the site of a former slaughterhouse in Leipzig – a historical site with three slaughterhouses – all listed buildings. Their shape and location determine the graduated structure of the entire construction. Alternately arranged along the diagonally routed central axis, which connects all areas of the state radio station, are courtyards, roof-covered zones and open spaces. The centre of the facility is the roof-covered foyer with main entrance. Television studios, workshops, storage facilities and mechanical systems are accommodated in the adjacent large new building. Short ways and optimized spatial-functional allocations characterize the internal structure of production areas.

Luftbild des Schlachthofgeländes vor der Stilllegung aus derselben Perspektive wie das Modell auf der linken Seite

Aerial view of the slaughterhouse site prior to shut-down, same perspective as the model on the left

Lageplan

Site Plan

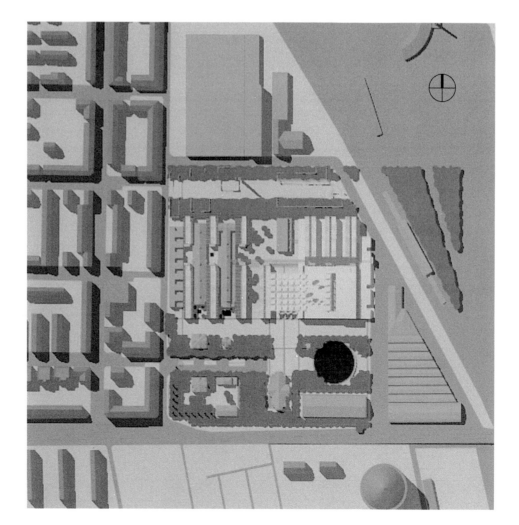

Modell des Bebauungsvorschlages; links die alten Schlachthallen mit den eingefügten Glashallen

Model of proposed construction; on the left the former slaughterhouses with integrated glazed halls

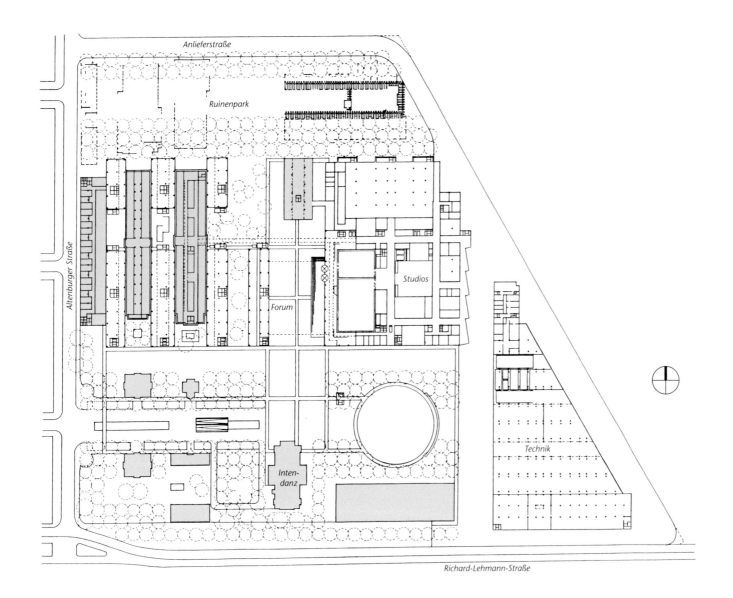

Anlieferstraße

Ruinenpark

Altenburger Straße

Studios

Forum

Inten-
danz

Technik

Richard-Lehmann-Straße

Grundriß Erdgeschoß, grau hinterlegt die umgenutzten Altbauten

Ground floor plan, grey background for reused existing buildings

Historische Aufnahmen der denkmal-geschützten Hallen

Historic photos of listed halls

Blick aus Richtung Richard-Lehmann-Straße (links)

View from Richard-Lehmann-Straße (left)

Perspektive des großen Daches (rechts) und
Blick auf den alten Schlachthof (Mitte)

*Perspective of the large roof (right) and view of
the old slaughterhouse (centre)*

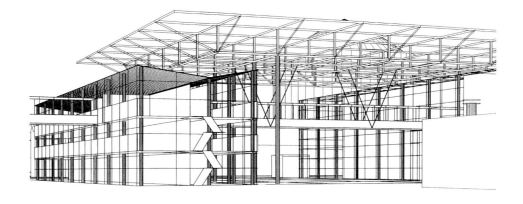

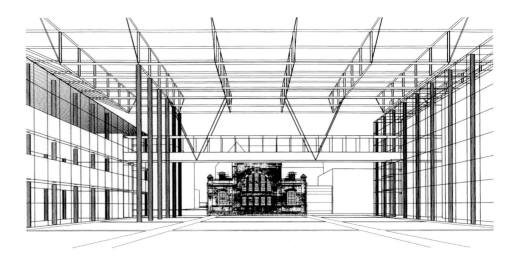

Computersimulationen (oben) und Modell
(rechts) verdeutlichen die Verzahnung der
alten und neuen Gebäude

*Computer simulations (above) and model (right)
depict the bond between old and new building*

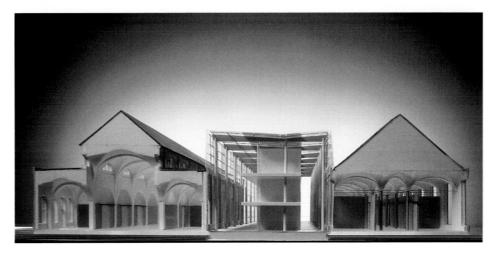

Regierungsviertel Kavalleriestraße

Düsseldorf

Wettbewerb Erster Preis

Competition First Prize

Der Entwurf entstand im Rahmen eines städtebaulichen Wettbewerbes. Ziele waren die Neuordnung des Planungsgebietes zwischen Regierungsviertel und der Innenstadt, die Schaffung einer Verbindung zwischen Rheinpark und Schwanenteich sowie die Erweiterung des Innenministeriums am Fuße der Rheinkniebrücke. Zentrales Anliegen des Beitrags ist die städtebauliche Verdichtung des Gebietes durch zwei signifikante Hochhäuser, die gleichzeitig eine großzügige Freiflächengestaltung erlaubt. Der runde Büroturm übernimmt dabei eine Gelenkfunktion zwischen der innerstädtischen Blockrandbebauung und den Solitären des Regierungsviertels. Die Hochhausscheibe zur Brücke fungiert als markanter Abschluß einer besonderen Blockrandschließung. Die schräg zur Straße verlaufenden Gebäude schaffen zum Turm hin Raum für einen städtischen Platz und eine Glashalle mit Gastronomie und Einzelhandel. Durch diese Mischnutzung erhält das Büroviertel eine neue urbane Qualität. Die Entwürfe für das Viertel sollen schrittweise und in überarbeiteter Form realisiert werden. Für den ersten Abschnitt südöstlich der Kavalleriestraße empfiehlt die Planung für den Bebauungsplan ein reduziertes Hochhauskonzept und eine flexibel nutzbare Bürohausstruktur.

This design was prepared in the course of a city planning competition. The goals comprised rearrangement of the areas between the government district and the city, creation of a connection between Rheinpark and Schwanenteich as well as the extension of the Ministry of the Interior at the foot of the Rheinknie bridge. The prizewinner's prime objective is the city planning densification of the area by two significant high-rise buildings, which simultaneously allows generous landscaping. The round office tower acts as hinge between the city border block construction and the solitaires of the government district. The high-rise slab towards the bridge impressively closes the block border construction. Running diagonally to the street, in the direction of the tower the buildings form a city square and space for a glazed hall with restaurants and shops. This mixed utilization concept bestows the office district with a new urban quality. The design for the district is to be realized in steps and in revised form. For the first phase, southeast of Kavalleriestraße, the masterplan design foresees a reduced high-rise concept and a flexibly usable office building structure.

Türme markieren das Regierungsviertel zwischen Innenstadt und Rhein; der runde Turm und der kreuzförmige Neubau (im Vordergrund) ergänzen das bestehende Ministerium

Towers characterize the government district between city and Rhine; the round tower and the crosswise new building (in the front) complete the existing ministry

Lageplan mit Anbindung an den Rhein und die Ministerien

Site plan with connection to the Rhine and the ministries

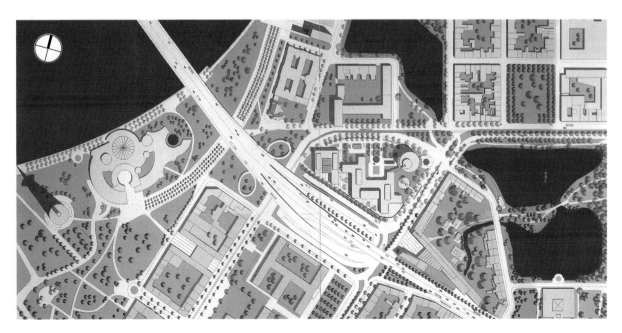

Blick auf die Zufahrt der Rheinkniebrücke und die Neubebauung entlang der Verkehrsachse

View of access from Rheinkniebrücke and new construction along the traffic axis

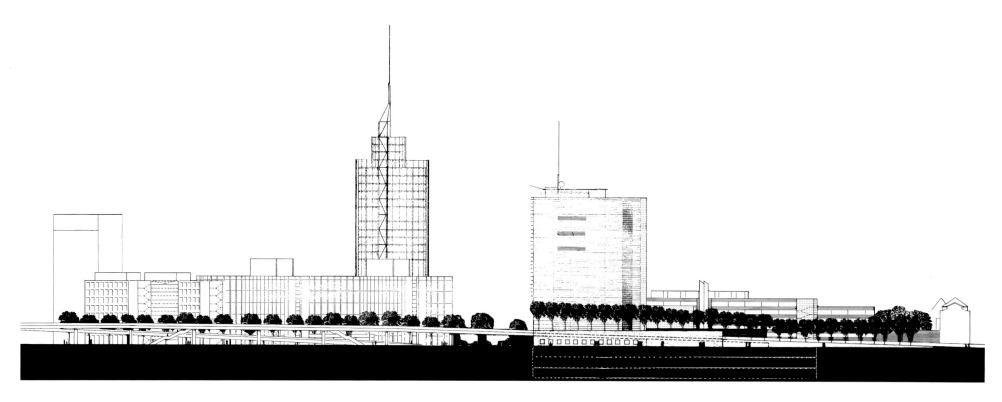

Südwestansicht von der Rheinkniebrücke
(oben); Blick vom Schwanenteich (links)

*Southwest elevation from Rheinkniebrücke
(above); view from Schwanenteich (left)*

Überarbeiteter Entwurf für die in der Höhe
reduzierte Hochhausscheibe (rechts)

*Revised design for the height-reduced high-rise
slab (right)*

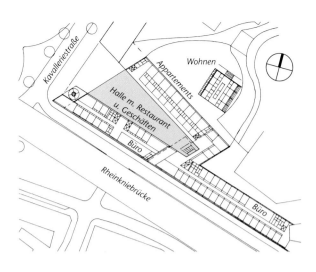

Grundrißregelgeschoß mit einer Nutzungs-
variante

Standard ground floor utilization variation

o.tel.o

Köln

Wettbewerb Erster Preis

Competition First Prize

Mit der Erweiterung seiner Verwaltungszentrale setzt das Kommunikationsunternehmen in Köln-Deutz städtebauliche Akzente. Neben der bestehenden Hochhausscheibe soll ein weiteres Hochhaus die Entwicklung des Bürostandortes auf der rechten Rheinseite vorantreiben. Die Verkehrsbauwerke Stadtautobahn und Deutzer Bahnhof sowie das Messegelände und der Rheinpark prägen das weiträumige Umfeld. Mittelpunkt des Gebäudekomplexes wird eine schlanke, transparente Hochhausscheibe sein, eingebettet in eine additiv strukturierte, nach Bedarf erweiterbare Sockelbebauung. Die kompakten Gebäudeteile, einzeln und miteinander nutzbar, gruppieren sich um begrünte Innenhöfe.

With the extension of the administration centre, the communication company in Köln-Deutz, sets city planning accents. In addition to the existing high-rise slab, another high-rise will accelerate the future development of this office site on the right bank of the Rhine. The city autobahn and the Deutzer Bahnhof as well as the fair site and the Rheinpark dominate the spatial environment. The slim, transparent high-rise slab, embedded in an additively structured base construction, which can be expanded as required, will form the centre of the building complex. The compact building elements, usable individually and in combination, are grouped around landscaped inner courtyards.

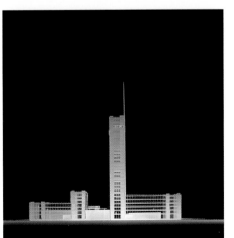

Lageplan (links) und Modellaufnahmen mit Blick vom Rhein (oben und links), und von Deutz (linke Seite)

Site plan (left) and photos of the model with view from Rhein (above and left) and from Deutz (left side)

Messe
Düsseldorf

Unter dem Motto „Messepark am Rhein" soll die Messe zu einem städtischen Treffpunkt im Düsseldorfer Norden umgestaltet werden. Schwerpunkt des Wettbewerbsbeitrags ist die Multifunktionshalle mit ihrem expressiv geschwungenen Dach. Sie ist ein ausdruckstarkes Pendant zum benachbarten Rheinstadion und markantes Zeichen innerhalb der sich ständig verändernden Rheinsilhouette. Die Halle übernimmt zudem eine Gelenkfunktion zwischen dem Europaplatz im Innern des Geländes sowie dem „Wasserboulevard" mit Einkaufs- und Gastronomieeinrichtungen und dem neuen Hafen am Rhein. Der Hafen ist Ausgangspunkt für eine Schirmhalle, die als zentrale Verbindungsachse das gesamte Messegelände erschließt. Weitere Eckpunkte der stadträumlichen Neudefinition sind ein Rheinhotel im Süden und die Anbindung an den Park im Norden.

Under the headline "Messepark am Rhein", the trade fair complex will be redesigned as an urban meeting point in the north of Düsseldorf. Focal point of the competition entry is the multifunctional hall with its expressively curved roof. It is an impressive pendant to the adjacent Rheinstadion and a significant symbol within the continuously changing silhouette of the Rhine. The hall acts as hinge between Europaplatz within the site and the "Wasserboulevard" with shops and restaurants and the new harbour on the Rhine. The harbour is the starting point for a central hall, which connects the entire fair site as a central connection axis. An important aspect of the new city space is the Rheinhotel in the south and the connection to the park in the north.

Weithin sichtbares Dach der Multifunktionshalle am neugestalteten Europaplatz

Outstanding roof of the multifunctional hall on the newly designed Europaplatz

Lageplan mit der Multifunktionshalle zwischen Rheinstadion und Messe; in der Mitte eine Allee von Schirmen als raumordnendes Element; links unten das Rheinhotel

Site plan with multifunctional hall between Rheinstadion and Fair; a boulevard of umbrellas as space planning element; the Rheinhotel below, on the left

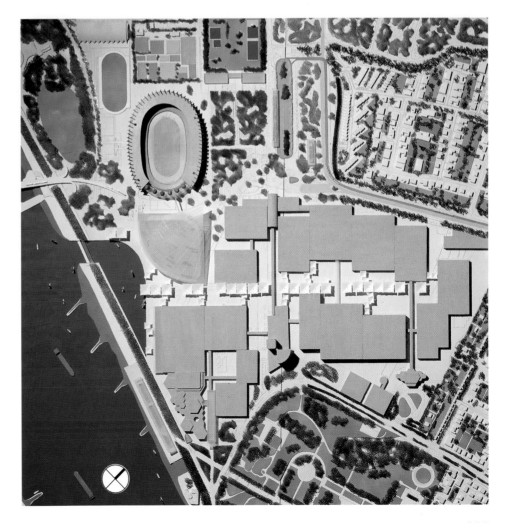

Prägnante Silhouette am Rhein – die Messe als Stadttor im Düsseldorfer Norden

Impressive silhouette on the Rhine – the Fair as city gateway in the north of Düsseldorf

Wettbewerbsbeitrag für die neue Hauptverwaltung der
Phoenix-Rheinrohr in Düsseldorf, 1956

Competition contribution for the new central administration of Phoenix-Rheinrohr in Düsseldorf, 1956

Helmut Rhode

Memoriam

Foto: Tita Bayer

Am 24. Oktober 1985 feierte Helmut Rhode seinen 70. Geburtstag. Anläßlich des Festaktes hielt Manfred Sack von „Die Zeit" eine Laudatio, die interessante Aspekte zur Architektur der Moderne sowie zum Werk Helmut Rhodes darstellte. Im folgenden ist der Wortlaut des Vortrages wiedergegeben:

„Lieber Herr Rhode,
meine Damen und Herren,
ich rede jetzt keine Rede, wie man sie üblicherweise redet. Ich halte auch nicht irgendeinen Vortrag über dies oder das, wie es vor Fachleuten zu geschehen pflegt, sondern: ja, was eigentlich? Ich versuche es vielleicht so zu umschreiben: Es wird eine Art feuilletonistischer Betrachtung, deren Anlaß ein Geburtstag ist. Es wird darin die Rede von Helmut Rhode sein, von der Kultur der Bauherren, von der Qualität der Architektur, welche nicht wenig von der Qualität eben der Bauherren mit bestimmt wird, und von jener Architektur, die man vor Augen hat, wenn man von der „Moderne" redet und zu der unzweifelhaft die Horten Hauptverwaltung gehört, in der wir uns befinden.

Als ich es vor ein paar Wochen zum erstenmal wiedersah – nach immerhin mehr als zwanzig Jahren –, war ich erstaunt von seiner unverbrauchten Eleganz. Vom Alter des Hauses, geschweige davon, daß es veraltet wäre, keine Spur. Es kommt mir vor wie der Beweis für eine Binsenwahrheit, derzufolge etwas, das gut geraten ist, sich nicht verbraucht, sich nicht einmal in den Augen abnutzt: es bleibt ansehnlich. Es handelt sich um eine Gebrauchs-, nicht um eine Verbrauchs-Architektur. Dieses Gebäude war auch der Angelpunkt für meine Bekanntschaft mit dem Architekten Rhode. (…)

Architektur war damals noch kein normales Thema in Zeitungen, die sich an ein allgemeines, wenngleich hinlänglich gebildetes – also aufnahmebereites – Publikum – oder, wie die Engländer sagen: an educated people – wenden. Ich erinnere mich, daß es damals im wesentlichen nur Eberhard Schulz in der Frankfurter Allgemeinen Zeitung war, der sich damit abgab, wenig später Peter Bode, der meinen Neid weckte, wenn er sich alle drei, vier Wochen in der Wochenendbeilage der Süddeutschen Zeitung über derlei Angelegenheiten auslassen durfte. Noch bevor in den sechziger Jahren der Hamburger Architekt Hermann Funke in der ZEIT mit zwei Serien

Helmut Rhode celebrated his 70th birthday on October 24, 1985. The eulogy at the formal birthday celebration was held by Manfred Sack of the weekly "Die Zeit". Featuring interesting aspects of architectural design and the work of Helmut Rhode, his speech is reprinted below.

"Dear Mr Rhode,
Ladies and gentlemen,
I am not about to deliver a speech as is customary on such occasions. Nor I am going to lecture on this or that topic as experts are wont to do, but, yes, what, indeed? Allow me to attempt to describe it: it will be a type of editorial observation prompted by the occasion of a birthday. It will deal with Helmut Rhode, with the culture of building clients, the quality of architecture which is not least determined in the end just by the quality of the clients and with that architecture which confronts one when one talks about „modern" and to which undoubtedly the Horten headquarters building belongs, where we find ourselves today.

When I saw it for the first time a few weeks ago – after all following more than 20 years – I was amazed by its unexhausted elegance. Not a trace of the building's age, not that it is old at all. It appeared to testify a maxim which states that something which turns out well does not use itself up, not even in the eyes of the beholder: it remains handsome. It is working architecture not consumption architecture. This building was also the central point of my acquaintance with the architects Rhode.(...)

At that time, architecture was not a topic normally covered by newspapers aimed at the public in general, notwithstanding an adequately educated and curious public. I well remember that it was then mainly only Eberhard Schulz of the Frankfurter Allgemeine who dealt with the subject. A little later also Peter Bode, who aroused my envy by being able to let of steam on such topics every three or four weeks in the weekend supplement of the Süddeutsche Zeitung. In the sixties, even before the Hamburg architect Hermann Funke, with two series on new architecture in the ZEIT, had at least broken albeit not melted the ice, I attempted to derive satisfaction from my passion at least in minor themes.

Shortly before this building was opened, the Thyssen-Hochhaus was completed at the centre of Düsseldorf, an ideal location for such a high-rise, built to the design of the architect duo Hentrich

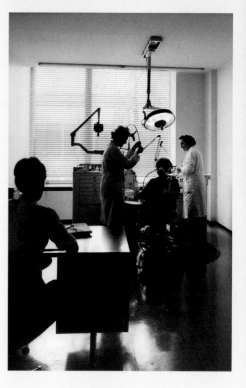

Horten Hauptverwaltung *(headquarters)*, **1960**

über neue Architektur das Eis wenigstens aufgebrochen hatte, wenn auch nicht gleich hat schmelzen lassen, versuchte ich meine Leidenschaft wenigstens in Nebenthemen zu genießen. (…)

Kurz, bevor dieses Haus eröffnet wurde, war mitten in Düsseldorf, an einem für derlei Hochburgen üblichen Platz also, das Thyssen-Hochhaus nach dem Entwurf des Architekten-Duos Hentrich und Petschnigg vollendet worden. Ein damals wie heute imponierendes Beispiel für eine persönliche Handschrift in einer Persönlichkeit zumindest schwer machenden international üblichen Architektursprache. Es gab damals viele Hochhäuser, die zum Verwechseln ähnlich waren und damit, natürlich ungewollt, schon die moderne Architektur mit in Verruf zu bringen begannen. Das Thyssenhaus aber war einzigartig, weil die Entwerfer es verstanden haben, ihm eine unverwechselbare, dabei praktische Gestalt zu geben. Wahrscheinlich können seine Architekten sehr spannend erzählen, wie sie letztlich auf die drei Scheiben gekommen sind – mir genügt es, hier zu sagen, daß ich das Bauwerk aufregend fand. Also fuhr ich nach Düsseldorf, traf mich mit den Architekten Helmut Hentrich und Hubert Petschnigg, ließ mir das Hochhaus erläutern – doch noch bevor ich es inwendig besichtigte, sagte Herr Hentrich (Sie bemerken, wie ungewöhnlich ich das empfand, daß ich es bis heute nicht vergessen habe):

„Wissen Sie, das Thyssenhaus ist eigentlich, in seinem Grundriß, ein ganz konventionelles Büro. Das wirklich Neue passiert

and Petschnigg. Then as now, an imposing example for personal handwriting in an architectural language prevailing internationally which made personality at least difficult. There were at that time many high buildings which were virtually the spitting image of each other and which thus, naturally unintended, started to bring modern architecture into disrepute. But the Thyssen building was unique, because its designers had understood how to give it an unmistakable but practical form. No doubt its architects could give an inspiring description of how they ultimately arrived at the triple slice. For me it is sufficient to say that I found the building exciting. So off I went to Düsseldorf, met the architects Helmut Hentrich and Hubert Petschnigg, had the building explained to me and, before I could inspect it inside, Mr Hentrich said (you notice that this was so very unusual, that I have not forgotten it today), he said: „Do you know, the Thyssen building is really, in its groundplan, a conventional office. The real innovation is taking place over there, on the „Seestern" at Horten – you'd best go over and have a word with the architects Rhode." And that is exactly what happened. And ultimately, a rather lengthy article appeared in two issues of the newspaper on the „Office Without Walls", on the attempt to create the open-plan office as entirely new possibility, without its hideous degeneration into a strictly controlled institution for work. It was to be humanitarian, in other words to function democratically, not underline the hierarchy but rather hush it up. For these goals a new vocabulary had also been found: the office landscape, casually divided by separating walls, decorated with green, if

da drüben, am Seestern, bei Horten – Sie sollten sich am besten gleich mit dem Architekten Rhode treffen."

Und so geschah es dann auch – und so entstand schließlich ein ziemlich langer, auf zwei Nummern der Zeitung verteilter Artikel über das „Büro ohne Wände", über Versuche also, das Großraumbüro – ohne seine scheußliche Entartung zur Arbeitsanstalt unter strenger Aufsicht – als eine gänzlich neuartige Möglichkeit zu praktizieren. Es sollte menschenfreundlich, also demokratisch funktionieren, die Hierarchie nicht aufheben, so doch ein bißchen vertuschen, und für diese Anstrengung war auch schon eine neue Vokabel gefunden worden: die Büro-Landschaft, locker gegliedert mit Stellwänden, dekoriert mit grünen, möglichst blühenden Pflanzen in meist großen Töpfen, sozusagen mit dem vergesellschafteten Blumentopf vom Fensterbrett.

Die Aversionen gegen diesen Typus des Büros sind bis heute zwar relativiert, aber nicht beseitigt worden: der Großraum ist, zumal da er klimatisiert zu werden pflegt, ein empfindliches Operationsgebiet für Organisatoren wie für Architekten geblieben, und wie in den jüngsten Untersuchungen über Praxis, Wirkung und Auswirkungen von Klimaanlagen zu entnehmen ist, geht das Streitgespräch unvermindert weiter. Auch diese Verwaltung hat, wenn man sich an den Urzustand erinnert, dies und das verändert.

Zwei andere Ereignisse machten den Horten-Bau ungewöhn-

possible blossoming plants in mostly large pots, in fact with the socialized plant pot from the window ledge.

The aversions against this species of office have by now been put into perspective, but not eliminated. The office landscape, particularly since it is usually air-conditioned, remains a sensitive area of operation for organizations like architects and, as shown by latest examinations on the practice, effects and after-effects of air-conditioning, the debate continues. When one recalls the original situation, this administration form has changed this and that.

Two other occurrences made the Horten building exceptionally interesting: first was the choice of building site and secondly the choice of architects. Concerning the first: in the cities traffic had increased to such an extent that planners were obliged to consider remedies. They did not dare – as is at last done today – to place so many obstacles in the way of traffic that it as it were decreases „by itself". For this, there is an unusual but very apt expression: the reinstatement of the city: squares, liberated from mobile metal, become squares again; streets, once unscrupulously widened, are now being narrowed again and planted with trees. The remedy of then, so as not to further increase traffic densities in city centres, was to keep new administration buildings – meaning many new car drivers too – away from the cities and locate them outside. In 1960, Hamburg founded its „City Nord" office satellite town, following New York's example,

Großraumbüros in der Horten Hauptverwaltung, 1960

Open plan offices in the Horten headquarters, 1960

lich interessant: das war erstens die Wahl des Bauplatzes, und das war zweitens die Wahl des Architekten.

Zum ersten: In den Städten hatte damals der Autoverkehr so heftig zugenommen, daß die Planer nach Abhilfe sinnen mußten. Sie wagten noch nicht – wie es heute endlich der Fall ist –, dem Autoverkehr so viele Hindernisse in den Weg zu legen, daß er sich gewissermaßen „von selber" vermindere. Es gibt dafür ein seltsames, aber kennzeichnendes Wort: den Rückbau der Stadt, das heißt: Plätze werden, vom rollenden Blech befreit, wieder zu Plätzen, Straßen werden, nachdem sie einst hemmungslos verbreitert worden waren, nun wieder schmaler gemacht und mit Bäumen bepflanzt. Damals hieß der Ausweg, den Verkehr in den Innenstädten nicht weiter zu vermehren, also neue große Verwaltungsgebäude – man meinte damit auch: viele neue Autofahrer – von den Citys fernzuhalten und abseits zu plazieren. Hamburg hatte um das Jahr 1960 seine „City Nord" genannte Bürostadt gegründet, nach New Yorker Vorbild neben dem großen Stadtpark, eine ganz und gar unstädtische Monokultur. Frankfurt am Main versuchte sich, Jahre später, ohne aus dem Vorbild gelernt zu haben, mit seiner ebenso halbtoten Bürostadt Niederrad zu entlasten. Das offizielle Düsseldorf hat derlei Notwendigkeit damals noch nicht gesehen, und so war es nicht der ausdrückliche Wunsch des Düsseldorfer Stadtbauchefs Friedrich Tamms gewesen, sondern der des Bauherren Helmut Horten, den es aus der Stadt ins Grüne zog. Er hatte seinen Traum-Bauplatz auf einem Spaziergang durch die Schrebergartenlandschaft hier am „Seestern" entdeckt. Doch damit hatte sich das Neue zunächst auch schon erschöpft.

Wie man nachlesen kann, ging es ja sonst den üblichen Weg weiter. Vier Architekten, nämlich Egon Eiermann aus Karlsru-

next to the large city park, a completely unmunicipal monoculture. A few years later and without having learned from the examples, Frankfurt am Main attempted similar with its likewise half-dead Bürostadt Niederrad. Officially Düsseldorf had then not seen any necessity and thus it was not the express wish of city planning director Friedrich Tamms, but of building client Helmut Horten to move from the city into the greenbelt. He had discovered his dream building site on a walk through the allotments around the „Seestern" lake. Nonetheless, initially the new was then already exhausted.

As one can read, the usual procedure was followed. Four architects, namely Egon Eiermann of Karlsruhe, Cäsar Pinnau of Hamburg, Erich Schneider-Esleben – also just turned 70 – and Helmut Rhode of Düsseldorf, all designed in a concept competition high-rise buildings, „crowning tower buildings" as stated, amid more or less flat buildings. In his striving to set visual accents, this was exactly what Friedrich Tamms had in mind. Whereby he was also more than just a little proud of the Thyssen tower on the Hofgarten.

Today, it is interesting to note that „architecture and environment" was not a topic under consideration. One could evict allotment tenants from their gardens because for the city a trade taxpayer and his wishes were more important than the rustic weekend recreation of a few citizens; one planned high-rises because it was apparently more economic and therefore custom, even on a piece of land still relatively unimpaired by buildings. Consideration was only exercised to the inside, not the outside, and one did not contemplate that the one could be directly useful to the other.

Until an event took place which overshadowed all before it. Helmut Horten travelled to America with the architect he had

he, Cäsar Pinnau aus Hamburg, Paul Schneider-Esleben, eben auch 70 geworden, und Helmut Rhode aus Düsseldorf – die vier zeichneten in einem Ideen-Wettbewerb allesamt Hochhäuser, „krönende Turmbauten", wie es hieß, inmitten mehr oder weniger flacher Gebäude. Dem um visuelle Akzente bemühten Friedrich Tamms war das ganz recht, und er war ja auch nicht wenig stolz auf die Thyssen-Dominante am Hofgarten.

Heute ist es interessant zu sehen, daß „Architektur und Umgebung" damals noch keine Themen waren. Man konnte auch Schrebergärtner um ihre Gärten bringen, weil der Stadt ein Gewerbesteuerzahler und seine Wünsche wichtiger waren als das kleine menschliche Wochenendglück von ein paar Bürgern im Grünen; man plante Hochhäuser, weil es angeblich ökonomischer und weil es deswegen so Usus war, selbst auf einem von Häusern noch relativ unbeschädigten Stück Land. Rücksichtnahme wurde nur nach innen, nicht nach außen geübt – und man ahnte nicht, daß das eine dem anderen unmittelbar dienlich sein könnte.

Bis ein Erlebnis alles bisherige umstürzte. Helmut Horten war mit dem Architekten, auf den nun seine Wahl gefallen war, nach Amerika gereist und hatte in Bloomfield, damals einem Vorort der von Versicherungen auffallend bevorzugten Stadt Hartford im Bundesstaat Connecticut, etwas Ungewöhnliches gesehen. Dort hatte sich die Connecticut Life Insurance Company kein Hochhaus, sondern nur ein drei Stockwerke hohes rechteckiges, sehr breit gelagertes Gebäude mir vier Innenhöfen bauen lassen, entworfen von der Architektenfirma Skidmore, Owings und Merill, kurz SOM genannt. Der Bau bekam bald den Jahrespreis des amerikanischen Architektenverbandes und wurde geradezu auffallend berühmt. Er repräsentierte damals eine neue amerikanische Mode, Bürohäuser

chosen and saw something quite unusual in Bloomfield, then a suburb of Hartford in Connecticut favoured above all by insurance concerns. Here, the Connecticut Life Insurance Company had not had a high-rise built, but a three-storey rectangular, far-reaching building with four inner courtyards, designed by the architects Skidmore, Owings and Merill, known as SOM. The building was soon awarded the annual prize of the American Architects' Association and became outstandingly famous. It then represented a new American trend of shifting office complexes from the city into the landscape, an approach which we now view with utmost scepticism. The Horten headquarters has also not remained in isolation onthe Seestern and is now hard put to more or less preserve the old idyllic situation.

Naturally, in the USA too the architect's prime goal was not to find a fine symbiosis between architecture and landscape but moreover to serve the productivity of administration: with office landscapes which could be flexibly and speedily adapted to organizational changes. The motto of the Bloomfield insurance president was: „work doesn't go upstairs".

Exceptional in Düsseldorf thereafter was not only that client and architect really stayed together, but that the architect was shrewd enough neither to reject the invitation which the American model signified, nor to exaggerate or disfigure it in an impulsive thirst for originality. He oriented himself to SOM, who in turn had oriented themselves to Mies van der Rohe and, unlike many others, did not simplify his stringent principles, but applied them in many, many areas with almost acrobatic precision. They turned the style-setting Sunday architecture into a form appropriate for the everyday.

Such open confessions to paragons are seldom indeed among architects. Usually they are driven by ambition to create under all circumstances their own architectural expression. Perhaps the

Horten, Duisburg, 1958

Horten (Umbau/*rebuilding*), Hamm, 1985

aus der Stadt in die Landschaft zu verlegen, ein Vorgang, dem wir inzwischen mit allergrößter Skepsis begegnen. Auch die Horten-Hauptverwaltung ist ja am Seestern nicht allein geblieben und hat nun Mühe, das alte Idyll einigermaßen zu bewahren.

Freilich – auch in den USA war es den Architekten nicht zuallererst darum zu tun gewesen, eine feine Symbiose von Architektur und Landschaft zu finden, sondern der Produktivität der Verwaltung besonders dienlich zu sein: mit Großraumbüros, die sich, flexibel, organisatorischen Veränderungen im Handumdrehen anpassen ließen. Der Erfahrungssatz des Bloomfielder Versicherungspräsidenten hieß: „Arbeit geht nicht treppauf."

Außergewöhnlich war danach in Düsseldorf nicht nur, daß der Bauherr und sein Architekt nun erst recht zusammenblieben, sondern daß der Architekt so vernünftig war, die Einladung, die das amerikanische Vorbild bedeutete, nicht auszuschlagen, es auch nicht in einem unheimlichen Originalitätsdrang zu übertreiben oder zu entstellen. Er orientierte sich an SOM, die sich ihrerseits an Mies van der Rohe orientierten und seine strengen Prinzipien nicht, wie so viele andere, versimpelten, sondern in vielen, vielen Aufgaben mit einer geradezu akrobatischen Sicherheit praktizierten. Sie machten gewissermaßen aus der stilbildenden Sonntagsarchitektur eine, die sich sehen lassen konnte für den Alltag.

Solche offenen Bekenntnisse zu Vorbildern sind unter den Architekten sehr selten; meist treibt sie der Ehrgeiz, unter notfalls allen Umständen eine eigene architektonische Ausdrucksweise herbeizuquälen. Vielleicht wäre die Moderne nicht so weit heruntergewirtschaftet worden, wenn sich viel mehr Architekten viel intelligenter und bekenntnisfroher an

Beton- und Monierbau, Düsseldorf, 1973; rechts der Innenhof (the inner courtyard at the right)

modern would not have been brought to the brink of ruin had many more architects addressed their admired archetypes with intelligence and consideration. Here, it has been successful, were I not convinced of this I would not be standing here today in front of Helmut Rhode and to speak a little about him also.

In his curriculum vitae the sentence is missing: „I became an architect because I achieved grade 1 in drawing". Instead, as he related to me, he had a neighbour who was a secret building expert, who took him to museums, fostered his acquaintanceship with art and who himself painted and built models. For the inquiring youngster this was apparently more interesting than toys. And very soon he too had an eye for buildings which especially impressed him: the Shell building by Emil Fahrenkamp, Ludwig Persius' handsome Heilandskirche licked by the waters of the Havel in Sacrow near Potsdam, Berlin's Universum cinema by Erich Medelsohn and the Rundfunkhaus by Hans Poelzig, which, as he said, impressed him most vividly. At that time in the thirties, father Rhode regarded architecture as a penniless profession. But son Rhode refused to believe him and studied the subject in Berlin.

What then followed in the wake of the exams was experienced by many of his contemporaries: the war, the adroitness of avoiding its dangerous side as long as possible. Ultimately skilfully surviving it and sarcastically bearing its consequences. Anyone watching Helmut Rhode's gait sees the sentence ... „and then it caught up with me – I stood on a mine". Under the heading „human experiences" nothing unusual. The war, however, brought with it the first professional experiences, including an early meeting with Helmut Hentrich, working in his office and then at some time the freelance Helmut Rhode. Now I certainly neither have the intention of reviewing all his work and making friendly comments, nor attempting to describe the obviously blossoming partnership with Friedel Kellermann and Hans-Günter Wawrosky, with Jürgen Weimer and Wojciech, but I would just like to mention what struck me.

These are the early single family houses for example in the Springorumstraße and Holbeinstraße, a dwelling house on the Oberkassel Rhine front – everyone of them well-proportioned, quite uncluttered houses of simple beauty or beautiful simplicity.

ihre bewunderten Vorbilder gehalten hätten. Hier jedenfalls ist es geglückt – wenn ich davon nicht überzeugt wäre, stünde ich nicht hier, um vor Herrn Rhode nun auch ein wenig über ihn zu reden.

In seinem Lebenslauf fehlt der Satz: „Ich wurde Architekt, weil ich im Zeichnen eine Eins hatte". Er hatte stattdessen, wie er mir erzählte, einen pensionierten Geheimen Baurat zum Nachbarn gehabt, der ihn mit ins Museum nahm, sein Augenmerk auf die Kunst richtete, selber malte und Modelle baute. Die waren für den neugierigen Knaben offensichtlich interessanter als Spielsachen. Er hatte dann auch bald ein Auge für Gebäude, die ihm besonders imponierten, das Shell-Haus von Emil Fahrenkamp, die wunderschöne, von der Havel umspülte Heilandskirche von Ludwig Persius in Sacrow bei Potsdam, in Berlin Erich Mendelsohns Universum-Kino, das Rundfunkhaus von Hans Poelzig, der ihn, erzählt er, am heftigsten angezogen hatte. Vater Rhode hielt die Architektur jedoch für eine brotlose Kunst, damals, in den dreißiger Jahren, aber Sohn Rhode glaubte ihm nicht und studierte das Fach in Berlin.

Was dann auf das Examen folgte, haben viele seiner Altersgenossen erlebt: den Krieg, die Geschicklichkeit, seine lebensgefährliche Seite so lange wie möglich zu meiden, ihn schließlich mit einiger Gewandtheit zu überstehen und die Folgen sarkastisch zu ertragen. Jedenfalls, wer Helmut Rhode gehen sieht, hat den Satz vor Augen: ...„und dann hat's mich erwischt – dann habe ich auf eine Mine getreten".

Man rubriziert derlei gewöhnlich unter den „menschlichen Erfahrungen". Der Krieg hatte indessen auch die ersten fachlichen Erfahrungen gebracht, dazu rechnet auch eine frühe Begegnung mit Helmut Hentrich, die Mitarbeit in dessen Büro, und irgendwann gab es dann den selbständigen Architekten Rhode. Nun will ich nicht anfangen, alle seine Werke Revue passieren zu lassen und mit freundlichen Bemerkungen zu versehen, auch nicht die offensichtlich ersprießliche Partnerschaft mit Friedel Kellermann und Hans-Günter Wawrowsky, mit Jürgen Weimer und Wojtek Grabianowski zu schildern versuchen, sondern nur erwähnen, was mir aufgefallen ist.

Das sind die frühen Einfamilienhäuser etwa in der Springorum- und in der Holbeinstraße, ein Wohnhaus an der Oberkasseler Rheinfront – lauter wohlproportionierte, ganz unaufgeregte Häuser von einfacher Schönheit oder schöner Einfachheit. Es ist nichts zuviel daran. Und das bemerkt man auch am VDI-Gebäude, das seine Entstehungszeit ganz deutlich bekanntgibt, aber so viel zurückhaltende Würde hat, daß es der, der es geduldig zu betrachten versteht, gerne sieht. Diese Neigung zur Einfachheit gibt auch das neue Hochbauamt in Bilk zu erkennen, ein Backsteinbau, ein Bürobau, wie die Fensterreihung bekanntgibt und auch bekanntgeben soll, es gibt auch zwei Innenhöfe, bei denen ich ein wenig bedauerlich finde, daß sie nur betrachtet, aber nicht betreten werden dürfen. Ich mochte an diesem Gebäude mit seinem Kniff das hohe, offene Treppenhaus, das seine malerische Wirkung durch die nüchtern konstruierte Treppe erhält, also durch ei-

Nothing is overdone at all. One notices this too on the VDI building, it clearly manifests its period of origin, but possesses so much unpretentious dignity that those who understand how to regard it with serenity are aptly rewarded. This tendency to simplicity is also perceptible with the new Hochbauamt (Planning Board) in Bilk. A brick building, an office building, as the ranks of windows reveal and are intended to reveal. It also has two inner courtyards, which I find rather regrettable that they can be seen but not entered. The trick which I should like to point out in this building is the high, open stairwell which is given its artistic effect by the plainly constructed stairway, by a functional object in fact.

I shall leave everything else out, the department stores, malls and arcades, also the Carschhaus, because I still cannot come to terms with its displacement. But whatever: I believe that this building in which we find ourselves now, when not the it is nonetheless a peak of Helmut Rhode's work, still now.

It is from one mould. Had it not undergone changes here and there in the course of time, be they only new seat covers and other trivialities which are a little too conspicuous and somewhat disrupt the fine aesthetic balance – were they non-existent, one would sense the subtlety of the individual impressions even more distinctly. Above all, one should take a look at the management building next door: this circular staircase and its generous sweep, the furniture forms: Knoll International, classical, with its famous, let us say comfortable severity; the harmony between materials and colours, the russet-brown timberwork, the white walls, the grey-black smooth slate and the concept of these filing cabinet entrances. And the window sills, their height, their dimensions, the marble, the parchment. And the door handles – and indeed: the Horten desk. There is a short but expressive

VDI, Düsseldorf, 1965

nen funktionalen Gegenstand.

Alles andere lasse ich aus, die Kaufhäuser und Kaufhallen und Passagen, auch das Carsch-Haus, schon weil ich mich immer noch nicht mit seiner Verschiebung befreunden kann. Was auch immer: ich denke, daß dieses Gebäude, in dem wir uns befinden, wenn womöglich nicht der, jedenfalls ein Höhepunkt im Opus Helmut Rhodes ist, immer noch.

Es ist aus einem Guß. Wenn es nicht im Laufe der Zeit Änderungen hier und da gegeben hätte, und seien es nur neue und andere Sesselbezüge und dergleichen sogenannte Kleinigkeiten, die sich ein bißchen zu sehr ins Auge drängen und die unerhört feine Abgewogenheit der ästhetischen Wirkungen ein wenig stören – wenn es dies nicht gäbe, würde man das Raffinement der einzelnen Erscheinungen noch deutli-

Einfamilienhaus Holbeinstraße, Düsseldorf, 1950, (links)

Einfamilienhaus Niederrheinstraße, Düsseldorf, 1958, (rechts)

Single-family houses in Düsseldorf: Niederrheinstraße (left) and Holbeinstraße (right)

cher empfinden. Man sollte sich vor allem im Direktionshaus nebenan umsehen: diese Wendeltreppe und ihr großzügiger Schwung; die Möbelformen: Knoll International, klassisch, von dieser berühmten, sagen wir, bequemen Strenge; dem Zusammenklang der Materialien und der Farben, das rötlichbraune Holz, die weißen Wände, der schwarzgraue glatte Schiefer und der Einfall dieser Schrankgänge. Und die Fensterbänke, ihre Höhe, ihre Maße, der Marmor, das Pergament. Und die Türklinken – na ja: und der Horten-Schreibtisch. Man hat dafür eine knappe, aber natürlich vielsagende Wendung aus zwei Wörtern: Alles stimmt. Mir gefallen – hier, im Haupthaus – nicht zuletzt die Treppen, übrigens einladende Treppen.

Dabei ist dieses Gebäude unschwer als eines der sogenannten Moderne zu erkennen, der jahrzehntelang malträtierten Moderne. Aber schon daran zeigt sich, wie lückenhaft die Vorstellung arbeitet. Gemeint ist, wenn im allgemeinen von „der Moderne" gesprochen wird, ja nur am Rande eine Architektur wie diese. Gemeint ist doch vielmehr alles das, was die ihr innewohnende Idee verraten hat: Es sind ungebildete, von vordergründigem Rentabilitätsdenken getriebene Bauherren; banausische Bauunternehmer; Architekten, die auf einmal glaubten, auf Architektur verzichten zu müssen, weil es wohl wichtiger sei, ein Haus schnell, unkompliziert und möglichst billig statt auch noch möglichst schön entstehen

phrase of two words: everything fits. Here, in the main building I like the stairways, inviting stairways by the way.

Whereby this building is not difficult to classify as modern, the modern which has been maltreated for decades. But this alone shows how sketchy imagination works. Meaning that when the term „modern" is discussed, it only concerns this architecture here superficially. What is really meant is all that which has betrayed the intrinsic idea: ignorant building clients urged on by profitability thinking, philistine builders; architects who hastily thought they were obliged to do without architecture because it was more important to construct a building quickly, simply and if possible cheaply instead of also being beautiful. Who really took the shouts of stop! seriously, which became loud already in the sixties. Jane Jacobs reported anxiously on the

„Living and dying of American cities". The psychotherapist Alexander Mitscherlich lamented the „Inhospitableness of cities". Wolf Jobst Siedler described „The murdered city". Scientists of Mitscherlich's acquaintance discovered that expressionless architecture, i.e. information-poor architecture also makes people unemotional and bored and can cause deep discomfort. Meanwhile one has acknowledged universally that many mistakes have been perpetrated. But now the pendulum is threatening to swing with full momentum in the other direction. One hears the shout: more decor! Lots more decor!

Do you remember? At the turn of the century the call was: too much decor! One initially thought that above all another type of decor was needed, not one which had been plundered from historical styles and applied to buildings, but a new, self-created style: it was the splendid, brief attempt which Art Nouveau undertook. The heroes of the new building movement were admittedly fed up with the cramming of fantasy with historical details, so that they discarded, banned the inhibiting historical burdens in order to proceed unencumbered – as once Orpheus: no look back. One wished to shake off mother history and grow up alone.

After the Kaiserreich and the murderous capitalism of the industrial era, not least after World War I, which annihilated so many people as no other war before, and because above all the time was ripe for something fundamentally new, also for a new

zu lassen. Wer hatte denn schon die Halt!-Rufe ernstgenommen, die doch schon in den sechziger Jahren ganz laut waren. Jane Jacobs berichtete beängstigend genau über das „Leben und Sterben amerikanischer Städte", der Psychosomatiker Alexander Mitscherlich beklagte die „Unwirtlichkeit der Städte", Wolf Jobst Siedler beschrieb „Die gemordete Stadt", und Wissenschaftler aus Mitscherlichs Umgebung entdeckten, daß eine ausdrucksarme also: informationsarme Architektur auch Menschen ausdrucksarm, ja gefühlsarm machen, langweilen und tiefes Unbehagen verursachen kann. Inzwischen hat man allerorten erkannt, wieviele Fehler gemacht worden sind – und nun also droht das Pendel mit voller Wucht ins Extrem auszuschlagen. Man hört den Schrei: Mehr Dekor! Viel mehr Dekor!

Erinnern Sie sich? Als sich das Jahrhundert wendete, hatte es doch geheißen: Zu viel Dekor! Aber zuerst hatte man noch gedacht, es sei vor allem ein anderes Dekor vonnöten, keines, das man bei der Plünderung der historischen Stile erbeutet und den Häusern appliziert hatte, sondern ein neues, selbstentwickeltes; es war der großartige, kurze, intensive Versuch, den der Jugendstil unternahm.

Die Helden des Neuen Bauens freilich hatten die Verstopfung der Phantasie mit historischen Details so satt, daß sie die hinderliche Geschichtslast abwarfen, verbannten, um frei davon vorwärts zu kommen – wie weiland Orpheus: kein Blick zurück. Man wollte Mutter Geschichte abschütteln und allein aufwachsen.

Da nach dem Kaiserreich und dem mörderischen Kapitalismus der Gründerjahre, nicht zuletzt nach dem Ersten Weltkrieg, der so viele Menschen wie noch kein Krieg vorher umgebracht hatte, da nach alledem die Zeit reif war für etwas von Grund auf Neues, auch für einen – das war doch die große Hoffnung – neuen Menschen – deswegen schien die Absage an die Vergangenheit notwendig zu sein. Denn es ging ja keineswegs nur um neue Formen in der Architektur, für Lampen und Türklinken, Tapeten und Eßbestecke, Stühle und Tassen, sondern vor allem um eine neue Lebensweise, um eine neue, den Menschen achtende, sozial gesonnene Gesellschaft.

Und was heute unter der Reizvokabel „Funktionalismus" so alles versammelt wird, war ja doch zu Anfang der verzweifelte, großartig gemeinte Versuch vieler Architekten der Avantgarde, in einer hundeelenden Zeit kleine, aber menschenwürdige, für alle erschwingliche, freundliche, kurzum erstklassige Wohnungen für möglichst viele zu bauen. Die Kleinstwohnung, die Wohnung für das Existenzminimum – das waren keine Spielereien von allzu beflissenen Architekten, sondern äußerst humane Anstrengungen.

Und welch ein Wunder: dieser Wohnungsbau, wie er in den zwanzigern bis in die dreißiger Jahre hinein praktiziert wurde, ist von einer erstaunlichen, heute bewundernswert soliden Qualität, die wir, wie deprimierend, erst in Ansätzen wieder zu erreichen beginnen. Das – diese Qualität der Moderne – hat der Zweite Weltkrieg dann vollständig durcheinandergebracht. Den Begriff „Blut und Boden" noch im Ohr,   hielt

Wohnhaus *(residential building)*
Achenbachstraße, Düsseldorf, 1959

person – and this was the great hope – this departure from the past appeared imperative. It did not just concern new forms in architecture, for lamps, door handles, wallpaper and cutlery, chairs and teacups, but above all a new way of life, a new socially disposed society with respect for mankind.

And everything which today is heaped under the provocative term „functionalism" was at the start the despairing, spectacularly intended attempt of many architects of the avant garde during a depressing time to build small, but comfortable, affordable for all, friendly and first class dwellings for as many people as possible. The small dwelling, the dwelling for the existential minimum – that was not just a pleasant diversion for all too zealous architects, but an extremely humanitarian effort.

And what a wonder it was: the residential building style practised in the twenties into the thirties is of an amazing, today admirably solid quality, which we are regrettably first reganing in approaches once more. This quality of the modern was completely upset by World War II. With the term „blood and ground" still in mind, one regarded traditional architecture as suspect. The international style, succumbing to economic opportunism – meaning feeling-deprived functionalism – became widespread. Virtues once taken for granted were abruptly forgotten. For example, that building should take into account the surroundings, old structures should be cared for and serve not just pecuniary interests but also optical, and so on.

man jede traditionelle Architektur für verdächtig; der nunmehr gebräuchliche, ökonomischem Opportunismus unterworfene, der „internationale Stil" – hier ist gemeint: der sinnentleerte Funktionalismus – verbreitete sich allenthalben. Tugenden, die für selbstverständlich gehalten wurden, waren auf einmal vergessen, zum Beispiel die, beim Bauen Rücksicht auf die Umgebung zu nehmen, Altes pfleglich zu behandeln, nicht nur dem Geldbeutel, sondern auch dem Auge zu dienen, und dergleichen mehr.

Diese Banalisierungen einer anfänglich doch großartigen, der Architektur wie keine andere angemessene Idee von einem menschenfreundlichen Neuen Bauen, eines, das zugleich und selbstverständlich ästhetischen, sozialen und natürlich ökonomischen Anforderungen genügte – diese Banalisierungen ließen, wohl weil sie so schrecklich überhand nahmen und den Blick trübten, leicht die vielen interessanten Weiterentwicklungen vergessen. Was hieß das schon: „der Funktionalismus", oder, wie die Amerikaner das zu nennen pflegten, „der internationale Stil". Hatte sich auch international eine beängstigende Gleichförmigkeit verbreitet, so hatten sich doch gottlob viele Architekten ihren ganz persönlichen Stil bewahrt.

1979 gab es im Museum of Modern Art in New York, das ja nicht ganz zufällig für seine exquisite architektonische Abteilung berühmt ist, eine Ausstellung mit dem Titel: „Transformations in modern architecture" – Wandlungen in der zeitgenössischen Architektur. Es ist erstaunlich, was sich unter dem Rubrum „Moderne" alles zeigt – und beinahe den Zweifel nährt, daß das wirklich alles einem „Stil" unterzuordnen wäre.

Da tauchen auf: der Brutalismus, also das Bemühen, ehrlich zu bauen, das Material zu zeigen, hart und kantig, nackt; dann: eine außerordentlich plastische architektonische Bildersprache, deren berühmteste Beispiele Jörn Utzons Oper in Sydney oder Eero Saarinens TWA-Terminal auf dem Kennedy-Flughafen in New York sind; weiter: die Kisten, die kantigen Kästen, die kubus- und quaderförmigen Gebäude – die, nächste Kategorie, alsbald aufgebrochen werden, Rahmen bekommen, wie Richard Meiers amerikanische Villen.

Das nächste Kapitel nennt sich „Expressionismus" und meint Bauwerke wie die Berliner Philharmonie oder die Kirche des österreichischen Bildhauers Fritz Wotruba bei Wien oder – auf einmal höre ich gar nicht mehr auf, Beispiele zu nennen; Gottfried Böhms Kathedrale in Neviges, Walter Förderers Betonkirchen in der Schweiz, die Max-Planck-Institute der Berliner Fehling und Gogel. Nicht weit davon stößt man auf teils faszinierende, teils absonderliche organische Häuser, die aussehen wie aufgeschnittene Hauptschlagadern oder phantastische Steppentiere oder Marsflugkörper.

Nein, nein, ich bin noch nicht zu Ende mit der Revue durch die scheinbar so öde „Moderne" – es folgen noch die „Käfige", die fensterreichen Kastengebäude, teils breit, teils wolkenhoch – mitsamt dem Hancock-Building in Chicago, dem Centre Pompidou. Darauf folgen die sogenannten Ausleger, Gebäude, an deren Kernen wiederum Gebäude hängen, end-

Possibly because they became so rampant and clouded the visions, these banalization of an initially marvellous idea of humanitarian New Building, appropriate to architecture like no other and fulfilling economic requirements simultaneously and naturally, easily made the many interesting further developments forgotten. What is this „functionalism", or, as the Americans say, „the international style"? Although it did disseminate a fearful uniformity internationally, there were thankfully still many architects who retained their personal style.

In 1979 in New York's Museum of Modern Art, not by chance famous for its exquisite architectural department, an exhibition was held entitled „Transformations in modern architecture". It is quite amazing just what is shown under the term „modern" and challenges the question of whether everything can really be classified as one „style".

What materializes: brutalism, the effort to build honestly showing the material, hard and angular, naked; an extremely sculptural architectural language of forms, the most famous examples of which are Jörn Utzons Sydney Opera House and Eero Saarinen's TWA terminal at New York's JFK Airport; and further: the boxes, the angular cases, the cubic and rectangular buildings, which – in the next category – are then broken down and given frameworks, like Richard Meier's American villas.

The next chapter calls itself „Expressionism" and covers buildings like the Berlin Philharmonic or the church by the Austrian sculptor Fritz Wotruba near Vienna, or – I seem to be unable to stop quoting examples – Gottfried Böhm's cathedral in Neviges, Walter Förderers concrete chapels in Switzerland, the Max-Planck-Institute of Fehling and Gogel, Berlin. Not too far away one is confronted by partly fascinating, partly peculiar organic houses looking like dissected arteries or weird prairie animals or Mars spaceships.

No, no, I am not yet finished with the review of the apparently desolate „Modern" – there are still the „cages" to follow, the multi-window box buildings, partly wide, partly sky-high – including the Hancock Building in Chicago, the Centre Pompidou. Then follow the so-called jibs, buildings on whose core hang other buildings, finally the glasshouse buildings – quadratic, rectangular, triangular, pipe-like and semi-spherical, even in the form of hyperbolic parabolas or like interesting gigantic greenhouses.

At the end, the exhibition showed hybrids, or hermaphrodites, bastards in reinforced concrete on the one side, steel and glass on the other – but enough of this. I have only submitted you to this long inventory because I wanted to make you sceptical in using the term „Modern", the modern which is apparently on its last legs and demands „post-modern" forms of expression.

It is true: in view of so much humdrum in our immediate environment, above all the sweeping, bewildered, piled up and spatially dissipating large estates bordering even our smallest towns – in view of this architectural wretchedness over many years, widespread despondency set in. What to do? Do it differently? Perhaps the question should be: How to do it better?

But it is seldom too, the picture which architecture offers us presently is already changing. The shock over our misguided

lich die Glashaus-Häuser – quadratisch, rechteckig, dreieckig, röhren- und halbkugelförmig, selbst in Gestalt von hyperbolischen Paraboloiden oder, wie interessant, riesenhaften Gewächshäusern.

Die Ausstellung führte am Ende auch noch Hybride auf, Zwitter also, Bastarde aus Stahlbeton einerseits, Stahl und Glas andererseits – genug davon. Ich habe Ihnen diese Aufzählung nur zugemutet, weil ich Sie skeptisch machen wollte, wenn Sie den Begriff „Moderne" gebrauchen, der Moderne, die angeblich abgewirtschaftet habe und „postmoderne" Äußerungen verlange.

Es stimmt schon: angesichts von soviel Gewöhnlichem in unserer unmittelbaren Umgebung, vor allem in den weitläufigen, fassungslosen, aufgetürmten, sich räumlich verlierenden Großsiedlungen an den Rändern selbst unserer Kleinstädte – angesichts dieses architektonischen Elends vieler Jahre brach schließlich ein allgemeiner Katzenjammer aus. Was tun? Was anders machen? Vielleicht sollte man eher fragen: Wie es besser machen?

Wie seltsam auch: das Bild, das die Architektur uns zur Zeit bietet, ändert sich bereits. Der Schock über unsere mißratene Bau-Welt hat offenbar gewirkt – da, wo er sich seit Urzeiten am deutlichsten bemerkbar macht, am Geldbeutel.

Auf einmal ist der aufgeklärte Bürger nicht mehr bereit, in jede Wohnung zu ziehen, in die man ihn stecken will; auf ein-

building world has seemingly had effect there where it has been most clearly noticeable since early times, on the purse.

All at once the enlightened citizen is no longer prepared to move into any dwelling put before him/her. Business persons are fighting shy of renting retail space in tedious shopping barracks. Hamburg would not have got its six, seven new arcades had not the large investors, the insurance companies and pension funds realized that they must build something special for the paying public to generate a profit.

I was in Vienna recently and took the opportunity to inspect Hundertwasser's wondrous house. It is not the colourful Hundertwasser picture which is lived in which is so interesting, it is the estates which the city of Vienna has commissioned. Not even 10 years ago, any housing developer, any financier would have said: impossible, much too expensive, too much fuss on the facades, unaffordable these structures with their sculpture-like curves. But now, now it works – not least because one has left it to the architect to make do with the funds available, saving here, flaunting there. And suddenly one also feels a new design urge, not only to create a solitaire, but homes for ordinary people.

Naturally a great number of helpless designers are cavorting on the sidelines, attempting to cover up misunderstood functionalism with fashionable decoration. But time soon leaves its mark on such exteriors: chic houses are like chic cars, after a few years

Messepavillon *(fair pavillon)* **Phoenix-Rhein-rohr, Hannover, 1958**

mal zögern Kaufleute, Läden in langweiligen Geschäftskasernen zu mieten. Hamburg hätte auch nicht eine seiner auf einmal sechs, sieben neuen Passagen in der Innenstadt erhalten, wenn die großen Geldanleger, die Versicherungsgesellschaften und die Pensionsfonds, nicht gemerkt hätten, daß sie der zahlenden Kundschaft schon etwas Besonderes bauen müssen, damit es Gewinne abwirft.

Ich war gerade in Wien und habe Hundertwassers wunderliches Haus besichtigt – aber nicht dieses bunte Hundertwasserbild, in dem gewohnt wird, ist so interessant; es sind die Siedlungen, die Wien in Auftrag gegeben hat. Noch vor zehn Jahren hätte jede Wohnungsbaugesellschaft, jeder Finanzier dazu gesagt: unmöglich, viel zu teuer, viel zu viel Gedöns an den Fassaden, unbezahlbar diese Baukörper mit ihren skulpturalen Wendungen. Jetzt jedoch: jetzt geht's – nicht zuletzt deswegen, weil man es den Architekten überläßt, mit dem zur Verfügung stehenden Geld auszukommen, hier zu sparen, da zu klotzen. Und auf einmal spürt man auch eine neue gestalterische Lust – nicht nur, wenn es gilt, einen Solitär zu entwerfen, sondern Häuser für gewöhnliche Mitmenschen.

Natürlich tollen sich am Rande eine ganze Menge hilfloser Entwerfer, die den unverstandenen Funktionalismus mit modischen Dekorationen zu überspielen versuchen. Schon merkt man den Grad der Abnutzung solcher Äußerlichkeiten: schicke Häuser wie schicke Karosserien, und nach ein paar Jahren verlangt das Auge nach dem neuen Modell. Also: Was tun? Was anders, wie es besser machen? Wohin soll der Zug fahren?

Ach, auf einmal beginnt die Geschichte wieder zu locken. Schon lange wächst die Neigung, nicht nur Anregungen, sondern Zuflucht in der architektonischen Vergangenheit zu suchen. Und wie groß zugleich ist die Unsicherheit des Urteils, des ästhetischen Geschmacks. Der schöne Slogan vom „Bauen mit einer Erinnerung" stiftet eher Verwirrung statt Erleuchtung, und das Wort vom „anpassenden Bauen", vom rücksichtsvoll auf die Umgebung reagierenden Bauen in einem existierenden Kontext etwa einer Straße, eines Viertels, führt zu ständig neuen Interpretationen.

Bei vielen, vor allem jungen Architekten spürt man das Bedürfnis nach einem Regelwerk, nach gewissen Gesetzen, die scheinbar ein entspannteres Entwerfen ermöglichen. Bei vielen Bauherren – und, natürlich, vielen Passanten – merkt man ein starkes Bedürfnis nach Dekor, ach, viel weiter: nach neuen Vergangenheitsbeschwörungen. Erinnern Sie sich, wie die Frankfurter jubelten, als in einem Wettbewerb die modernen Architekten es aufgaben, für den Römerplatz als Pendant zum historischen Rathaus eine moderne, sagen wir: zeitgemäße, würdige Architektur zu finden – und die Stadt sich schließlich in die Rekonstruktion einer scheinbar mittelalterlichen Häuserzeile flüchtete? Soll man wirklich darüber lachen? Oder verbirgt sich hinter dem Wunsch nach Altem, also nach Vertrautem, Wärme verbreitendem, und sei's nach Kitsch, nicht ein Bedürfnis? Ein Mangel?

Muß man dem wirklich, all dem, was für überwunden gehalten war, begegnen? All dem, was es so gibt: Regionalismus,

the eye demands a new model. What to do? Something different, how to do it better? Where are we headed?

And once again history starts to seduce. The inclination grows to seek not only inspiration but also refuge in our architectural past. A phenomenon which at the same time places the certainty of judgement, of aesthetic taste on a shaky platform. The nice-sounding motto „Building with recollection" causes more confusion than enlightenment, and the meaning of „adapted building", i.e. building with consideration for the surroundings in an existing context such as a street or a district, leads to ever-new interpretations.

With many and particularly young architects one senses the need for a book of rules, for certain guidelines which ostensibly allow more easygoing designing. With many building clients – and naturally many passers-by – one notices a marked need for decor, or, indeed much further, for a new pact with the past. Perhaps you can recall how the people of Frankfurt rejoiced when, in a competition, modern architects gave up seeking modern, let us say contemporary, honourable architecture for the Römerplatz as counterpart to the historical town hall – and the city finally took flight in the reconstruction of an outwardly Mediaeval row of houses. Should one really poke fun at this? Or does the wish for the old, the familiar, the warmth effusing, and it may well be kitsch, not conceal a need? A deficiency?

Must one really come up against all that which was deemed to be overcome? All that which there is: regionalism, neomannerism, neoclassicism, neoexpressionism and even neorationalism? I seriously doubt whether the modern, as it was designed and practised in the first third of our century, can in the end be supplanted by „post-modernism". It appears to me that with this outcry one only wishes to pluck up courage and exorcise ghosts. Because neither is real functionalism outdated, nor is it disreputable from the outset to recall history, building history and to take the inspiration it offers seriously and adapt it to one's own thinking.

There is a fitting sentence by the art historian (and former Lord Mayor of Rome), Giulio Carlo Argan: „There is no (architectural) design which does not have its origins in experience and judgement of the past".

Not even Gropius or v. d. Rohe and their contemporaries were immune in their minds to building history, they just did not want it or were not aware of it. In the risk that I shall now say something which may be all too self-understanding for some: this building too, which an ostensibly open-minded client has had designed and constructed, also has roots which go far, far back. I mean to say: it stands in tradition, one can spot this in numerous things, often only the idea of the things, the tune of the dimensions, the proportions, the meticulous craftsmanship, the use of metal and timber and stone, with glass and concrete. It seems to me that this is the reason why the building conveys the impression of being as modern as ever, it could grow old without ageing. Although my concluding remarks concerned architecture, I did in fact mean the architect: many congratulations on your seventieth birthday!

Neomanierismus, Neoklassizismus, ja Neoexpressionismus, sogar Neorationalismus? Ich hege Zweifel daran, daß die Moderne – so wie sie im ersten Drittel unseres Jahrhunderts entworfen und praktiziert worden ist – wirklich am Ende und nun von einem „Post-Modernismus" abzulösen sei. Mir scheint, daß man sich mit diesem Geschrei nur Mut machen und Gespenster beschwören will. Denn weder ist der wirkliche Funktionalismus überholt, noch ist es von vornherein verwerflich, sich der Geschichte, der Baugeschichte, zu erinnern, nicht einmal die Anregungen, die sie zu bieten hat, ernstzunehmen und dem eigenen Denken anzuverwandeln. Es gibt dazu einen schönen Satz von dem Kunsthistoriker (und ehemaligen Bürgermeister von Rom), von Giulio Carlo Argan, nämlich: „Es gibt keinen (architektonischen) Entwurf, der nicht auf Erfahrung und auf der Beurteilung der Vergangenheit gegründet wäre".

Nicht einmal Walter Gropius, Mies van der Rohe oder ihresgleichen waren gegen die Baugeschichte in ihren Köpfen gefeit, sie wollten oder wußten es bloß nicht.

Auf die Gefahr hin, daß ich nun etwas für manch einen allzu Selbstverständliches sage: Auch dieses Haus, das sich ein offensichtlich aufgeschlossener Bauherr hat entwerfen und bauen lassen, reicht mit seinen tiefsten Wurzeln weit zurück. Ich will sagen: Es steht in der Tradition, man kann das an vielerlei Dingen, wenn auch oft nur an der Idee der Dinge erkennen, am Klang der Maße, an den Proportionen, der handwerklichen Sorgfalt, am Umgang mit Metall und Holz und Stein, mit Glas und mit Beton. Mir scheint eben dies der Grund zu sein, daß das Gebäude den Eindruck hervorruft, es sei so zeitgemäß wie je, es könne alt werden, ohne zu veralten.

Zwar habe ich zuletzt von Architektur gesprochen, aber den Architekten gemeint: ich gratuliere zum Siebzigsten!

Foto: Tita Bayer

1950
2000

1950
Niederrheinstraße 4b
Düsseldorf

Dr. v. Boehmer

1950
Beckbuschstraße 16
Düsseldorf

J.W. Jansen

1951
Springorumstraße 32
Düsseldorf

Dr. Pfalz

1951
Niederrheinstraße 2/4
Düsseldorf

Schiedrum, Huberti

1952
Kaiser-Friedrich-Ring 53-54
Düsseldorf

Röhrs

1953
Leostraße 72
Düsseldorf

Röhrs

1954
Markgrafenstraße 28-30
Düsseldorf

Röhrs

1956
Faunastraße 6
Düsseldorf

Dr. v.d. Linde + Rabe

1956
ehemalige ARAG Hauptverwaltung
Düsseldorf

ARAG Allgemeine
Rechtsschutz-Versicherungs-AG

1958
Holbeinstraße 18
Düsseldorf

Dr. Heusch

1958
Warenhaus Horten
Duisburg

Horten AG

in Zusammenarbeit mit
H. Loebermann

Warenhaus Horten
Bielefeld
Stuttgart
Ulm

Horten AG

1958
Phoenix-Rheinrohr Messepavillon
Hannover

Phoenix-Rheinrohr

1959
Achenbachstraße, Wohnhaus
Düsseldorf

Helmut Rhode

1960
Horten, Hauptverwaltung
„Das Haus am Seestern"
Düsseldorf

Horten AG

1961
Inselstraße, Hochhaus
Düsseldorf

Rolf Reining

1964
Cimbernstraße, Schule
Düsseldorf

Dr. Pfalz

1964
Fabrikhalle de Haen / Carstanjen
Langenfeld

de Haen / Carstanjen

1965
VDI
Düsseldorf

VDI Verein Deutscher Ingenieure

1965
Wohn- und Geschäftshaus
Ratingen

Sass, Immobilien Projektentwicklung +
Bauen GmbH & Co. KG

1967
Nagelsweg 42
Düsseldorf

Dr. Deselaers

1968
Kapellstraße
Düsseldorf

Sass, Immobilien Projektentwicklung +
Bauen GmbH & Co. KG

1968
Allianz-Hochhaus
Düsseldorf-Garath

Allianz Versicherungs-AG

1968
Warenhaus Karstadt
Gronau

Karstadt AG

1968
Warenhaus Karstadt
Düsseldorf-Garath

Karstadt AG

1970
Warenhaus Karstadt
Langenfeld

Karstadt AG

1973
Warenhaus Horten
Regensburg

Horten AG

in Zusammenarbeit mit Prof. Wiede-
mann, München

1974
ehemalige Volksbank
Plettenberg

Volksbank eG, Plettenberg

1975
Warenhaus Horten
Hannover

Horten AG

1975
Warenhaus Karstadt
Mönchengladbach-Rheydt

Stadt Mönchengladbach
Karstadt AG

1975
Einkaufszentrum Bergischer Hof /
Warenhaus Karstadt
Gummersbach

Sass, Immobilien Projektentwicklung +
Bauen GmbH & Co. KG

1976
Warenhaus Horten
Gießen

Horten AG

1977
Stinnes Hochhaus
Mülheim a. d. Ruhr

Stinnes AG

1977
Warenhaus Horten
Essen

Horten AG

1980
Galerie „Horn´sches Tor"
Detmold

Sass, Immobilien Projektentwicklung +
Bauen GmbH & Co. KG

1980
Büro und Fertigungshalle
Düsseldorf

Taprogge GmbH

1980
Steinmüller Ausbildungszentrum
Gummersbach

Steinmüller GmbH

1980
Warenhaus Hertie
Hilden

Sass, Immobilien Projektentwicklung +
Bauen GmbH & Co. KG

1980
Warenhaus Horten
Ludwigshafen

Horten AG

1980
Warenhaus Horten
Marburg

Horten AG

1981
Eisen-/Höhenstraße
Altenwohnungen

Düsseldorf

Städtische Wohnungsgesellschaft
Düsseldorf

1981
Rathaus-Einkaufszentrum
Frechen

RWI, Rheinisch Westfälische
Immobilienanlagegesellschaft mbH

1981
Axler Hof
Hilden

Sass, Immobilien Projektentwicklung +
Bauen GmbH & Co. KG

1982
KKB Rechenzentrum
Meerbusch-Büderich

KKB Bank AG

in Zusammenarbeit mit
Hentrich, Petschnigg & Partner
Düsseldorf

1982
Galerie Kleiner Markt
Saarlouis

Sass, Immobilien Projektentwicklung +
Bauen GmbH & Co. KG

1982
Alter Markt
Wuppertal

Bernd Matthes

1983
Technisches Verwaltungsgebäude
Düsseldorf

Stadt Düsseldorf

1984
Rochus-Club (Erweiterung)
Düsseldorf

Düsseldorfer Tennis-Club

1984/85
Carsch-Haus Horten
Düsseldorf

Horten AG

in Zusammenarbeit mit
Hentrich, Petschnigg & Partner
Düsseldorf

1985/86
Warenhaus Horten
Dortmund

Horten AG

1985
Bismarckplatz mit Rathaus
Gummersbach

Stadt Gummersbach

1985
Marktplatz
Gummersbach

Stadt Gummersbach

1985
Warenhaus Horten
Hamm

Horten AG

1985
Fußgängerzone und
Altstadtbebauung
Plettenberg

Stadt Plettenberg
Sauerland-Bau

1987
Peek & Cloppenburg (Umbau)
Dortmund

Peek & Cloppenburg KG

1987/90
Rathaus
Plettenberg

Stadt Plettenberg

1988
Sparkasse
Düsseldorf-Stockum

Stadtsparkasse Düsseldorf

1988-92
Peek & Cloppenburg
Essen

Peek & Cloppenburg KG

1988
Kaiserstraße
Gummersbach

FVG Finanzierungsvermittlungs- und
Verwaltungs GmbH & Co.
Kaiserstraße KG

1989
City-Bank Hauptverwaltung
Düsseldorf

KKB Bank AG

in Zusammenarbeit mit
Hentrich, Petschnigg & Partner
Düsseldorf

1989
Wilhelm-Marx-Haus (Erweiterung)
Düsseldorf

Stadt Düsseldorf

in Zusammenarbeit mit
Hentrich, Petschnigg & Partner
Düsseldorf

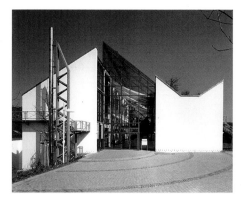

1989
Warenhaus Horten
Main-Taunus-Zentrum
Sulzbach

Horten AG

1989
Nordwest-Zentrum
Frankfurt a. M.

KG Nordtrakt

1989
Peek & Cloppenburg
Frankfurt a. M.

Peek & Cloppenburg KG

1989
Gasgesellschaft Aggertal
Gummersbach

Gasgesellschaft Aggertal mbH

1989
Packhofpassage
Hannover

Karstadt AG

in Zusammenarbeit mit Dr. Grobe

1989
Kaiser-Friedrich-Haus
Wiesbaden

Köllmann GmbH

1990
Lloyd-Passage
Bremen

Interessengemeinschaft Lloyd-Passage

in Zusammenarbeit mit
Haslob, Hartlich + Schütz und
Rosengart + Partner

1990
Büro- und Geschäftshaus (Umbau)
Düsseldorf-Wehrhahn

Garaden B.V.

1990-92
Baedeker Buchhandlung
Essen

G.D. Baedeker GmbH

1990
Woolworth
Hannover

Woolworth GmbH

1990
Schuheinkaufsgenossenschaft
Verwaltungsgebäude
Mainhausen

Nord-West-Ring Schuheinkaufsgenossenschaft e.V. Mainhausen

1990
Appelrath-Cüpper
Dortmund

Appelrath-Cüpper GmbH

1991
evd energieversorgung dormagen
(ehemals GWF)
Dormagen

GWF
Gas Wärme Fernwärme
Dormagen GmbH

1991
Boecker
Essen

Boecker OHG

1991
Bockenheimer Landstraße
Frankfurt a. M.

Allianz Lebensversicherungs-AG

1991
Wehmeyer
Siegburg

Wehmeyer GmbH & Co. KG

1991
Appelrath-Cüpper (Sanierung)
Wiesbaden

Appelrath-Cüpper Nachf. GmbH

1991
Appelrath-Cüpper (Sanierung)
Köln

Appelrath-Cüpper Nachf. GmbH

1992-93
Büro- und Geschäftshaus
Brühl

Agne Bamberger Trilsbach & Wöhler
GbR

1992
ARAG Rechenzentrum
Düsseldorf

ARAG Allgemeine Rechtsschutz-
Versicherungs AG

1992
Jugend- und Sozialamt
Düsseldorf

Stadt Düsseldorf

1992/93
Albertstraße
Düsseldorf

Stadtwerke Düsseldorf

1992
Anger Park 1-4
Ratingen

Wayss + Freytag AG

1993
Wehmeyer
Limburg

Wehmeyer GmbH & Co. KG

1994/95
Lausitzer Hof
Cottbus

DIG Deutsche Immobilien
Gesellschaft mbH

1994
Park Office Ruhrallee
Essen

Köllmann GmbH

1994
Oberbilker Allee
Düsseldorf

Agne Bamberger Trilsbach & Wöhler
GbR

1994
Polygon-City
Ratingen

Köllmann GmbH

1994
Neefepark
Chemnitz

REWE Zentral AG

1994
Peek & Cloppenburg
Leipzig

Peek & Cloppenburg KG

in Zusammenarbeit mit
Architekturbüro Moore, Ruble, Yudell,
Santa Monica, California

1994
Wohn- und Geschäftshaus
Schwedt a. d. Oder

Klingbeil

1994–97
Tricom
Ratingen

Köllmann GmbH

1994
Appelrath-Cüpper
Aachen

Appelrath-Cüpper GmbH

1994
Appelrath-Cüpper (Sanierung)
Essen

Appelrath-Cüpper Nachf. GmbH

1995
UCI Zoo Palast (Sanierung)
Berlin

United Cinema International Multiplex
GmbH

1995
BMW Niederlassung ProCar
Bottrop

ProCar Automobile GmbH

1995
Service-Park Bärenbruch
Dortmund

mfi Management für Immobilien Ent-
wicklungs- und Beratungsgesellschaft
mbH

1995
Dienstleistungszentrum
Duisburg

Philipp Holzmann AG HOG / HBE
Grundstücksverwaltung + Ver-
wertungsgesellschaft mbH Frankfurt

in Zusammenarbeit mit
Architekt Kohl & Kohl

1995
Haus am Handelshafen
Düsseldorf

Carl Maassen Grundbesitz GmbH

1995
Tersteegenstraße 30
Düsseldorf

Nordrheinische Ärzteversorgung

1995
Warenhaus Karstadt
Dresden

Trado Grundstücksverwaltung GmbH
& Co.

1995
Plaza Büro-Center
Essen

mfi Management für Immobilien Ent-
wicklungs- und Beratungsgesellschaft
mbH

1995
Service-Park Gladbecker Straße
Essen

mfi Management für Immobilien Ent-
wicklungs- und Beratungsgesellschaft
mbH

1995
Thüringen Park Shopping-Center
Erfurt

mfi Management für Immobilien Ent-
wicklungs- und Beratungsgesellschaft
mbH

1995
Mauricius (Umbau)
Frankfurt a. M.

Kaufhalle

1995
KPMG
Frankfurt a. M.

Georg Faktor

1995
Service-Park
Gelsenkirchen

mfi Management für Immobilien Ent-
wicklungs- und Beratungsgesellschaft
mbH

1995
Hansaring
Köln

Trilsbach

1995
Wohnanlage Marienburg
Köln

Agne Bamberger Trilsbach & Wöhler
GbR

1995
Specks Hof
Leipzig

Bilfinger + Berger Projektentwicklung
GmbH
Rendata Projektentwicklungs GmbH

1995
Groß-Zschocher
Leipzig

Mengler Wohnbau KG

1995
Luminaden
Leverkusen

GVI Leverkusen

1995
Ariston
Neuss

Ariston

1996
Zeppelinhaus (Sanierung)
Leipzig

Rendata Projektentwicklungs GmbH

1996
Forum City Mülheim
Mülheim a. d. Ruhr

Voswinkel
Büll & Dr. Liedtke
Immobilien-Verwaltungsgesellschaft
mbH

1996
Rathaus-Galerie
Dormagen

Sass, Immobilien Projektentwicklung +
Bauen GmbH & Co. KG

1996
Levi Strauss Warenzentrum
Heusenstamm

Perlitz + Partner

1996
Anger Park
Ratingen

Wayss + Freytag AG

1996
Rathaus Galerie
Wuppertal

W1-Planungsprojekt Wuppertal GmbH
& Co. KG

1996
Stadtsparkasse
Wuppertal

Stadtsparkasse Wuppertal

1996
CentrO. Neue Mitte
Oberhausen

Neue Mitte Oberhausen
Projektentwicklungs GmbH,
Oberhausen
(Stadium Group mit P&O)

1996
Warner Brothers
Oberhausen

Warner Brothers

1996/98
**Main-Taunus-Zentrum
Geschäftshäuser**
Sulzbach

DIV Deutsche Immobilienfonds Ver-
waltungsgesellschaft mbH & Co. KG
Anlagefonds Main-Taunus-Zentrum

1997
Barthels Hof und Webershof
Leipzig

Barthels Hof GmbH & Co. KG
DG HYP Deutsche Genossenschafts-
Hypothekenbank

1997
Strabag Bau AG
Hauptniederlassung
Berlin-Brandenburg
Berlin

Strabag Hoch- und Ingenieurbau AG

1997
Magazinstraße
Berlin

Köllmann GmbH

1997
Büro am Hof
(Tersteegenstraße 28)
Düsseldorf

Wilma Gewerbeprojekte GmbH

1997
Himmelgeister Straße
Düsseldorf

Nordrheinische Ärzteversorgung

1997
Am Albertussee
Düsseldorf

Deutsche Gesellschaft für Immobilienfonds GmbH

1997
Stadtteilzentrum Melchendorf
Erfurt

mfi Management für Immobilien Entwicklungs- und Beratungsgesellschaft mbH

1997
Thüringen Park Bürohaus
Erfurt

mfi Management für Immobilien Entwicklungs- und Beratungsgesellschaft mbH

1997
UFA-Palast
Hamburg

UFA-Filmtheater GmbH

1997
Marks & Spencer (Innenausbau)
Köln

Marks & Spencer

1997
City Carré
Magdeburg

Philipp Holzmann AG

1997
Hansa-Haus
Leipzig

Bilfinger + Berger Projektentwicklung
GmbH
Rendata Projektentwicklungs GmbH

1997
Leipzig Park
Leipzig

PE Projektentwicklungsgesellschaft
mbH, Büro- und Businesscenter
Leipzig Park KG

1997
**Dorint Kongreß-Hotel und
Stadthalle**
Neuss

Dorint Hotel Neuss Dr. Ebertz KG

1997
Golfclub Gut Lärchenhof
Pulheim

Gut Lärchenhof GmbH

1997
UFA-Palast
Stuttgart

UFA-Filmtheater GmbH

1997
Blautalcenter
Ulm

REWE Zentral AG

1997
Kornmarkt
Zwickau

Landeswohnungs- und Städtebauge-
sellschaft Bayern GmbH (LWS)

1997
OSE AG
Hauptverwaltung, Netzsteuerstelle
und Regionalzentrum
Fürstenwalde

OSE Oder-Spree-Energieversorgung
AG
GBB Projektmanagement GmbH

1998
Kosmos UFA-Palast
Berlin

UFA-Filmtheater GmbH

in Zusammenarbeit mit
Konrad Beckmann

1998
Werre-Park
Bad Oeynhausen

Bauwert GmbH

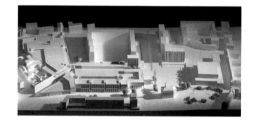

1998
DB Cargo KundenServiceZentrum
Duisburg

Deutsche Bahn Immobiliengesellschaft
mbH

1998
DB Netz Geschäftsgebäude
Berlin

Objektgesellschaft Herschel Verwal-
tungsgesellschaft mbH + Co.
Vermietungs KG

1998
DB Cargo Verwaltungsgebäude
Mainz

Deutsche Bahn AG

in Zusammenarbeit mit INFRA

1998
Gera Arcaden
Gera

mfi Management für Immobilien Ent-
wicklungs- und Beratungsgesellschaft
mbH

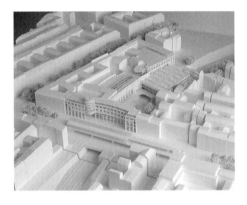

1998
Forum Landsberger Allee
Berlin

Bauwert GmbH

1998
Hainstraße 5-7
Leipzig

Unmüssig + Lang GmbH

1999
Schönhauser Allee Arcaden
Berlin

mfi Management für Immobilien Ent-
wicklungs- und Beratungsgesellschaft
mbH

2000
ARAG Hauptverwaltung
Düsseldorf

ARAG Allgemeine Rechtschutz-
Versicherungs-AG

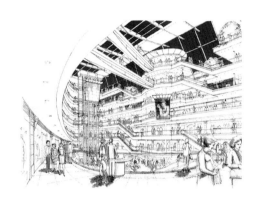

2000
Sevens
Düsseldorf

Sevens Düsseldorf GbR

2000
Deutsche Börse
Frankfurt a.M.

OFB Bauvermittlungs und Gewerbebau GmbH

2000
IHZ
Berlin-Mitte

WBM Wohnungsbaugesellschaft Berlin-Mitte mbH

2000
Hauptbahnhof
Mannheim

WestProject & Consult GmbH

2000
o.tel.o
Köln

Holzmann Bauprojekt AG

2000
Zentrums-Entwicklung
Hagen

Multi Development Corporation

2000
Trankgasse/Grabenstraße
Bochum

Wettbewerb 1. Preis
Auslober: Eigentümergemeinschaft
Hannes/Flasche/Voswinkel
in Zusammenarbeit mit der Stadt
Bochum

2002
Galeria Ventuno
Stuttgart

Mediconsult AG

Geschäftsführende Gesellschafter
Executive Partners

Friedel Kellermann
Dipl.-Ing. Architekt BDA, AIV

Hans-Günter Wawrowsky
Dipl.-Ing. Architekt BDA, DASL

1935	geboren in Rheydt/Rheinland
1954-57	Studium am Polytechnikum Friedberg, Hessen
1957-60	Mitarbeit in verschiedenen Architekturbüros, Planung und Bauleitung
1960-70	Mitarbeit im Büro Helmut Rhode, Düsseldorf
1971	Bürogemeinschaft mit Helmut Rhode und Hans-Günter Wawrowsky
seit 1998	nach Umfirmierung Geschäftsführender Gesellschafter

1935	*born in Rheydt/Rheinland*
1954-57	*University education at Polytechnikum Friedberg, Hessen*
1957-60	*Employment with various architectural offices, design and construction supervision*
1960-70	*Employment with Helmut Rhode, Düsseldorf*
1971	*Joint practice with Helmut Rhode and Hans-Günter Wawrowsky*
since 1998	*Executive partner*

1933	geboren in Bochum
1953	Maurergeselle
1953-56	Studium am Polytechnikum Friedberg, Hessen
1956-59	Mitarbeit im Büro Professor Dieter Oesterlen, Hannover
1959-62	Mitarbeit im Büro Professor Helmut Hentrich, Hubert Petschnigg, Düsseldorf
1963-70	Mitarbeit im Büro Helmut Rhode, Düsseldorf
1971	Bürogemeinschaft mit Helmut Rhode und Friedel Kellermann
1997	Berufung in die Deutsche Akademie für Städtebau und Landesplanung
seit 1998	nach Umfirmierung Geschäftsführender Gesellschafter

1933	*born in Bochum*
1953	*journeyman bricklayer*
1953-56	*University education at Polytechnikum Friedberg, Hessen*
1956-59	*Employment with office of Professor Dieter Oesterlen, Hannover*
1959-62	*Employment with office Professor Helmut Hentrich, Hubert Petschnigg, Düsseldorf*
1963-70	*Employment with office Helmut Rhode, Düsseldorf*
1971	*Joint practice with Helmut Rhode and Friedel Kellermann*
1997	*Appointment to German Academy for City and State Planning*
since 1998	*Executive partner*

Jürgen Weimer
Dipl.-Ing. Architekt

Wojtek Grabianowski
Dipl.-Ing. Architekt

Dieter Schmoll
Dipl.-Ing. Architekt BDA

Johannes Ringel
Dipl.-Ing. Architekt BDA

1939	geboren in Berlin
1962-65	Studium an der Staatlichen Ingenieurschule für Bauwesen, Wuppertal
1965-80	Mitarbeit im Büro Helmut Rhode, Düsseldorf
1980	Partnerschaft mit Architekten RKW + Partner
seit 1998	nach Umfirmierung Geschäftsführender Gesellschafter

1939	born in Berlin
1962-65	University education at the Staatliche Ingenieurhochschule für Bauwesen, Wuppertal
1965-80	Employed with Office Helmut Rhode, Düsseldorf
1980	Partnership with Architekten RKW + Partner
since 1998	Executive partner

1944	geboren in Posen
1969	Studium an der Kunstakademie in Posen
1969-71	Assistenz an der Kunstakademie in Posen
1972-82	Mitarbeit im Büro Architekten RKW + Partner
1982	Partnerschaft mit Architekten RKW + Partner
seit 1998	nach Umfirmierung Geschäftsführender Gesellschafter

1944	born in Posen
1969	University education at the Art Department in Posen
1969-71	Assistant at Art Department in Posen
1972-82	Employed with Architekten RKW + Partner
1982	Partnership with Architekten RKW + Partner
since 1998	Executive partner

1951	geboren in Krefeld
1970-76	Studium an der RWTH Aachen
1976-79	Mitarbeit bei Prof. Wolfgang Döring, Walter Brune, Hentrich, Petschnigg & Partner
1980-86	Mitarbeit im Büro Architekten RKW + Partner
1986	Partnerschaft mit Architekten RKW + Partner
seit 1998	nach Umfirmierung Geschäftsführender Gesellschafter

1951	born in Krefeld
1970-76	University education at the RWTH Aachen
1976-79	Employed with Prof. Wolfgang Döring, Walter Brune, Hentrich, Petschnigg & Partner
1980-86	Employed with Architekten RKW + Partner
1986	Partnership with Architekten RKW + Partner
since 1998	Executive partner

1957	geboren in Düsseldorf
1977-84	Studium Architektur an den Universitäten Berlin und Dortmund
1984-85	Aufbaustudium Denkmalpflege an der Technischen Universität München
1980-91	Mitarbeit im Büro Architekten RKW + Partner
1991	Partnerschaft mit Architekten RKW + Partner
seit 1998	nach Umfirmierung Geschäftsführender Gesellschafter

1957	born in Düsseldorf
1977-84	University education at Universities Berlin and Dortmund
1984-85	Monument preservation studies, Technische Universität München
1980-91	Employment with Architekten RKW + Partner
1991	Partnership with Architekten RKW + Partner
since 1998	Executive partner

Geschäftsführer
Managing Partners

Mitarbeiter
Staff

Norbert Hippler
Andreas Middendorf
Peter Naumann
Matthias Pfeifer
Barbara Possinke
Andreas Reichau
Norbert Schmitz
Manfred Thomann
Kathleen King von Alvensleben
Heike Falkenberg
Arnd Gatermann
Thomas Jansen
Lars Klatte
Georg Meese
Jürgen Mehnert
Michael Meissner
Martina Minten-Schalley
Karl-Heinz Psenicka
Peter Rudawski
Alexander Theiss

Christine Abel
Yusuf Ak
Holger Andresen
Andreas Artz
Anja Arz
Wiebke Baehre
Marco Bartusch
Allan Beatty
Sabine Begemann
Frank Behrens
Andreas Beier
Bettina Bellmann
Alexander Bellwinkel
Mounir Benzarti
Birgit Beysel
Norbert Biesen
Klaus Bischoff
Peter Blokesch
Christina Bökels
Axel Bollig
Clemens Brachtendorf
Uwe Brakel
Michael Brandt
Ralf Breuer
Ulrich Brock
Stephanie Brodel
Jacqueline Brown
Dietmar Buchwald
Tobias Bünemann
Günter Buning
Daniel Bush
Oskar Calvo Barriga
Philipp Chappuzeau
Beate Czogalla
Mark Davonport
Christoph Debiel
Nils Holger Dengler
Nicole Dierkes
Heike Dobner
Heinz-Dieter Doll
Freia Doms
Peter Döring
Ramona Dörr
Simone Dudek
Glen James Duncan
Thiemo Ebbert
Jochen Eberle
Dagmar Emgenbroich
Petra Emmerich
Frank Ende-Styra
Claudia Engelhardt
Matthias Englert
Michael Feist
Thomas Fiebinger
Silke Fièvet
Brigitte Fino
Doris Fischer
Ole Flemming
Silke Flesch
Mariana Florian

Manfred Forster
Susanne Frechen
Hinrich Fromme
Romy Fuchs
Karin Gaisbauer
Josef Gaismayer
Dario Gasperini
Gudrun Gelhaar
Anja Gemlau
Michele Giannetti
Andreas Gillner
Dorothea Glab
Irena Götze
Bettina Grabs
Marc Gräfe
Tina Grentrup
Sonja Grissel
Andreas Grote
Claudia Grundel
Belkis Haack-Memis
Georg Hahues
Bettina Hangert
Uta Hegemann
Hermann-Josef Heimes
Joachim Hein
Heinrich Heinemann
Anita Heinisch
Katja Helms
Norbert Helmus
Dagmar Henk
Rainer Henke-Steiner
Erwin Hentschel
James Herbert
Axel Hinterthan
Hiroshi Hirayama
Erika Hoffmann-Honnef
Elke Hoppenhaus
Frank Hörster
Ana Hostnik
Sabine Hußmann
Arnold Igel
Stefan Jacobs
Jürgen Janßen
Josephine Jennes
Andrea Jussen
Elke Justus
Barbara Jüttner
Horst Kälberloh
Daniel Kas
Sabine Kellermann
Rolf Ketteler
Elif Banu Kisioglu
Marc Kleinbongartz
Tim Klotz
Patrizia Klyszcz
Petra Knüfermann
Heidi Kochs
Kathrin Kohl
Monika Kohl
Michael Kohnen

Sabine Koitzsch
Zofia Kolakowska
Withold Kondera
Sorina Kopp
Thilo Kreicker
Susanne Kreuz
Tobias Krüger
Wilfried Krüger
Antje Kümpel
Kerstin Kuntze
Sabine Laibach
Matthias Lambert
Silke Lange
Ralf Lassau
Susanne Lauer
Andreas Lawall
Detlef Leest
Martin Leffers
Anja Lehmer
Bettina Lemoine
Karl-Hans Lentzen
Manfred Lind
Fritz Lienau
Alice Lilienthal
Sylvia Lohmeyer
Dagmar Lohrmann
Hollis Loy
Irena Lozinski
Ingo Lubjuhn
Ewa Magner
Elmar Malzahn
Ursula Markowitz
Fernand Maslim
Holger Matheis
Holger Mauerer
Steffen Mayer
Karin Meier
Frank Mellinghaus
Heike Menke
Cornelia Mertinat
Susanne Meschter
Renate Methner
Jolanta Mielcarek
Jürgen Miese
Yvonne Migura
Karin Mock
Andreas Möller
Klaus Mones
Michaela Moog
Thinawati Mruck
Viktor Naimark
Marc Najem
Abolghasem Navabpour
Petra Nebeling
Christina Nötzel
Klaus Nohl
Gudrun Offermann
Serdar Oktay
David Ortells
Norman Ortgies

Eike Otto
Ads Owen
Sabine Pallast
Jan Papenhagen
Marion Paust
Grazyna Pelka
Andrea Penzler
Harald Peter
Jutta Petrat
Marianne Peus
Christine Pluto
Sabin Pop
Michael Porten
Gerhard Postel
Ivonne Pyka
Dirk Quadflieg
Slawomir Rabaszowski
Peter Radtke
Bettina Ramm
Kerstin Rauterberg
Tilmann Recken
Jürgen Resch
Katharina Riedel
Christina Ripperger
Wilhelm Robens
Paul Roderburg
Claudia Roggenkämper
Jan Rogler
Martina Röseler
Andre Rosendahl
Marion Rosenstein
Franz-Josef Rotermund
Delia Roth
Jaqueline Ruge
Bianca Rüsken
Ursula Rusche
Suzanne Rutschow
Svetlana Samartseva
Janina Sandler
Lars Schlechter
Nicole Schmitt
Michaela Schmitt-Hermann
Sven Schnitzler
Uwe Schroers
Christine Schulte-Huxel
Heidrun Schulz
Jochen Schulz
Nicole Schwankl
Thomas Schwendler
Mehmet Senol
York Serve
Sadiq Shadid
Randolph Sieber
Anja Siebert
Beate Sieverdingbeck
Meike Sievert
Adriano Soares
Gisela Sommermeier
Avraham Spievak

Artur Starosczyk
Markus Stebich
Volker Steinke
Christian Steinwachs
Peggy Steudte
Sabine Stolz
Leslaw Strauss
Ralf-Thomas Sturm
Wolfgang Suhr
Björn Syllus
Stanislaw Szroborz
Stefanie Szyrba
Alexandra Tahta
Tatjana Tatzel
Ingeborg Tebeck
Peter Teulings
Sabine Theißen
Angelika Thomas-Völker
Jens Thormeyer
Katja Trautner
Beate Trebse
Brigitte Treutner
Kerstin Trilsbach
Ali Sevki Uener
Birge Uyan
Juan-José Valenzuela
Jörn Villwock
Volker Vogel
Andreas Waligorski
Ute Weber
Alexandra Wendeling
Walter Wernecke
Iris von der Weyden
Franz-Josef Wiglinghoff
Klas Wischmann
Ilona Wodecka
Joachim Wolthaus
Harald Zacher
Karl-Heinz Zaft
Mario Zavagno
Marzia Zingarelli
Peter Zins

Wettbewerbe
Competitions

Auszeichnungen
Awards

1. Preise

Ägypten, Kairo, S.I.C.C. El Shorouk
  International Commercial Center
Bergkamen, Innenstadt
  Centrum Warenhaus
Berlin, Einkaufszentrum
  Kurfürstendamm-Karree (Eingangsneugestal-
  tung)
Berlin, Französisches Palais, Unter den Linden 40
Bochum, Trankgasse/Grabenstraße
Chemnitz, Andre-Karree Kaßberg
Cottbus, Multifunktionales Zentrum
  »Lausitzer Hof«
Dormagen, evd energieversorgung (ehemals
  GWF)
Duisburg, DB Cargo KundenServiceZentrum
Düsseldorf, ARAG Hauptverwaltung
Düsseldorf-Benrath, Fußgängerzone
Düsseldorf, Horten Hauptverwaltung
Düsseldorf, Regierungsviertel Kavalleriestraße
Düsseldorf, Kundenzentrum Stadtwerke
Düsseldorf, Hans-Böckler-Straße
Düsseldorf, VDI Verein Deutscher Ingenieure
Erfurt, Neues Angereck Büro- und Geschäftshaus
Essen, Park Office Ruhrallee
Gummersbach, Steinmüller Ausbildungszentrum
Gummersbach, Stadtmittelpunkt, Rathaus und
  Marktplatz
Hochdahl, Stadtzentrum
Köln, DKV Deutsche Krankenversicherung
Köln, o.tel.o
Leipzig, Barthels Hof
Leipzig, Karstadt
Leipzig, Büro- und Business-Center an der Tor-
  gauer Straße
Leipzig, Groß-Zschocher
Leipzig, Mitteldeutscher Rundfunk, Zentrale
Ludwigsburg, Marstall Einkaufszentrum
Marl, Einkaufszentrum »Marler Stern«
Mainhausen, Schuheinkaufsgenossenschaft, Ver-
  waltungsgebäude
Melsungen, Kreissparkasse
Mönchengladbach/Rheydt,
  Stadtgestaltung
Münster, Stubengasse, Wohn- und Geschäfts-
  viertel
Münster, GAD
Neuss-Hammfeld, Multifunktionales Büro-
  zentrum, Europadamm
Oberhausen, CentrO. Neue Mitte
Plettenberg, Fußgängerzone
Plettenberg, Kirchplatz
Ratingen, Polygon City
Rheine, Alte Post
Stolberg, Einkaufszentrum mit Rathauserweite-
  rung
Stuttgart, Galeria Ventuno
Wiesbaden, Dern'sches Gelände
Wiesbaden, I-Verwaltungsgebäude
Wiesbaden, II-Hotel und Autohaus

2. Preise

Berlin, Karstadt Köpenick
Brühl, Arbeitsamt
Crailsheim, Neubau Kreissparkasse
Detmold, Art Kite Museum
Dresden, Neuplanung Altstadtquartier Weber-
  gasse
Düsseldorf, Gesundheitszentrum
Düsseldorf, IKB-Bank Zentrale
Halle a. d. Saale, Einkaufszentrum Goldberg
Halle-Neustadt, Einkaufszentrum Fassaden-
  entwurf
Leipzig, Deutrichs Hof
Mainz, Winterhafen
Neuss, Fußgängerzone
Neuss, Sparkasse
Neuss, Verwaltungsgebäude AOK
Recklinghausen, Steintor Galerie
Roth, Einkaufszentrum Valentin-Bräu KG
Schwerin, Burgsee-Galerie
Verwaltungsgebäude der Licht- und Kraftwerke
  Stolberg GmbH

3. Preise

Bensheim, Bezirkssparkasse
Berlin, Dienstleistungszentrum Hohenschönhau-
  sen Süd
Berlin, Einkaufszentrum »Forum Köpenick«
Dortmund, Hansaplatz
Düsseldorf, Bürogebäude Werdener Straße
Erfurt, Stadtzentrum Am Südring
Leipzig, S-Bahn-Station Wilhelm-Leuschner-Platz
Mainz, Ludwigstraße
Neuss, Gewerbegebiet Hammfeld II/III
Hannover, Warenhaus Karstadt
Ratingen, CalorEMAG
Soest, Wohn- und Geschäftsbebauung »Kohl-
  brink«
Stadtmittelpunkt Würselen, Rathaus und Bürger-
  zentrum
Weimar, Thüringische Materialprüfanstalt MPS

4. Preise

Düsseldorf, Rheinufer
Köln, Euroforum
Neuss, Handelsschule
Neuss, Wohnbebauung »Am Alten Weiher«
Saarbrücken, Bürogebäude UKV

5. Preise

Mönchengladbach, Gymnasium »Abteiberg«
Leipzig, Hauptbahnhof, Umbau und Revitalisie-
  rung
Münster, Stadtsparkasse

Engere Wahl

Berlin, Pariser Platz

Walter-Hesselbach-Preis 1983
BDA-Preis des Saarlandes 1983
Goldplakette des Bundesbauministers: „Bundes-
  wettbewerb Industrie und Handwerk im
  Städtebau" 1984
Auszeichnung „Vorbildliches Bauwerk im
  Lande Nordrhein Westfalen" 1989
ICSC International and European Design and
  Development Award 1990
ICSC European Shopping Center Award 1996
Special MIPIM Jury Award
  Erster Preis: Refurbished Office Building
  1996
Auszeichnung „Vorbildliche Gewerbebauten" in
  Nordrhein-Westfalen 1997

Walter-Hesselbach-Prize 1983
BDA-Prize of the Saarland 1983
Goldmedal Awarded by the Federal Building Mini-
  ster "Federal Competition Industry and Work-
  manship in City Planning" 1984
Prize for "Exemplary Structure in Nordrhein- West-
  falen" 1989
ICSC International and European Design and Deve-
  lopment Award 1990
ICSC European Shopping Center Award 1996
Special MIPIM Jury Award
  First Prize: Refurbished Office Building 1996
Prize for "Exemplary Commerce Buildings" in Nord-
  rhein-Westfalen 1997

Register
Index

Städteregister
Index of places

Fotografen
Photographers

Autoren
Authors

Günter Abend, Monheim
Gunter Binsack, Leipzig
Tita Bayer, Frankfurt a. M.
Christina Bolduan, Berlin
H. G. Esch, Köln
Dieter Eikelpoth, Düsseldorf
Christian Gahl, Berlin
Inge Goertz-Bauer, Düsseldorf
Manfred Hanisch, Mettmann
Foto Heyer, Ulm
Hans Klasmeier
Holger Knauf, Düsseldorf
Carola Kohler, Düsseldorf
Ulf Korinski, Mainz
Wilhelm Meinberg, Ludwigshafen
Florian Profitlich, Berlin
PUNCTUM-Fotografie, Leipzig
Ralf Richter, Düsseldorf
Thomas Riehle, Köln
Helmut Schäfer, Berlin
Foto Söhn, Düsseldorf
Sigurd Steinprinz, Wuppertal
Manfred Storck, Stuttgart
Friedhelm Thomas, Meerbusch
Ansgar M. van Treeck, Düsseldorf
Rainer Weisflog, Cottbus

Dr. Dieter Bartetzko

Gleich vielen wahren Frankfurtern nicht am Main, sondern anderswo, nämlich am 10. Februar 1949 in Rodalben/Pfalz geboren. Besuch des Frankfurter Realgymnasiums Musterschule, Abitur, Studium der Kunstgeschichte, Germanistik, Soziologie in Frankfurt am Main, Berlin, Marburg. Promotion bei Hans Joachim Kunst zum Thema „Theatralik der NS-Architektur". 1983 bis 1993 regelmäßige freie Mitarbeit in Kulturredaktionen des Hessischen Rundfunks, bei Architekturfachzeitschriften und der „Frankfurter Rundschau". Themenschwerpunkte: Architekturkritik, Denkmalpflege und alles, was mit dem vordergründig so leichtgewichtigen Unterhaltungsgeschäft zu tun hat; von Schlager bis Chanson, von Show bis Musical. 1993 bis 1994 Vertretungsprofessur Kunstgeschichte an der Fachhochschule Mainz. Seit Juli 1994 Architekturkritiker und Redakteur im Feuilleton der „Frankfurter Allgemeinen Zeitung".

Dr. Dieter Bartetzko

Born, like many citizens of Frankfurt, not on the Main, but somewhere else, namely in Rodalben in the Palatinate on 10. February 1949. Attended the Frankfurt Realgymnasium model school, where he obtained his higher school-leaving certificate (Abitur). Studied art history, German and sociology in Frankfurt-on-Main, Berlin and Marburg. Ph.D. under Hans Joachim on "The theatricality of Nazi architecture". 1983-93 Regular freelance contributor on the arts and cultural events to Hessian Broadcasting (HR), to various architectural journals and to the Frankfurter Rundschau newspaper; main areas of activity: architectural criticism, conservation and everything related to so-called "light entertainment" – from pop songs to chansons, from shows to musicals. 1993-94 Deputy professorship for art history at college of higher education (FH) in Mainz. Since July 1994: architectural critic and arts correspondent to the Frankfurter Allgemeine Zeitung.

Dr. Johannes Busmann

Geboren am 20. Mai 1961 in Wuppertal; 1979 Abitur; Studium der Fächer Musik, Kunst und Philosophie; 1988 Staatsexamen in den Fächern Musik und Kunst; 1989/90-92 Zweitstudium Architektur (ohne Abschluß); 1990-1992 Mitarbeiter der „Forschungsstelle für Denkmalpflege"an der BUGH Wuppertal; 1992-94 Wissenschaftlicher Assistent im Fach Kunstgeschichte an der BUGH Wuppertal; 1993 Promotion im Fach Kunstgeschichte „Der Architekt Alfons Leitl 1909-1975. Die revidierte Moderne"; seit 1990 Begründer und Herausgeber der Fachzeitschrift „polis · Zeitschrift für Architektur, Stadtplanung und Denkmalpflege"; Begründer und Mitinhaber des Verlages Müller + Busmann; Begründer und Mitinhaber der Agentur „logos. Kommunikation und Gestaltung"; 1995 Förderpreis der Stadt Wuppertal als Verleger und Publizist der Fachzeitschrift polis

Dr. Johannes Busmann

Born on 20. May 1961 in Wuppertal ; 1979 Higher school-leaving certificate (Abitur); studied music, art and philosophy; 1988 State examinations in music and art; 1989/90-92 studied architecture (without degree); 1990-92 Assistant at research office for conservation at BUGH Wuppertal; 1992-94 Assistant lecturer for art history at BUGH Wuppertal; 1993 Ph.D. in art history on "The architect Alfons Leitl, 1909-1975. A reappraisal of the Modern Movement"; since 1990: founder-editor of polis, a professional journal for architecture, urban planning and conservation; founder and co-partner of the publishing house Müller + Busmann; founder and co-partner of the agency "logos. Kommunikation and Gestaltung"; 1995 Awarded the support prize of the city of Wuppertal as publisher of polis and as writer

Dr. Dankwart Guratzsch

Geboren 14.06.1939 in Dresden. Studium Geschichte, Germanistik, Promotion Dr. phil.

Korrespondenz Städtebau und Architektur für Tageszeitungen „Die Welt".

Veröffentlichungen:
„Macht durch Organisation. Die Grundlegung des Hugenbergschen Presse-Imperiums" (1974); „Baumlos in die Zukunft?" (1984); „Das Neue Berlin"

Dr. Dankwart Guratzsch

Born on 14. June 1939 in Dresden. Studied history and German. Ph.D.

Correspondent for urban planning and architecture to the daily newspaper "Die Welt".

Publications:
"Macht durch Organisation. Die Grundlegung des Hugenbergschen Presse-Imperiums", (1974); "Baumlos in die Zukunft?", (1984); "Das neue Berlin"

Oliver G. Hamm

1963 geb. in Limburg/Lahn (Hessen); 1984-1989 Architekturstudium an der FH Darmstadt; 1989-1992 Diplom. Redakteur der Deutschen Bauzeitung, Stuttgart und der Bauwelt, Berlin; 1998 Chefredakteur von VFA Profil, Köln

Zahlreiche Veröffentlichungen in Tageszeitungen, u. a. Frankfurter Allgemeine Zeitung, Süddeutsche Zeitung, Tageszeitung, Tagesspiegel, Stuttgarter Nachrichten.

Co-Autor des Buches „Richard Meier in Europe" (mit Ingeborg Flagge)

Oliver G. Hamm

Born in 1963 in Limburg on the Lahn (Hessen); 1984-1989 Studied architecture at college of higher education (FH), Darmstadt; 1989-1992 Diploma studies. Member of editorial staff of "Deutsche Bauzeitung", Stuttgart, and Bauwelt, Berlin; 1998 Editor of VFA Profil, Cologne

Numerous publications in daily newspapers, including Frankfurter Allgemeine Zeitung, Süddeutsche Zeitung, Tageszeitung, Tagesspiegel, Stuttgarter Nachrichten

Co-author (with Ingeborg Flagge) of book "Richard Meier in Europe"

Dr. Michael Mönninger

Geboren 1958 in Paderborn/Westfalen. Studium der Philosophie, Germanistik, Soziologie und Musik in Frankfurt am Main.

1986-1994 Feuilletonredakteur der FAZ in Frankfurt; 1994-1995 Kulturredakteur des Spiegel in Hamburg; 1995-1996 Fellow am Wissenschaftskolleg zu Berlin; seit 1996 leitender Redakteur der Berliner Zeitung in Berlin; 1989 Kritikerpreis der Architektenkammer

Veröffentlichungen:
Das neue Berlin – Zur Baugeschichte der Hauptstadt, Suhrkamp Verlag 1991; Berlin morgen – Ideen für das Herz einer Großstadt, Hatje Verlag, 1991; Japan Design, Taschen Verlag, 1992; Light Design, Taschen Verlag, 1993; Last Exit Downtown – Städte in Gefahr, Birkhäuser Verlag, 1994; Stadtansichten, Lindinger & Schmidt, 1996; Vom Ornament zum Nationalkunstwerk – Zur Kunsttheorie Camillo Sittes, Vieweg Verlag, 1998

Dr. Michael Mönninger

Born in 1958 in Paderborn, Westphalia; Studied philosophy, German, sociology and music in Frankfurt-on-Main; 1986-1994 Journalist for arts and culture for Frankfurter Allgemeine Zeitung in Frankfurt; 1994-1995 Reporter for arts and culture for Der Spiegel in Hamburg; 1995-1996 Fellow at scientific college in Berlin; since 1996: leading correspondent of Berliner Zeitung in Berlin; 1989 Awarded prize of Chamber of Architects for architectural criticism

Publications:
Das neue Berlin - Zur Baugeschichte der Hauptstadt, Suhrkamp Verlag, 1991; Berlin morgen - Ideen für das Herz einer Großstadt, Hatje Verlag, 1991; Japan Design, Taschen Verlag, 1992; Light Design, Taschen Verlag, 1993; Last Exit Downtown - Städte in Gefahr, Birkhäuser Verlag, 1994; Stadtansichten, Lindinger & Schmidt, 1996; Vom Ornament zum Nationalkunstwerk - Zur Kunsttheorie Camillo Sittes, Vieweg Verlag, 1998

Dr. Manfred Sack

Geboren 1928 in Coswig/Anhalt, studierte an der Freien Universität Berlin Musikwissenschaften und Kunstgeschichte und wurde 1954 zum Doktor der Philosophie promoviert. Von 1959 bis 1993 war er Redakteur der Wochenzeitung „Die Zeit", bis Ende 1997 Autor, wo er sich vorwiegend mit Architektur, Städtebau, Fotografie, nicht zuletzt mit Design beschäftigte. Er ist Mitglied der freien Akademie der Künste Hamburg (Sektion Baukunst), der Europäischen Akademie der Wissenschaften und Künste Salzburg und Träger vieler Auszeichnungen. Zahlreiche Buchveröffentlichungen, u. a. „Architektur der Zeit", „Bornholmer Bilder", Das deutsche Wohnzimmer", „Lebensraum: Straße", „Einfache Paradiese – Holzhäuser von heute", ferner Bücher über César Manrique, Gustav Peichl und Richard Neutra, über die Kunstsammlung Nordrhein-Westfalen, Betonbaukunst, „Alltagssachen", Hamburger Speicherstadt und Bremer Giebel, über Stade und New York. Lebt in Hamburg.

An Auszeichnungen hat er erhalten:

1970/71	Theodor-Wolff-Preis
1976	Kritikerpreis des Bundes Deutscher Architekten
1977	Pro-Musica-Preis des Ungarischen Rundfunks
1980	Deutscher Preis für Denkmalschutz
1981	Wolfgang-Hirsch-Auszeichnung der Architektenkammer Rheinland-Pfalz
1987	Internationaler Journalistenpreis der Bundesarchitektenkammer (4. Preis)
1988	Internationaler Journalistenpreis der Bundesarchitektenkammer (1. Preis)

Dr. Manfred Sack

Born in 1928 in Coswig, Anhalt. Studied musicology and art history at the Free University, Berlin; Ph.D. (1954). 1959-93 Member of editorial team of weekly newspaper "Die Zeit", for which he continued to write until 1997, mainly on architecture, urban planning, photography and design. Member of Free Academy of Arts in Hamburg (architectural section); member of European Academy of Sciences and Arts, Salzburg, and winner of many awards. Has published numerous books, including "Architektur der Zeit", "Bornholmer Bilder", "Das deutsche Wohnzimmer", "Lebensraum: Straße", "Einfache Paradiese – Holzhäuser von heute", as well as books on César Manrique, Gustav Peichl and Richard Neutra, on the North Rhine-Westphalian Collection of Art, on concrete architecture, "everyday things", the warehouse district of Hamburg, gables in Bremen, and on Stade and New York. Manfred Sack lives in Hamburg.

Awards:

1970/71	*Theodor Wolff Prize*
1976	*Prize of the Federation of German Architects (BDA) for architectural criticism*
1977	*Pro Musica Prize of Hungarian broadcasting corporation*
1980	*German Prize for Conservation*
1981	*Wolfgang Hirsch Award of the Chamber of Architects of the Rhineland-Palatinate*
1987	*International prize of Federal German Chamber of Architects for journalism (4th prize)*
1988	*International prize of Federal German Chamber of Architects for journalism (1st prize)*

Prof. Frank R. Werner

1944 geb. in Worms am Rhein; 1965 Studium der Malerei, Philosophie und Architektur an den Universitäten Mainz, Hannover und Stuttgart; 1972 Diplom (Architektur) an der Universität Stuttgart; 1979 Vorstandsmitglied des Deutschen Werkbundes; 1981 Ausstellungsdirektor der Trilogie „Vergangenheit-Gegenwart-Zukunft" im Wüttembergischen Kunstverein Stuttgart; 1983 Berufung zum wissenschaftlichen Direktor (zusammen mit Prof. Pierluigi Nicolin/Mailand, Prof. Marco De Michelis/Venedig und Prof. Werner Oechslin/Zürich) der Ausstellung „IBA 1994/97 – Idee, Prozeß; Ergebnis" im Berliner Martin-Gropius-Bau durch den Berliner Senat; 1985 Direktor der Ausstellung „ Klassizismen und Klassiker" im Kunstverein Karlsruhe; 1993 Annahme des 3. Rufs zum ordentlichen Univ.-Prof. und Leiter des Instituts für Architekturgeschichte und Architekturtheorie (AGT) der Universität Wuppertal, Fachbereich Architektur mit dem Lehr- und Forschungsschwerpunkt: Architektur und Städtebau des 20. Jahrhunderts; 1995 geschäftsführender Leiter des Instituts für Umweltgestaltung an der Universität in Wuppertal; 1996 Veranstalter eines jährlichen internationalen Kolloquiums an der Universität Wuppertal zu architekturhistorischen Fragestellungen des zeitgenössischen Bauens; 1996 Präsentation der Berlin-Planungen anläßlich des UIA-Kongresses in Barcelona im Auftrag des Berliner Senats und des BDA; 1997 Wahl in den Senat der Universität Wuppertal

Ehrenmitglied des Bundes Deutscher Architekten (seit 1980)
seit 1987 verschiedene Gastprofessuren in Spanien und Nordamerika

Autor zahlreicher Buchpublikationen, wiss. Aufsätze, Essays, Architekturkritiken etc.

Zur Zeit folgende Buchpublikationen in Bearbeitung:

1. Todessehnsucht und Fortschrittsglaube – Friedhöfe und Totenstädte des 20. Jahrhunderts (Ed. Menges)
2. Die Architekturtheorien Coop Himmelblaus (Birkhäuser)
3. Architektur im deutschsprachigen Raum von den Anfängen bis zum Jahre 2000 (DVA)

Prof. Frank R. Werner

Born in 1944 in Worms on the Rhine; 1965 Studied painting, philosophy and architecture at the Universities of Mainz, Hanover and Stuttgart; 1972 Diploma (architecture) at University of Stuttgart; 1979 Member of board of German Werkbund; 1981 Exhibition director for the trilogy "Past – Present – Future" in Kunstverein Württemberg, Stuttgart; 1983 Appointed joint scientific director by Senate of Berlin for exhibition "IBA 1994-97 – Idea, Process, Result" in Martin-Gropius-Bau, Berlin (together with Prof. Pierluigi Nicolin, Milan; Prof. Marco De Michelis, Venice; and Prof. Werner Oechslin, Zurich); 1985 Director of exhibition "Classicisms and Classics" in Kunstverein Karlsruhe; 1993 Accepted the third call to become university professor and head of Institute for Architectural History and Architectural Theory (ACT) of University of Wuppertal (department of architecture) with

emphasis on teaching and research of 20th-century architecture and urban planning; 1995 Executive head of Institute for Environmental Design at University of Wuppertal; 1996 Organizer of annual international colloquium at University of Wuppertal on questions of architectural history in modern building; 1996 Presentation of planning for Berlin at UIA congress in Barcelona on behalf of Berlin
Senate and Federation of German Architects (BDA); 1997 Elected to senate of University of Wuppertal

Since 1980: honorary member of Federation of German Architects (BDA)
Since 1987: various guest professorships in Spain and North America

Author of numerous books, scientific papers, essays, architectural criticisms, etc.

At present, preparing books for publication on the following subjects:

1. Yearning for death and belief in progress - 20th-century cemeteries and necropolises (ed. Menges)
2. Architectural theories of Coop Himmelblau (Birkhäuser)
3. Architecture in the German-speaking world, from the beginnings to the year 2000 (DVA)

RKW
Rhode
Kellermann
Wawrowsky

Architektur + Städtebau

Düsseldorf
Berlin
Frankfurt M.
Leipzig
Oberhausen

Geschäftsführende Gesellschafter:
Executive Partners:

Friedel Kellermann BDA, AIV
Hans-Günter Wawrowsky BDA, DASL
Jürgen Weimer
Wojtek Grabianowski
Dieter Schmoll BDA
Johannes Ringel BDA

Geschäftsführer:
Managing Partners:

Norbert Hippler
Andreas Middendorf
Peter Naumann
Matthias Pfeifer
Barbara Possinke
Andreas Reichau
Norbert Schmitz
Manfred Thomann
Kathleen King von Alvensleben
Heike Falkenberg
Arnd Gatermann
Thomas Jansen
Lars Klatte
Georg Meese
Jürgen Mehnert
Michael Meissner
Martina Minten-Schalley
Karl-Heinz Psenicka
Peter Rudawski
Alexander Theiss